Von Dorothy Eden

Der gefährliche Anruf
Nachmittag für Eidechsen
Christabel
Yarrabee
Die vollen Tage des Lebens
Sing mir das Lied noch einmal
Die Spur führt durch die Wälder
Die entführte Braut
Antonias Geburtstag
Der düstere See

Dorothy Eden

Die Trommel von Salamanca

Roman

Schneekluth

CIP-Kurztitelaufnahme der Deutschen Bibliothek

Eden, Dorothy
Die Trommel von Salamanca:
Roman. – 1. Auflage
München: Schneekluth, 1978
Einheitssacht.: The Salamanca Drum ‹dt.›
ISBN 3-7951-0434-3

Aus dem Englischen übersetzt von Elisabeth Epple.
Die Originalausgabe erschien unter dem Titel
THE SALAMANCA DRUM

ISBN 3-7951-0434-3

Gesamtherstellung Mohndruck Reinhard Mohn OHG, Gütersloh
Printed in Germany 1978

Matilda

Die Schlafzimmertür öffnete sich langsam. Matilda drehte ihren Kopf auf dem Kissen und sah aufmerksam hin. Da schien jemand herumzuschleichen, denn nach dem ersten vorsichtigen Versuch wurde die Tür wieder geschlossen.
Spionierte ihr jemand nach? Diese wichtigtuerische Nurse, die sie nicht ausstehen konnte? Mab nicht. Mab wollte nie in dieses Zimmer kommen. Sie spürte hier Verfall und Tod und rannte weg. Sie war ein Quecksilber, überempfindlich, unberechenbar, aber wenigstens bei klarem Verstand, Gott sei Dank. Sie war einfach eine Duncastle, stolz, unkontrollierbar, überzüchtet. Jedenfalls hätte Joshua sie so beschrieben. Er hatte nicht viel für den Duncastle-Typus übrig gehabt, wie er das nannte. Sie waren dazu erzogen, zu schießen und Kanonenfutter abzugeben. Arbeitslose in diesen modernen Zeiten, in denen es keine Kriege mehr gab.
Aber die Kriege waren noch nicht vorüber. Es lag in der Natur des Menschen zu kämpfen, zu vernichten, zu erobern. Matilda wußte dies besser als jede andere, denn in ihrem Geist erstand wieder jene unauslöschliche Szene. Dies alles lag zwar so lange zurück, und sie war damals erst fünfzehn gewesen, aber das Trauma hatte sie noch jahrelang heimgesucht.
Jetzt, im Alter, war die Erinnerung lebendiger als je zuvor. Als sei seit jener Begebenheit im Eßzimmer auf »Sanctuary« noch keine Stunde vergangen.
Sands, der Butler, war hereingekommen und hatte Papa

etwas zugeflüstert, und Papa war aufgesprungen und hatte den Tisch ohne ein Wort der Entschuldigung verlassen. Mama hatte sofort etwas Entsetzliches geahnt, denn sie war sehr blaß geworden und hatte die Serviette an ihre Lippen gepreßt. Dann hatte sie zu Matilda und Julia gesagt: »Eßt weiter, Mädchen. Ich muß zu Papa. Ich habe so ein Gefühl – ich hoffe, ich irre mich . . .«
Aber sie hatte sich nicht geirrt. Matilda dachte, sie mußte dieses Ereignis von dem Tag an erwartet haben, an dem sie sich alle von Hillary, ihrem einzigen Bruder, verabschiedet hatten; er war im Begriff gewesen, sich nach dem ungeheuerlichen und größtenteils unbekannten Afrika einzuschiffen, dem die Aufgliederung durch die westlichen Nationen bevorstand. Großbritannien war der Wegbereiter in diesem Wettrennen, wie es während des ganzen neunzehnten Jahrhunderts Wegbereiter der Kolonisation gewesen war. Großbritannien dominierte in der Welt, eine strahlende, mächtige Nation, erschaffen durch die Anstrengungen von Familien wie den Duncastles, mit ihrem stolzen Pflichtbewußtsein gegenüber ihrem Land.
Hillary war zwanzig Jahre alt. In ihm vereinigten sich alle guten Qualitäten seiner Familie, die aufrechte Haltung, der gebändigte Tatendrang, der selbstbewußt erhobene Kopf, die blitzenden, wachsamen Augen, der Glaube an sich selbst und das Wissen um seine Pflicht seiner Königin und seinem Land gegenüber. Er würde einen tadellosen Soldaten im Sinn der Familientradition abgeben und der bereits berühmten Sammlung von Medaillen und Trophäen weitere hinzufügen . . .
Würde . . . Ein bereits der Vergangenheit angehörendes Wort, denn in dem von Sands übergebenen Telegramm des Kriegsministeriums hieß es, daß Leutnant Hillary Richard Gordon Duncastle aus dem Hinterhalt von einem Eingeborenenspeer getroffen und getötet worden war. Erst vor einem Monat hatte er den heimtückischen Schwarzen Kontinent betreten. Er hatte noch nicht einen

einzigen Kampf bestanden, als ihn dieser sinnlose und tragische Tod ereilte.
Matilda war nicht wie Julia in die Arme ihrer weinenden Mutter gestürzt. Blindlings und instinktiv war sie in das Zimmer gerannt, in dem alle militärischen Trophäen aufbewahrt wurden, die verblaßten, zerrissenen und angesengten Fahnen, die Gewehre und Schwerter, die Reihen von Glasvitrinen mit den Medaillen, die erbeuteten Helme der Feinde – und die Trommel. Die berühmte Trommel von Salamanca.
Sie hatte die Schlegel genommen und leise die Trommel geschlagen, dann lauter, immer lauter, bis sie sich zu einem wütenden Crescendo steigerte. Sie sah nicht mehr das Bild von Hillary, der bei ihren Kriegsspielen als Kind die Trommel geschlagen hatte, sondern nur noch jenen anderen, ersten Hillary Duncastle, der die Familientradition begründet hatte. Trommlerjunge Hillary Richard Duncastle, fünfzehn Jahre alt, Trommlerjunge in einem Regiment der Armee des Duke of Wellington, die auf der Ebene von Salamanca den Franzosen entgegenmarschierte. Der junge Hillary Duncastle, die Augen rot umrändert von Staub und Rauch, sein Bubengesicht hochrot vor Begeisterung und Mut, trommelte die stolpernden, fluchenden Truppen dem anschwellenden, beängstigenden Schlachtenlärm entgegen. Und plötzlich brach er zusammen, welkte dahin wie eine scharlachrote Mohnblume über seiner Trommel, als alles Blut aus seinem jungen Körper rann und die Trommelschlegel seinen sterbenden Händen entglitten.
Hillary Richard Duncastle, gefallen auf dem Schlachtfeld. Er war nicht dazu bestimmt gewesen, eine Braut oder Kinder zu haben noch erwachsen zu werden, aber er war bis in alle Zeiten der Held der Familie. Gewiß eine beneidenswerte Bestimmung, hatte die fünfzehnjährige Matilda an jenem lange zurückliegenden Tag gedacht.
Und der Kopf der achtzigjährigen Matilda wandte sich

zur Seite, als sie von einem neuerlichen Geräusch an der Tür erwachte.

»Wer ist da?« fragte sie schlaftrunken.

Niemand antwortete. In der Ferne konnte sie ein Durcheinander von Stimmen und Schritten hören. Jetzt erinnerte sie sich. Es fand der jährliche Basar für Kriegerwitwen und Waisen statt. Ihre eigene, geliebte Stiftung. In früheren Zeiten waren die Leute gerne gekommen, weil sie eine berühmte Gastgeberin war. Sie hatten sich ihr Haus auf dem historischen alten Platz angesehen. Es gab da eine hübsche Sammlung von Bildern, holländische Schiffsszenen und Blumenstilleben, die Joshua alle ausgesucht hatte, der einen konservativen Geschmack und ein gutes Gespür für Werte besaß. Und in einem Raum, dem die Kinder boshafterweise den Spitznamen »Todeszimmer« verliehen hatten, wurden die militärischen Dokumente der Duncastles sorgfältig aufbewahrt, die Medaillen an ihren verblaßten Bändern, die Schwerter, die Trommel von Salamanca.

Heutzutage kamen die Leute nicht mehr so zahlreich – sicherlich nahm sich die Regierung der Waisen an –, aber es gehörte noch immer zur Gewohnheit der älteren Generation, am Tag des Basars ihre Schritte zu dem hohen Haus am Kensington Square zu lenken. Selbst dann, wenn die ziemlich beunruhigende Mrs. Joshua Webb ihr Schlafzimmer nicht verlassen konnte und sich weigerte, außer ihren Töchtern Imogen und Lally, der armen, langsamen Lally, irgend jemand zu sehen.

In der Familie gab es keine Jungen mehr. Das tapfere Kämpferblut der Duncastles war versiegt. Wie England, wie das England, auf das jene jungen Männer und Tausende wie sie in den Tagen des Weltreichs so stolz gewesen waren. Dahin, dahin, für immer ... Gedenktafeln in Landkirchen, Gräber auf fremden Friedhöfen, Todeszimmer in Privathäusern ...

Und was ist uns geblieben? fragte sich Matilda verwirrt. Gut und schön, wenn Joshua wollte, daß seine Söhne si-

cher hinter Büroschreibtischen in der City saßen. Aber wofür? Um in dieser modernen Atmosphäre von Geldgier und Korruption zu leben, ohne Ideale?
Ich würde lieber dem großen Herzog auf den langen, heißen, staubigen Straßen nach Salamanca folgen wollen, marschieren mit verklärten Augen, zum Schlag der Trommel. Rat ta ta, Rat ta ta . . . Denn sie hatte schon immer gewußt, eigentlich hätte sie ein Junge sein sollen. Hillary, Gordon, Frederick, Richard, Robert . . . die lange Reihe junger Duncastles, die ihr Land gerettet hatten. Majore, Oberste, Generäle. Auf der Krim, im Indischen Aufstand, in den Schrecken von Kampur, in Zululand, Afghanistan, Khartum, Südafrika und in den Burenkriegen. Die Marne, die Somme, Passchendaele mit diesen entsetzlichen Sümpfen, Dublin in Irland vor langer Zeit, Tobruk und Tripolis, selbst der glitzernde Ärmelkanal – alle hatten sich erhoben, um die tapferen Männer zu vernichten. Aber zu jener Zeit war England selbst am Verbluten.
Die Trommel dröhnte lauter in ihrem Kopf, fröhlich, fordernd, tödlich . . .
Wo war sie? Wie war sie in dieses Haus gekommen? Und wem gehörte dieses volle, sommersprossige Gesicht, das durch einen Türspalt hereinlugte? Hillarys Gesicht war es nicht. Er hatte das edle, aristokratische Aussehen der Duncastles gehabt. Richard war zu ihrer Enttäuschung Joshua nachgeraten. Sie hatte darum gebetet, ihre Kinder möchten ihr und ihren Eltern und ihren Ahnen ähnlich sehen. Sie hatte dieses Gebet an jenem Abend vor vielen, vielen Jahren gesprochen, als sie einem unerwünschten Freier vorgestellt worden war. Damals hatte sie ihr Haar abgeschnitten.
Sie war erst zwanzig Jahre alt gewesen, nur ein Kind, dem man so viel Verantwortung aufbürdete. Das hatte sie hart gemacht, sagte man. Hart gegen ihre Schwester Julia, gegen ihre Kinder, gegen dieses irische Flüchtlingsmädchen Deirdre und gegen die blasse, kleine Mab. Und ge-

gen Joshua. Aber der konnte immer für sich selbst sorgen.
Die Krähen stritten schon wieder im Maulbeerbaum. Seltsam, daß die hierher in ihren Londoner Garten kamen, als wollten sie sie an jenen Tag in »Sanctuary« in Wiltshire erinnern, an Mama und Julia, die zusammen ihre einsamen Wanderungen hinunter zum See oder durch die Wälder unternommen hatten.
Es wurde schon dunkel. Wo blieb nur Fish, um die Lampen anzuzünden?
»Fish?« rief sie ärgerlich, und jemand erzählte ihr, daß Fish vor dreißig Jahren gestorben sei, und ein pausbäckiger, gewöhnlicher kleiner Junge schlich auf dem Korridor herum.
Dann flammten die Lichter auf, und ein anderes Bild entstand in ihrem verwirrten Gedächtnis. Sie hatte an jenem Tag in »Sanctuary« ihr blasses, schmales, zwanzigjähriges Gesicht im Spiegel ihres Ankleidetisches betrachtet. Energisch begrub sie ihr ewiges Bedauern darüber, daß sie kein Junge war, kein weiterer Duncastle, der den Platz ihres Bruders Hillary oder ihres geliebten verstorbenen Papas einnehmen konnte, und sie entschloß sich, etwas mit dieser Frau anzufangen, die sie nun einmal war. Etwas so Verheerendes wie all das, was sie dann auch erleben sollte.
Nachdenklich hatte sie die Nadeln aus ihrem Haar gezogen, und als es warm auf ihre Schultern niederfiel, hatte sie ihre Stickschere genommen . . .

I

Niemand bezeichnete Matilda als Schönheit. Julia war die Schönheit der Familie. Trotzdem war sich Matilda durchaus der Tatsache bewußt, daß auch sie bewundert wurde. Um genau zu sein: Sie wurde beinahe zu aufdringlich von einem Mann bewundert. Was mochte er wohl besonders? fragte sie sich mit unpersönlicher Neugier. Ihre schmalen, geschwungenen Augenbrauen, ihre grünen Augen, ihre ausgeprägte Duncastle-Nase, ihre rötlichen Locken, ihre fast zu schmalen und sehr entschlossenen Lippen, ihren langen Schwanenhals? Sie fand, sie sah aus wie ein hochbeiniger Vogel.
Doch sie hatte auch Vorzüge. Ihre schlanken Hände, ihre aufrechte Haltung, ihre schmalen Fesseln, die sie manchmal sehen ließ, wenn sie absichtlich den Rock etwas anhob. Allerdings niemals bei Joshua Webb. Trotzdem hatte er, auch ohne einen Schimmer von ihren Fesseln gesehen zu haben, ihre Vorzüge erkannt. Oder die Vorteile ihres Standes.
Sie hatte ihn nur zweimal gesehen. Einmal, als Papa, bereits krank und alt und müde, seinen Nachlaß in Ordnung gebracht hatte und »dieser Mann von der Bank« kam. Er hatte mit ihnen den Lunch genommen, und während er sich mit Mama und Papa unterhielt, hatte er dauernd Matilda angestarrt. Er hatte die hübsche Julia so gut wie gar nicht beachtet, die sich an diesem Tag besonders gut benahm, sondern nur Matilda gesehen, die älteste Tochter, die ihm nur die unbedingt nötige Höflichkeit entgegengebracht hatte. Dem gehetzten Gesichtsaus-

druck ihres Vaters nach zu urteilen, mußte der Bankangestellte etwas getan haben, was Papa zutiefst beunruhigte. Und deshalb war sie ihm böse.
Das zweite Mal hatte sie Mr. Webb drei Monate später auf Papas Beerdigung gesehen. Er hatte sich diskret im Hintergrund gehalten, eine steife, nichtssagende Gestalt im Stadtanzug. Er war nur anwesend, weil seine Bank Papas Testamentsvollstrecker war. Er besaß tatsächlich eine Bank, wenn auch eine kleine. Er war einen Tag nach der Beerdigung wiedergekommen, in Begleitung von Mr. Deane, Papas Rechtsanwalt, und man hatte stundenlang in der Bibliothek geredet, bis Mama weinend herausgestürzt kam.
Matilda trieb sich voll böser Vorahnungen in der Halle herum. »Warum weinst du, Mama? Hat dich dieser Mr. Webb zum Weinen gebracht?«
»Nein, Liebling. Wir dürfen Mr. Webb keinen Vorwurf machen. Anscheinend hat er Papa geholfen, als es niemand sonst tat. Das ist ja die Schande. Papa hat gespielt, weißt du, schon lange Zeit.« Mama hielt den Kopf hoch erhoben, ihr tränenüberströmtes Gesicht drückte großes Verständnis aus. »Du weißt, er hat sich niemals von Hillarys Tod erholt. Er konnte den Gedanken nicht ertragen, daß er keinen Sohn mehr hatte, daß die Linie der Duncastles zu Ende war.« Mama sprach etwas unzusammenhängend. »Männer tun die unmöglichsten Dinge, um zu vergessen. Manche trinken. Dein Papa hat gespielt. Und eine Menge Geld verloren. Eine sehr große Menge.«
»Haben wir nichts mehr? Sind wir arm? Dann werde ich arbeiten und dich und Julia erhalten.«
»Unsinn. Wie absurd. Was könntest du denn tun?«
Diese unmögliche Vorstellung schien Lady Duncastles Selbstsicherheit wiederherzustellen. Die ganze Situation war einfach unglaublich. »Sanctuary«, seit Generationen das Heim der Duncastles, gehörte jetzt der Bank, gehörte anscheinend diesem kräftigen jungen Mann, der dafür verantwortlich war, daß man Papa so viel Geld geliehen

hatte. Eine derartige Katastrophe durfte einfach nicht wahr sein. Sicherlich konnten sie und Matilda und Julia weiterhin sehr zurückgezogen in diesem Haus wohnen bleiben, mit nur zwei Dienstmädchen und dem Gärtner. Sie würden keine Einladungen mehr geben, den Wagen verkaufen, nie mehr nach London fahren und ohne neue Kleider auskommen, wenn nur »Sanctuary« ihr Heim blieb. Sie mußten sich einfach weigern, es zu verlassen.

Obwohl sie ihre Mutter in diesem Entschluß bestärkt hatte, merkte Matilda sehr bald, daß er vollkommen undurchführbar war. Es gab endlose Diskussionen mit den Verwandten, den Rechtsanwälten und Freunden in der kalten Bibliothek (kalt, weil Lady Duncastle energische Sparmaßnahmen ergriffen hatte und keinerlei Heizung duldete, obgleich es ein sehr kühler Oktober war), aber keine Rettung bot sich an. Bis die allerletzte, hoffnungslos schreckliche von Joshua Webb kam, dem Bankangestellten, wie Matilda ihn noch immer nannte, dem Mann, der ihre Zukunft in seinen Händen zu halten schien.

Als es soweit war, schienen alle, einschließlich Mama, damit gerechnet zu haben. Eine Ablehnung kam gar nicht in Frage, sagten sie alle. Es gab ganz einfach keine andere Möglichkeit. Unter den gegebenen Umständen war das eine Gottesfügung, für Mama, für die arme Julia, selbst für Matilda. Aber niemand hatte Matilda ernsthaft nach ihrer Meinung gefragt. Man nahm einfach an, daß sie sich wie eine gehorsame Tochter benehmen würde. Von dem Augenblick an, da das Angebot ausgesprochen wurde, hatte es als Tatsache zu gelten.

Sie saßen um den runden Tisch in der Bibliothek und planten ihr Leben. Und sie, daran gewöhnt zu gehorchen, durchtränkt von Gewissenhaftigkeit und einem starken Pflichtbewußtsein, sie war vorläufig sprachlos. Sie saß wie betäubt da, während das eifrige Gerede der versammelten Gesellschaft ihr um die Ohren flog.

»Er sieht nicht einmal so schlecht aus, und er ist gebildet.«

»Wenigstens wird genug Geld da sein.«
»Es ist von äußerster Wichtigkeit, Julias Zukunft zu sichern.«
»Matilda wird ihm schon bald gesellschaftlichen Schliff beibringen . . .«
»Kensington Square ist eine sehr gute Adresse.«
»Lady Duncastle kann bis zu ihrem Tod in ›Sanctuary‹ bleiben.«
»Ein äußerst ehrgeiziger junger Mann, ich muß schon sagen.«
»Wann wird denn die Hochzeit sein?«
Und etwas verspätet: »Wie fühlt sich Matilda denn dabei?«
Ja, wie fühlte sie sich? Verstört, betäubt, überrascht, wütend und vor allem betrogen. Sie war zwanzig Jahre alt, und sie hatte geglaubt, im Leben irgendeine Wahl zu haben. Allerdings hatte sie gewußt, vor allem nach Hillarys Tod, daß sie größere Verantwortung würde tragen müssen.
Aber doch keine derart niederschmetternde Verantwortung.
Sie sah sich in dem vertrauten Raum um, sie liebte ihn wie immer, die abgegriffenen Lederrücken der Bücher, die schweren Bände über Militärgeschichte, die Erzählungen über die Kolonisation, in der ihre Familie eine so große Rolle gespielt hatte, die Bilder von berühmten Schlachten und die kleineren Skizzen von besonders geschätzten Schlachtrossen, von Offizieren, von Heerlagern, die letzte, tragische Fotografie von Hillary in voller Uniform direkt nach seiner Ausmusterung in Sandhurst.
Die Duncastles hatten seit den Zeiten des großen Duke of Marlborough in Blenheim und Malplaquet für ihr Land gekämpft. Duncastles standen in den Regimentern unter dem Kommando des Duke of Wellington im Krieg auf der pyreuäischen Halbinsel und später vor Waterloo. Der Vater des verstorbenen Generals, Sir Gordon Duncastle, war

in Balaclava auf der Krim gefallen, und sein Bruder, schwerverwundet in den Aschanti-Kriegen, war nach England zurückgekehrt, um zu sterben. Ein Duncastle nahm an den lange andauernden Opiumkriegen in China teil. Indien, der große, dürre, hungernde Subkontinent, hatte seine Opfer während des blutigen Aufstandes gefordert. Indien und die Königlichen Dragoner waren Familiengeschichte. Hillary und Matilda waren beide in Delhi zur Welt gekommen, Julias Geburt hatte in »Sanctuary« stattgefunden, umgeben von allem Komfort der Zivilisation und unter Anwendung der besten medizinischen Hilfsmittel.

Papa war zum Ritter des Kaiserreichs Indien geschlagen worden, als er anläßlich Julias Geburt nach Hause kam. Die Berührung mit dem Schwert seines Herrschers und das neue Baby, zart und blaß wie Filigran, waren ihm Lohn genug für sein mühsames und gefährliches Leben. Zuerst hätte er es lieber gesehen, wenn das Baby ein Junge gewesen wäre. Später war er ihrer geistigen Verfassung wegen froh, daß es ein Mädchen war und mit Matilda und Hillary und natürlich entsprechenden Kindermädchen und Gouvernanten in England bleiben konnte, während er mit seiner Frau für ein weiteres Jahr nach Indien ging, um dort seine Pflicht zu erfüllen.

Er hatte sich erst ein Jahr zurückgezogen, als Hillary fiel und ihn ohne Sohn und Erben zurückließ. Die Tragödie war für ihn zu groß, er konnte sie nicht ertragen. General Sir Richard Duncastle, C.I.E., flüchtete in das hektische Treiben der Spielklubs und Rennplätze. Wenn er nach Hause kam, träumte er großartige Träume von dem Mann, den seine älteste Tochter Matilda heiraten mußte, um England noch mehr tapfere kämpferische Söhne zu schenken. Vielleicht konnte man den imaginären Freier dazu bringen, Matildas Namen anzunehmen, so daß auch weiterhin in berühmten Regimentern Duncastles kämpfen würden.

Aber Joshua Webb hatte nicht die Absicht, irgend jemandes Namen anzunehmen, so viel stand fest. Er war vermutlich zu stolz auf seinen eigenen, denn er hatte sich aus niederen Anfängen emporgearbeitet und hielt sich für bedeutend.

Die einzige Möglichkeit, eine Heirat mit ihm zu verhindern, bestand für Matilda darin, ihn so weit zu bringen, daß er sie nicht mehr mochte. Als erstes mußte sie ihr Aussehen zerstören, denn damit hatte sie ihn zuerst beeindruckt. Deshalb saß sie an ihrem Ankleidetisch und schnitt wild an ihrem losen Haar herum. Sie mußte ein bißchen verrückt sein, dachte sie, denn die abgeschnittenen Locken hinterließen ein spitzes, weißes, nacktes Gesicht, das sie mit Wohlgefallen betrachtete. Nun zu den Augenbrauen. Die Schere schnipselte die feinen, goldenen Härchen ab. Sie wagte es nicht, ihre Wimpern zu zerstören, die spitze Schere könnte abgleiten und ihre Augen verletzen. Und sie würde nur zu sehr ihr Augenlicht brauchen, wenn sie ihren eigenen Lebensunterhalt verdienen und noch für Mama und Julia sorgen wollte.

Dennoch war sie, nachdem sie die Schere weggelegt hatte, schon ein bißchen böse auf sich und ihren Übereifer. Wann würde es ihr wieder möglich sein, sich in Gesellschaft zu begeben? Aber sie war fertig mit der Gesellschaft, nicht wahr? Also mußte sie das, was sie getan hatte, stolz erhobenen Hauptes durchstehen. Sie würde ihr mißhandeltes Haar hinten verknoten und mit Nadeln feststecken. Sie würde hart und eckig und scheußlich aussehen, und Mr. Webb würde sich bestimmt angewidert abwenden. Jedenfalls wenn er nur einen Funken von Verstand hatte.

Das geschah ihm ganz recht für seine Unverschämtheit, sich einzubilden, er könnte als unbedeutender Bankangestellter so einfach in eine der berühmtesten Familien Englands hineinheiraten.

Jemand bewegte sich hinter ihr. Julia war es, die in ihrer stillen Art wie eine weiße Maus hereingehuscht war.

Absichtlich drehte sich Matilda ganz plötzlich um, damit sie die Wirkung ihres veränderten Aussehens testen konnte. Das Ergebnis war besser, als sie erhofft hatte. Julia stieß einen einzigen langen Schrei aus und verbarg das Gesicht in den Händen.
Matilda machte sich im stillen Vorwürfe wegen ihrer Dummheit. Sie hätte an Julias ungewöhnliche Nervosität denken müssen. Sie hatte sich doch nur häßlich, nicht abschreckend machen wollen. Aber Julia fürchtete sich vor allem, vor Schatten, winselnden Hunden, vor einem Stück Tapete, das im Dunkeln flatterte, vor wehenden Vorhängen, lauten Stimmen, selbst vor einer zuschlagenden Tür. Jetzt glaubte sie, Matilda habe sich verkleidet, um sie zu erschrecken. Merkte sie überhaupt, daß es Matilda war und kein Geist? Man konnte das bei ihren etwas wirren Vorstellungen nie wissen.
»Julia, Liebes! Sei doch nicht dumm! Ich bin es doch nur.«
Die vertraute Stimme brachte das Mädchen dazu, ihre zitternden Finger vom Gesicht zu nehmen. Ihre weit geöffneten, schönen Augen starrten furchtsam, dann erkannte sie endlich ihre Schwester und begann zu lachen. Sie hatte ein hohes, schrilles Lachen, das ein wenig unwirklich klang, wenn man nicht wußte, weshalb sie lachte. Ihre Fröhlichkeit entstand oft durch Dinge, die nur sie selbst sah.
»O Mattie, was für ein Spaß. Du hast dich für ein Spiel verkleidet.«
»Nicht für ein Spiel.«
»Warum hast du dann dein Haar abgeschnitten? Es liegt überall auf dem Boden herum.«
»Ich verrate dir ein Geheimnis, Julia. Ich habe es geschnitten, um diesen schrecklichen Mr. Webb zu vergraulen.«
Julia lachte wieder und klatschte in die Hände.
»Wie klug du bist. Glaubst du, es wird ihn erschrekken?«

»*Du* warst erschrocken.«
»Ja, ich schon, aber . . .« Julia machte eine Pause, dann sagte sie langsam, als wiederhole sie eine Lektion: »Ich bin ein schrecklicher Feigling.«
Matilda sagte warm: »Nein, das bist du nicht. Ich weiß, Papa pflegte das zu sagen, aber er hat nie begriffen, daß du Dinge siehst, die andere nicht sehen.«
»Papa war so tapfer. Er mochte keine Tochter, die ein Feigling ist.« Das war eine weitere, schmerzliche Lektion.
»Papa fand dich bildhübsch«, sagte Matilda. »Ich habe den Verstand und du die Schönheit. Das weiß jeder. Aber«, damit wandte sie sich wieder ihrem eigenen Aussehen zu, »ich will ja Mr. Webb erschrecken, nicht dich.«
»Ich hasse ihn«, sagte Julia leidenschaftlich.
»Ich auch. Deshalb habe ich mich so zugerichtet, da wird er schon aufhören, mich heiraten zu wollen.«
Aus Julias Gesicht verschwanden die Ängste. »Du bist so klug, Mattie. Ich wußte, du würdest einen Weg finden, um ihn nicht heiraten zu müssen. Wir werden doch hierbleiben können, nicht wahr?«
Matilda liebte »Sanctuary«. Es war alt, romantisch und hatte schon immer der Familie gehört. Als Julia gegangen war, um sich mit Hilfe von Fish, einem ältlichen Mädchen, das sie und Julia und Mutter sich teilten, anzukleiden (ohne Beaufsichtigung wäre Julia mit Sicherheit in dem gleichen dunklen Kattunkleid zum Dinner erschienen, das sie am Morgen nach dem Aufstehen angezogen hatte), zog Matilda die Vorhänge zurück und stand in der Fensternische und sah hinaus.
Der Mond schien an diesem Abend strahlend hell, der Rasen schimmerte weiß vom Frost. Es war sehr still. Falls im Unterholz irgendwelche lebendigen Wesen waren, Füchse, Dachse, Kaninchen, Hasen, so mußten sie in einer so friedvollen Nacht sicherlich herauskommen. Aber nichts rührte sich. Die Bäume, von denen Matilda einen

jeden kannte wie einen Menschen, waren tintenschwarz. Die Libanonzeder streckte einen Ast aus wie eine Couch, auf dem schon Generationen von Duncastle-Kindern gesessen hatten. Die Krähen bauten ihre Nester immer in denselben Ulmen. Die Weiden am See hingen über dem kalten Wasser. Der alte Birnbaum, der jetzt nur noch kleine und verschrumpelte Früchte trug, war immer Hillarys Lieblingsbaum gewesen, in dem er Schildwache spielen konnte. Spalierpfirsiche und Aprikosen rankten sich an der alten Backsteinmauer empor.

Das war nicht nur ein Garten, sondern eine sichere, geschützte Welt. Wie konnte sie die verlassen? Wie konnte sie es zulassen, daß Fremde hier wohnten?

Und doch stand sie da, in ihrem einfachsten Kleid, ihr kurzgeschnittenes Haar mit einem schwarzen Samtband zurückgebunden, so verboten anzuschauen, daß sie »Sanctuarys« zukünftigen Retter einfach in die Flucht schlagen mußte.

Mama klopfte an die Tür und trat ein.

»Matilda!« Sie stöhnte auf. »Was hast du mit dir gemacht? Du siehst ja zum Fürchten aus. Wo ist dein neues Kleid?«

»In der Schachtel.«

»Aber, mein Liebes, wir haben es eigens für heute abend gekauft.«

Nichts als rosa Seide mit schwarzen Spitzen. Es war ein wunderschönes Kleid, das sie für einen willkommenen Bewerber mit Freuden getragen hätte.

»Ich weiß.«

»Dann, weshalb – o mein Gott, Matilda, jetzt sehe ich erst, was du gemacht hast. Du hast dir dein Haar abgeschnitten!«

»Ja.« Matildas Stimme klang angriffslustig, aber sie war sich ihrer Sache schon nicht mehr ganz so sicher. Sie wollte in Mamas ohnehin vergrämtes Gesicht nicht noch mehr Kummer bringen. Seit Papas Tod war es fast durchsichtig geworden.

»Aber warum? Mr. Webb wird dich für ver . . .«, nein, nicht dieses Wort, es klang für eine Duncastle erschrekkend, . . . »von Sinnen halten.«
»Das hoffe ich.«
»Aber mein liebes Kind, er soll uns retten. Dich und Julia und mich.« Mamas Stimme zitterte. Sie suchte nach ihrem Taschentuch und weinte.
»Mama! Ich wollte dich nicht aufregen.«
»So, wie du aussiehst, kannst du nicht hinuntergehen. Selbst die Dienstboten . . .«
»Er kommt, um mich um meine Hand zu bitten«, sagte Matilda tonlos. »Wenn ihm mein Aussehen nicht gefällt, erspart er sich vielleicht die Peinlichkeit, abgewiesen zu werden.«
»Eine so komplizierte Art, nein zu sagen. Weshalb hast du uns nichts davon gesagt, daß dir der Gedanke so zuwider ist?«
»Ich bin vermutlich ein Feigling«, sagte Matilda. »Wenn Mr. Webb mir keinen Antrag macht, muß ich es nicht auf mein Gewissen nehmen, daß ich nicht an deine und Julias Sicherheit gedacht habe.«
»Denk nicht an mich. Ich bin überhaupt nicht wichtig. Aber wir müssen an Julia denken. Nicht jeder Mann wird so liebenswürdig und opferbereit sein, ein solches Problem mit zu übernehmen.«
Matilda weigerte sich zu glauben, daß Mr. Webb irgendwelche anderen als höchst persönliche Gründe hatte. Selbstaufopferung gehörte gewiß nicht dazu.
»Ich kann für Julia sorgen und auch du, und zwar ohne die Hilfe von jemandem wie Mr. Webb. Wenn wir ›Sanctuary‹ verkaufen müssen, können wir auch in gemieteten Zimmern wohnen.«
»›Sanctuary‹ verkaufen! Es ist doch seit zwei Jahrhunderten im Familienbesitz!«
Würdest du statt dessen deine Tochter verkaufen? fragte sich Matilda. An dieser ganzen traurigen Geschichte war Papa schuld. Es kam erst jetzt allmählich heraus, wieviel

er im Spiel verloren hatte, beim Roulette, Baccarat. Hunderte! Manchmal in einer Nacht. Manches gewann er gelegentlich zurück, aber am Ende verlor er entsetzlich. Wie konnte er es wagen, seine Frau und seine Töchter einer so mittellosen und demütigenden Zukunft auszusetzen?
Matilda konnte sich an seine stolzen Tage erinnern, wie er als blendende Gestalt auf dem Rücken seines Pferdes auf dem Kasernenhof in Delhi eine Parade abgenommen oder in prächtiger Uniform an einem Dinner im Palast des Vizekönigs teilgenommen oder wie er Mama aufs Tanzparkett geführt hatte. Er war für seine Kinder immer eine überwältigende Persönlichkeit gewesen, seinen Männern ein strenger und geachteter Offizier. Sie erinnerte sich an das Strahlen in seinen Augen bei Hillarys Parade und so bald danach an seine tiefe Verzweiflung über Hillarys Tod. Sie erkannte, daß sich zu jener Zeit sein Geist verwirrt haben mußte. Wie sonst konnte er Selbstdisziplin und Respekt vor der eigenen Person so völlig vergessen haben, daß er sein gesamtes Vermögen verspielte und dann Hilfe bei einem Mann wie Joshua Webb suchen mußte. Normalerweise hätte er sich mit seinen Wünschen an eine alteingesessene Bank gewandt. Oder hatte er das getan und war abgewiesen worden?
Webbs Handelsbank in Cheapside in der City von London war klein, aber aufstrebend. Joshuas Vater (der älteste Sohn eines Gärtners) hatte sie gegründet und mit zwei Räumen angefangen. Jetzt befand sich die Bank in einem respektablen, aber noch immer bescheidenen zweistöckigen Haus mit goldener Schrift auf den Fenstern. Ihren Hauptgewinn schöpfte sie daraus, daß sie auf kluge Weise Geld an unglückliche und dumme Gentlemen wie General Sir Richard Duncastle verlieh. Joshua Webb, der junge und ehrgeizige Vorsitzende, leugnete gar nicht, daß diese Kunden für ihn das tägliche Brot bedeuteten, aber er behauptete auch, durch seine Hilfe bewahre er die Herren vor dem Selbstmord, der letzten Zu-

flucht eines verzweifelten Spielers. Und er hatte außer verarmten Gentlemen mit Familienbesitz noch viele andere Eisen im Feuer. Er war unheimlich stolz auf sein wachsendes Geschäft, unheimlich ehrgeizig. Er sah seine Firma schon über ganz Europa verbreitet, ein englischer Rothschild.
Aber er brauchte solide Verbindungen. Matilda wußte, daß sie eine solche sein sollte, eine Verbindung in jeder Beziehung. Seine Frau.
»Matilda, Liebes!« sagte Mama anklagend; ihre Tränen waren getrocknet, ihr verhärmtes Gesicht sah ängstlich aus. »Vielleicht ist es nicht so schlimm. Mr. Webb hat vielerlei Vorzüge. Er mag ja ein wenig unkultiviert sein, aber du bist klug genug, um seine Manieren zu verfeinern. Könntest du es nicht als eine Art Herausforderung betrachten?«
Mama war mit einem so überragenden Mann verheiratet gewesen, daß sie schon vor langer Zeit den Weg der Fügsamkeit und des Gehorsams gewählt hatte. Ihrer Meinung nach war dies die passende Rolle für eine Frau. Sie konnte nicht mit den Unannehmlichkeiten fertig werden, die auf sie zukamen: Mittellosigkeit, finanzieller Ruin und die dauernde Last von Julia. Deshalb erwartete sie von Matilda, daß sie dankbar ein komfortables Haus in Kensington in London annahm, einen starken, klugen, ehrgeizigen Mann und Sicherheit für sie alle. Schließlich liebte sie doch keinen anderen, oder?
Nein, sie liebte keinen anderen. Was war Liebe? Ein Traum, ein zartes, kaum jemals realisiertes Phantasiegebilde. So viele Vernunftheiraten hatten sich als sehr glücklich erwiesen. So hatte sie jedenfalls gehört.
»Ich mag es nur nicht, wenn man mir sagt, was ich zu tun habe«, sagte Matilda mit harter und energischer Stimme. »Das ist für Zuschauer alles schön und gut. Aber von mir erwartet man schließlich, daß ich mit diesem Mann ins Bett gehe.«
»Mein liebes Kind, werde nicht ordinär!«

»Ich sehe nur den Tatsachen ins Auge, Mama. Und angenommen«, fuhr sie fort, »ich bringe eine weitere Julia zur Welt. Was würde Mr. Webb wohl davon halten?«
Mama preßte ihr Taschentuch an die Augen.
»Du bist zu grausam. Du siehst plötzlich so . . .«
»Wie? Sehe ich häßlich aus?«
»Nicht mehr wie ein Mädchen. Viel älter. Hart.«
Matilda nickte. »Genauso will ich aussehen. Es wird Zeit, daß jemand in dieser Familie aufhört, sentimental zu sein. Wann soll Mr. Webb kommen?«
»Ungefähr um sieben. Aber bitte, Matilda, geh nicht so hinunter.«
»Ich kann mir das Haar nicht wieder dranstecken. Wenn Mr. Webb mich so noch will, kann er mich haben. Es ist meine private Prüfung. Zumindest wird er wissen, wie meine Gefühle sind. Er muß schon ein tapferer Mann sein.« Nachdenklich fügte sie hinzu: »Ich nehme an, ich werde ihn dafür respektieren müssen.«
Joshua Webb mochte zwar von niederer Herkunft sein, aber er hatte dazugelernt. Er wußte, wie man sich zum Dinner beim Adel kleidete, und verstand es, sich mit einer gewissen Galanterie zu benehmen. Er war kein Meister der Konversation, seine Unterhaltung war verkrampft und geistlos. Er hätte viel lieber mit Geschäftsfreunden gegessen, als mit diesen drei steifen Damen in dem Haus, das jetzt von Rechts wegen ihm gehörte. Er wünschte, es hätte sich eine Gelegenheit ergeben, allein mit Matilda zu essen, damit sie sich rasch über die Zukunft einig werden könnten. Doch wenn er in die Kreise der Oberschicht aufsteigen wollte, wie es seine Absicht war, mußte er wohl oder übel das Spiel mitspielen. Er ahnte, daß sich zu einem bestimmten Zeitpunkt nach dem Dinner die Mutter und die jüngere Schwester zurückziehen und sie beide allein lassen würden.
Am meisten lag ihm daran, daß Matilda, seine zukünftige Braut, endlich damit aufhören würde, ihn voller Verachtung anzusehen. Sie war ein verzogenes Balg. Für ihn

stellte sie eine Herausforderung dar, wie eine knifflige geschäftliche Transaktion. Er liebte Herausforderungen, sonst wäre er kein erfolgreicher Geschäftsmann gewesen. Jetzt brannte er darauf, diese stolze, grünäugige junge Frau den Vorsitz an seinem Tisch in seinem Haus führen zu sehen, das er sich neulich am Kensington Square gekauft hatte. Es war ein geschäftlicher Handel, gewiß, aber er hoffte, es würde mehr daraus werden.
Das Haus in Kensington war ein hübsches, schmalbrüstiges, vierstöckiges Gebäude. Es hatte drei alten Damen gehört, den Töchtern eines längst verstorbenen Grafen. Joshua war es gelungen, eine Menge der Möbel und Bilder zusammen mit dem Haus zu erstehen, denn er wußte sehr wohl, daß sie besser hineinpaßten als alles Moderne, was es auf dem Markt gab. Also stammte der lange Eßtisch aus der Zeit Jakobs des Ersten, ebenso die hochlehnigen Stühle aus dunkler Eiche mit den Gobelinsitzen (zweifellos von den Damen Ursula, Elizabeth und Jane gestickt). Im Wohnzimmer hingen schwere Seidenbrokatvorhänge. Einige Fenster gingen auf den Platz hinaus, die übrigen auf den langen, von einer Mauer eingefaßten Garten hinter dem Haus. Im Treppenhaus hingen ein paar dunkle Bilder in alten, vergoldeten Rahmen, und im Schlafzimmer stand ein Himmelbett. Außerdem eine Wellington-Kommode (das würde Matilda, die Nachfahrin von Generationen von Soldaten, gewiß zu schätzen wissen), massive Schränke, verblichene Teppiche in den fünf Schlafzimmern im zweiten Stock und Patchwork-Läufer im Dachgeschoß. Die Küche im Erdgeschoß war vollgestopft mit schimmerndem Kupfergeschirr. Eine Treppe führte von der Küche hinauf zum Dienstboteneingang. Es war ein altes Haus an einem historischen Platz, unweit des Kensington-Palastes. Der Verkehrslärm von der High Street, Pferdedroschken, die Karren der Händler, das Schreien der Zeitungsjungen, all das war angenehm zu hören. Joshua machte sich nichts aus der einsamen Stille des Landes, die war zu unvertraut für ei-

nen Jungen, der inmitten der lärmigen, lebhaften City von London geboren war.
Obgleich sein Haus in Kensington sich keineswegs mit der altmodischen Würde von »Sanctuary« vergleichen ließ, konnte er sich nicht vorstellen, daß irgendeine Frau, selbst Matilda Duncastle, nicht davon beeindruckt war. Weshalb sollte es ihr keinen Spaß machen, in der Stadt zu leben, anstatt in diesem trostlosen alten Haus dahinzumodern, das seinen letzten Funken von Leben verloren hatte, als der General starb? Sie würde eine blendende Gastgeberin sein. Das wußte er. Sie würde alles mit Stil machen, und das wollte er. Mehr noch, er wollte Kinder von ihr. Mädchen, die ihre lange, elegante Figur erben sollten, und Jungen, in denen sich ihre Herkunft und sein Geschäftssinn paarten. Er war, was ihn selbst betraf, nicht bescheiden. Er wußte, ihm stand eine große Zeit in der City bevor, besonders mit den richtigen Verbindungen.
All diese Gedanken gingen Joshua Webb durch den Kopf, während er vor dem Kamin in dem schäbigen gelben Salon in »Sanctuary« wartete. Sein energisches Gesicht drückte jedoch nichts anderes aus als sorgfältig einstudierte Höflichkeit. Er wußte, Matilda nannte ihn den Bankangestellten. Das amüsierte ihn. Er freute sich darauf, ihr seine Welt zu zeigen. Es war ein so lebendiger Ort im Vergleich zu dieser abgestandenen Muffigkeit mit den alten Waffen, den Geistern toter Soldaten.
Die Duncastles hatten England und das britische Weltreich gerettet und sich große Verdienste erworben. Ihr Name würde für immer einen Ehrenplatz in den militärischen Annalen einnehmen. Aber mit dem Tod des letzten Sohnes war die Familie erschöpft. Er würde neues, gesundes Blut hineinbringen. Er wollte, daß seine Söhne in seine Bank eintraten und ein Vermögen machten. Auch das bedeutete die Rettung Englands. Matilda würde das schon noch begreifen.

2

Matilda fand es einfach zu ärgerlich, daß die so sorgfältige Entstellung ihrer Erscheinung von Mr. Webb anscheinend überhaupt nicht bemerkt wurde. Er begrüßte sie auf seine übliche Weise, mit einer steifen kleinen Verbeugung, und machte ein paar banale Bemerkungen über das Wetter. Daß es eine kalte Nacht sei oder so etwas Ähnliches. Vielleicht war das eine Anspielung auf das spärliche Kaminfeuer, da Mama ihre Sparmaßnahmen noch immer nicht eingestellt hatte.
Peinlicherweise fing Julia an zu kichern. Das tat sie immer, wenn sie nervös war, und nicht etwa deshalb, weil sie etwas komisch fand. In ihren wunderschönen, klaren Augen sah man niemals das Licht reinen Vergnügens. Spott, Angst, Wut, aber niemals Humor oder gar Glück. Sie war ein Geschöpf voller Ängste und Abneigungen, und zweifellos stellte dieser Fremde aus London, der in irgendeinem dunklen Zusammenhang mit Papas Tod stand, eine ihrer Ängste dar.
Es war bedauerlich, aber selbstverständlich würden Mama und Julia auf dem Land bleiben, wenn Matilda wegging – falls sie Mr. Webb heiratete. Matilda konnte diese Überlegung zu keinem Ende bringen. Ihr war nur klar, daß in erster Linie ihre gesellschaftliche Stellung und dann erst ihr Aussehen sie für Mr. Webb attraktiv gemacht hatte. Welch trostloser Gedanke!
Trotzdem bemühte er sich, freundlich zu sein, wozu er schließlich auch allen Grund hatte. Zum Dinner an einem Tisch zu sitzen, der mit ziseliertem Familiensilber,

kostbarem Kristall und Porzellan gedeckt war, von einem Butler und zwei Mädchen bedient zu werden, drei Damen der Gesellschaft an seiner Seite zu haben, das war sicherlich eine Gunst, die ihm niemals zuvor widerfahren war. Obwohl er sich sichtlich außerhalb seines Elements befand, mußte man verärgert zugeben, daß er sich mit einer gewissen linkischen Würde zu benehmen wußte. Falls er nicht wußte, welches Besteck er benützen sollte, würde er die Sache vermutlich als unwichtig abtun.
Vielleicht war auch eine Braut mit kurzgeschnittenem Haar unwichtig. Schließlich blieb ja das Wichtigste bestehen, die Frau an sich.
Anstatt sich seiner Niederlage erfreuen zu können, mußte Matilda selbst eine Niederlage einstecken. Weshalb fühlte er sich von ihr nicht abgestoßen? Weshalb verzieh er ihr diesen sehr zweifelhaften Scherz und saß da, verzehrte sein Huhn mit großem Appetit und machte recht gescheite Bemerkungen über die Jagd und das Schießen? Er hatte selbst noch keine Gelegenheit gehabt, an diesen Sportarten teilzunehmen, aber er war sicher, alle Duncastles konnten gut schießen.
»Auf den Feind«, sagte Matilda kühl. »Wir ermorden nicht besonders gern gefiederte oder vierbeinige Geschöpfe.«
»Im Krieg, natürlich«, murmelte Mama.
»Mein Bruder Hillary konnte sein Ziel im Dunkeln mitten zwischen die Augen treffen.«
»Großartig«, sagte Mr. Webb. »Meine Söhne, so hoffe ich, werden ihre Zeit lieber dem Hauptbuch widmen.«
»Sind Sie Pazifist, Mr. Webb?« fragte Matilda.
»Der Krieg ist nicht mein Handwerk. Ich wäre darin sehr schlecht. Dieser Bursche, der da im Dunkeln herumlungerte, hätte mich getroffen, noch ehe ich ihn überhaupt gesehen hätte.«
»Trotzdem wurden Sie reich durch Menschen wie meinen Vater, der dieses Land für Sie und Ihresgleichen verteidigt hat.«

»Ich wußte gar nicht, daß dieses Land angegriffen worden ist, Miß Duncastle.«
Matilda war aus dem Konzept gebracht und wurde gereizt. Er war unerwartet offen und selbstherrlich.
»Nicht dieses Land natürlich, aber Teile des Königreichs. Die Krim, Ägypten, Zululand. Und dann ist da immer noch Irland.«
»Ach ja, eine schreckliche Bedrohung.«
»Mr. Webb, machen Sie sich über mich lustig?«
»Schenken Sie ihr keine Beachtung, Mr. Webb«, sagte Mama. »Matilda hat Sie herausgefordert und sich sehr schlecht benommen, fürchte ich.«
»Ich bin lediglich ungeheuer stolz auf meine Familie«, sagte Matilda. »Ist das ein Fehler?«
»Weit davon entfernt«, sagte Mr. Webb. »Auch ich bin stolz auf die meine. Das ist eine bewundernswerte Eigenschaft.«
Für einen Bankangestellten verfügte er über eine Menge großartiger Worte, dachte Matilda schmollend. Und wie langweilig, langweilig, langweilig war er. Seine Söhne über Hauptbücher gebeugt, allerhand. Da könnten sie ebensogut Steuereinnehmer sein.
Julia begann wieder zu kichern.
»Mattie, er hat dein Haar noch gar nicht bemerkt«, flüsterte sie hörbar.
Mr. Webb bearbeitete wieder sein Huhn und aß mit Konzentration und Freude. Er genoß auch den Wein und nickte, als Sands sein Glas erneut füllte. Er könnte erklären, daß er den Krieg ablehnte, aber dieses Essen und die Gesellschaft wurden offensichtlich als Kriegsbeute geschätzt. Was für ein mit Tinte durchtränkter Mann war er doch, der sich nur mit Schuldverschreibungen, Kreditbriefen und Darlehen beschäftigte. Was machte er zur Entspannung? Man stelle sich vor, ein Mann, der nicht mit einem Gewehr oder einem Schwert umzugehen verstand, der nicht reiten konnte. Wie fand er sich zum Beispiel in einem Ballsaal zurecht? Sie schwor, sie würde

keinen Mann heiraten, der ihr dauernd auf die Zehen trat.
Sie wußte nichts von ihm, außer daß er offenbar schlecht sah, denn wie Julia ganz richtig bemerkt hatte, war ihm ihr verändertes Aussehen noch nicht aufgefallen. Sie mußte sich geirrt haben, als sie annahm, er hätte ihre äußere Erscheinung bewundert. Wie ärgerlich!
Mama hatte Sands einen Wink gegeben, den Hauptgang abzutragen und den Nachtisch zu servieren, ein Spezialrezept der Köchin, das normalerweise nur Ehrengästen gereicht wurde. Das letzte Mal, da Mrs. Patch diese sorgfältig ausgeführte Pyramide aus Gelee, cremiger Masse und glänzenden Kirschen und Mandeln zubereitet hatte, waren Papas alte Regimentsoffiziere zum Dinner dagewesen. Mr. Webb hätte vermutlich lieber Plumpudding oder Schokoladencreme gehabt.
Matilda runzelte die Stirn, eine Anwandlung von Ehrlichkeit überkam sie. War sie in ihrer Kritik nicht zu bösartig? Der Charakter eines Menschen durfte nicht nach seinen Eßgewohnheiten beurteilt werden. Nur seine Herkunft. Er wäre ihr sogar nicht ganz unsympathisch gewesen, wäre er nur an seinem Platz geblieben und hätte keine Ansprüche an sie gestellt.
Die Zeit jedoch verging unerbittlich. Mrs. Patchs berühmter Nachtisch war zerstört, der Portwein wurde serviert und Zigarren für Mr. Webb. Den Kaffee, sagte Mama, würde man nachher im Salon nehmen, nachdem Matilda und Mr. Webb Zeit gehabt hatten, miteinander zu sprechen, was sie doch sicher gerne tun wollten. An diesem Abend wollte man einmal über die Konventionen hinwegsehen. Sie und Julia würden sich zurückziehen, und Matilda konnte vielleicht noch ein wenig an dem Wein nippen, während Mr. Webb seinen Port genoß.
Sie betrachteten einander über den von Kerzen beleuchteten Eßtisch hinweg. Mr. Webb schenkte sich ein Glas Port ein. Seine dichten, schwarzen Brauen zogen sich ein- oder zweimal über seinen aufmerksamen, leuchtenden

Augen zusammen, als sei er nervös. Er hat hypnotische Augen, dachte Matilda. Sie brachten einen fast dazu, sein offenes, angriffslustiges Gesicht zu übersehen. Da lag wohl auch der Erfolg seiner Geschäfte. Er fixierte seine Bittsteller, forderte ein halbes Prozent mehr Zinsen oder Anteile am Besitz. Welch ein bizarrer Heiratsantrag das sein würde!

Aber sie würde es wenigstens nicht zu einem formellen Heiratsantrag kommen lassen. Diese Heuchelei wollte sie sich und ihm dadurch ersparen, indem sie wie von einem Geschäft sprach, was er wohl auch am besten verstand.

»Haben Sie noch immer vor, mich zu heiraten?« fragte sie.

Wieder zog er seine Brauen zusammen, entweder aus Nervosität oder aus Belustigung. Wie sollte sie das erraten, nachdem sie den Mann ja gar nicht kannte.

»Das ist der Grund meines Besuches heute abend. Das ausgezeichnete Dinner galt gewissermaßen als Prämie.«

Prämie. Das war die Sprache, die er verstand. Aber jedenfalls war er ehrlich. Sie berührte ihr Haar, das straff und unvorteilhaft nach hinten gebunden war.

»Trotz der Tatsache, daß ich sehr oft erschreckend aussehen kann. Oder haben Sie das gar nicht bemerkt?«

»Ich habe es bemerkt. Ich dachte, Sie hätten irgendeinen Unfall gehabt, daß es aber unhöflich wäre, danach zu fragen.«

»Was für einen Unfall denn? Glauben Sie, ich wäre mit meinem Haar an eine Kerze gekommen? Nein, ich habe das absichtlich getan.«

»Um mich abzuschrecken?« Plötzlich brach er in lautes, herzliches und ehrlich amüsiertes Lachen aus. »Um ehrlich zu sein, mir ist eine Frau lieber, die nicht mit Löckchen und Schleifchen aufgedonnert ist. Sie haben ein hartes Gesicht. Interessant.«

Das hätte sie als letztes erwartet, daß er ihr nacktes Gesicht bewunderte. Oder war er nur einfach sehr schlau und durchtrieben?

»Wollen Sie wirklich eine Braut, die sich für ihren Mann häßlich macht?«

»Machen Sie doch kein solches Theater. Ich hätte von Ihrer Schwester so etwas erwartet, nicht von Ihnen.« Er griff über den Tisch und legte seine Hand über die ihre, ehe sie sie wegziehen und in ihrem Schoß in Sicherheit bringen konnte. Seine Handfläche war überraschend weich. Warum auch nicht? Hatte sie etwa Schwielen an den Händen eines Federfuchsers erwartet? Sie bekam fast keine Luft mehr, ihr war, als würde er auf ihr liegen, sie ersticken.

»Glaubten Sie, mich damit zu vergraulen und wegzutreiben? Meine liebe Miß Duncastle, wir müssen einander kennenlernen. Sie werden erkennen, daß ich das, was ich haben will, auch bekomme.«

»Wenn ich das bin, worauf sich Ihre Wünsche konzentrieren ...« Ihre mühsam aufrechterhaltene Selbstkontrolle brach zusammen. *»Warum?«*

Er lehnte sich zurück, nahm sein Glas wieder in die Hand und trank in einem langen Zug.

»Zuallererst lassen Sie uns einiges klarstellen. Ich bin nicht für den Tod Ihres Vaters verantwortlich. Er lag im Sterben, lange bevor er in finanzielle Schwierigkeiten kam. Ebensowenig kann man mir daraus einen Vorwurf machen, daß er sich um Hilfe an mich wandte und daß ich, wie jeder verantwortungsvolle Bankier, angemessene Sicherheiten verlangte. Ich wußte von Ihrer Existenz nichts, bevor ich hierherkam. Ich hatte lediglich die Absicht, meine Interessen als Bankier wahrzunehmen. Wenn ein Mann seinen ganzen Besitz verpfändet, um seine Leidenschaft für den Spieltisch zu befriedigen, dann muß seine Familie ihn für ihre daraus resultierende Verarmung tadeln. Und nicht den Mann, der seine Rechnungen bezahlte und ihn vor der Schande des Bankrotts bewahrte. So, Miß Duncastle, bin ich hierhergekommen,

um nach bestem Vermögen eine ziemlich zweifelhafte Geldanlage in Sicherheit zu bringen. Und dabei hatte ich den Vorzug, Sie kennenzulernen.«
Matildas Augen verengten sich.
»Mit anderen Worten, ich bin die Art von Frau, die jemals zu bekommen Sie nicht einmal zu träumen wagten.«
»Oh, vielleicht hätte ich sie bekommen. Vielleicht erst, wenn ich etwas älter und etwas reicher geworden wäre. Ich bin erst dreißig, obwohl Sie mich sicherlich für älter gehalten haben. Ich hätte mit dem Heiraten noch warten können. Ich war immer bestrebt, das Beste zu bekommen. Aber als Sie bei meinem ersten Besuch hier ins Zimmer traten, dachte ich, Sie sähen aus wie eine Königin.«
Matilda brach in ein ersticktes Lachen aus, ihre langen Finger preßten sich an ihre Lippen.
»Welche Königin? Marie Antoinette? Die Kaiserin Eugenie? Queen Victoria doch sicher nicht?«
»Nein, eine Tudor, glaube ich«, antwortete er ernst. »Ihr Haar wird wachsen. Und wenn Sie es noch einmal abschneiden, werde ich Sie durchhauen.«
Sie fing an, die Kontrolle über die Unterhaltung zu verlieren. Sie lief Gefahr, von einem Bankangestellten an die Wand gespielt zu werden, dessen Ehrlichkeit eine gewisse Würde besaß. Sie haßte es, das eingestehen zu müssen. Sie war verärgert und sann auf Rache.
»Angenommen, wir haben Kinder, und eines davon ist wie Julia?«
»Unmöglich!«
»Absolut nicht unmöglich. Es kommt in meiner Familie vor. Ich erinnere mich, als ich klein war, hatte ich eine Großtante Tatjana, die wurde in einem der Schlafzimmer im oberen Stock versteckt. Mein Bruder und ich durften sie niemals besuchen, aber manchmal sahen wir sie am Fenster.«
Ein Geist mit silbrigem Haar und blassem Gesicht. Ein Gespenst, das einem kleinen Mädchen einen Schauder

der Angst eingejagt hatte. Als Matilda Julias winzigkleines, schneeflockengleiches Gesicht in der Wiege betrachtet hatte, war sie von dem gleichen unangenehmen Gefühl gepackt worden. Jahre später war sie bestürzt gewesen über ihre frühe Wahrnehmung.

»Winkend und stöhnend, vermutlich«, sagte Mr. Webb, aber seine Brauen waren wieder zusammengezogen, als sei er doch etwas beunruhigt.

»Nein. Nur einfach traurig und verloren. Wie Julia eines Tages sein wird, wenn man sie nicht liebt und umhegt.«

»Wie viele von diesen ...« Mr. Webb zögerte und suchte nach einem möglichst taktvollen Ausdruck. »... hat es in Ihrer Familie gegeben?«

»Ich weiß es nicht. Es begann, als einer meiner Vorfahren aus einem Krieg in Skandinavien zurückkam und eine schwedische Frau mitbrachte. Sie war blond, wie Julia. Mit blaßblauen Augen. Irgendwo gibt es ein Porträt von ihr. Ich glaube, Mama hat es nach Julias Geburt versteckt. Sie mochte es nicht ansehen. Das Mädchen hieß Christina. Sie war hier unglücklich und fühlte sich sehr einsam. Sie fand, sie habe einen Soldaten geheiratet, der sie vernachlässigte. So verlor sie schließlich den Verstand, vielleicht hatte sie auch nie sehr viel davon. Jedenfalls hatte sie einen zahmen Schneehasen aus Schweden mitgebracht, der im Garten herumzuhüpfen pflegte, besonders dann, wenn Schnee lag. Angeblich fürchteten sich die Dienstboten vor ihm. Er hatte riesige Ohren und dunkle Augen, die im Schnee glühten. Man sagte, es war unheimlich. Und dann hieß es, es sei das Mädchen in verhextem Zustand gewesen.«

»Die schwedische Braut?«

»Ja. Das ist natürlich nur eine Art Sage. Damals war man eben abergläubisch. Der Hase war nichts weiter als ein etwas ungewöhnliches Haustier, etwas anderes als ein Spaniel oder ein Käfig mit Kanarienvögeln. Sind Sie abergläubisch, Mr. Webb?«

»Nicht im mindesten.«

»Dann werden Sie über das weitere ohnehin lachen. Es heißt, wenn der weiße Hase gesehen wird ...«
»Gesehen?«
»Ja. Man sieht ihn noch immer. Jedenfalls bilden sich die Leute das ein. Mama schwört, sie habe ihn vor Julias Geburt in einer schneereichen Nacht hoppeln sehen.« Matilda sah mit Befriedigung, wie ein überraschter Ausdruck über Mr. Webbs Gesicht huschte. »Verstehen Sie, wenn eine schwangere Duncastle dieses Tier sieht, bringt sie vermutlich jemanden wie Julia oder Großtante Tatjana zur Welt.«
»Was für ein absoluter Blödsinn!«
Matilda war plötzlich müde und hatte keine Lust mehr, Mr. Webb zu vergraulen.
»Julia existiert doch, oder?« sagte sie lustlos. »Mein Bruder und ich wurden beide in Indien geboren. Papa sagte, Julia hätte auch dort zur Welt kommen sollen, dann wäre alles gut gewesen. Aber Julia wurde hier gezeugt und geboren, hier in ›Sanctuary‹.«
»Ich glaube kein Wort von diesem überspannten Blödsinn«, sagte Mr. Webb lebhaft. »Selbst wenn Ihre Schwester eine ...«
»Geistesgestörte?«
»Ich habe dieses Wort nicht benutzt.«
»Es ist aber das richtige Wort. Doch man nennt sie in unserer Familie, etwas höflicher, wunderlich. Julia ist ganz in Ordnung, wenn sie glücklich ist. Deshalb ist es so wichtig, sie immer glücklich zu machen.«
»Ist nicht eben das durch mich möglich?«
Matilda bemerkte den unterdrückten Abscheu auf seinem Gesicht. Er würde sich niemals mit Julia abfinden. Wenn eines seiner eigenen Kinder – nein, daran durfte man nicht einmal denken.
»Unsere Kinder werden in London zur Welt kommen«, fuhr er fort, »wenn es das ist, was Ihnen Sorgen macht. Guter Gott, irgendein Tier aus einem skandinavischen Märchen! Ich habe noch niemals solchen Unsinn gehört.

Wir werden die besten Ärzte zu Rate ziehen, wenn Sie ein Kind erwarten, das verspreche ich Ihnen. Um die Wahrheit zu sagen, ich nehme an, Ihre Familie hat zuviel Inzucht getrieben. Das wäre eine bessere Erklärung für die alte Tante und Julia, als ein nicht vorhandener weißer Hase.«

»Ja, das stimmt«, gab Matilda zu. »Früher heirateten manchmal Vettern und Kusinen. Die militärische Tradition und das Aussehen sollten bewahrt werden. Die Duncastles sind sehr eitel.«

»Das habe ich schon bemerkt.«

Matilda wurde flammendrot. »Bei mir heute abend bestimmt nicht.«

»Bei Ihnen heute abend ganz besonders. Weshalb erwarteten Sie denn, ich würde mich abgestoßen fühlen, wenn Sie sich häßlich machten? Das war nichts als Eitelkeit, einfache, reinste Eitelkeit. Egoismus. Aber ich liebe eine Frau mit Egoismus.«

Sie war vollkommen durcheinander. Würde er sie ihr ganzes Leben lang durchschauen? Sie mußte vorsichtiger sein.

»Aber jetzt«, fuhr er selbstsicher fort, »muß die Eitelkeit einem gesunden Stamm geopfert werden. Wollen Sie mich heiraten, Matilda?«

Sie hatte sein Entsetzen über Julia gesehen, und jetzt sah sie seine Entschlossenheit. Papa hätte das gefallen. Er hätte gesagt, hier sei ein Mann, der sich im Schlachtgetümmel bewähren würde. Das war für ihn die wichtigste Bewährungsprobe.

»Wenn ich muß«, sagte sie widerstrebend; dann riß sie sich zusammen. »Danke für Ihren Antrag.«

Als sie ins Wohnzimmer kamen, kauerten Mama und Julia um das kleine Feuer. Julias Gesicht war klein und spitz vor Kälte oder vor Angst oder vor beidem. Sie hatte immer sehr an Matilda gehangen. Sie wußte, Mr. Webb bedeutete eine Bedrohung ihrer Sicherheit. Man mußte sie sehr sanft behandeln. Mr. Webb mußte das lernen.

Matilda setzte sich neben sie und nahm ihre Hand.
»Du lieber Himmel, ist das kalt hier. Ich läute nach mehr Holzscheiten, nachdem wir uns das jetzt leisten können.«
Mamas verhärmtes Gesicht fing an zu zittern, halb aus Bedauern, halb vor Erleichterung.
»O mein Liebling ... hast du dich entschlossen?«
»Ja. Mr. Webb und ich werden heiraten.« Sie war mit der Festigkeit ihrer Stimme zufrieden. »Weshalb setzen Sie sich nicht, Mr. Webb?«
»Könnte es jetzt nicht Joshua heißen? Würden Sie mich bitte Joshua nennen, Lady Duncastle, da ich doch Ihr Schwiegersohn werde?«
»Gewiß. Ein guter biblischer Name.«
»Er geht in meiner Familie auf einen Urgroßvater zurück, der vom Land mit nichts als einem Knappsack auf dem Rücken nach London kam. Wie Dick Whittington.« Mr. Webb lachte herzlich. »Er wurde nicht Bürgermeister, aber wer weiß, was die Zukunft für einen anderen Joshua Webb bringt, hm?«
Bürgermeister von London. Waren *das* seine Träume? Matilda dachte, wenn sie ihn lieben würde oder wenigstens gern hätte, würde sie seine ehrgeizigen Pläne nachsichtig und zärtlich dulden. So erschienen sie ihr nur lächerlich. Und ganz bestimmt würde sie es nicht zulassen, daß ein Sohn von ihr einen derart scheußlichen Namen trug. Ein Sohn? Von ihr und diesem Fremden mit seinem kräftigen, untersetzten Körper? Sie könnten vielleicht einen Korporal zustande bringen, hörte sie Papa sagen. Vielleicht sogar einen Sergeant Major. Aber keinen von jenen schlanken, eleganten jungen Duncastles, nichts als Feuer und Mut.
»Was wurde aus diesem Urgroßvater?« fragte Mama steif.
»Oh, er pachtete etwas Land in einem Außenbezirk von London, zwischen Chelsea und Kensington. Dort begann er mit einer Gärtnerei. Er war bäuerlicher Herkunft und

kannte das Land. Er kam ziemlich gut voran. Aber als sein ältester Sohn, mein Großvater, das Land übernahm, hatte der die Idee, einen Laden zu mieten, in dem er das Gemüse verkaufen konnte. Er war ein guter Geschäftsmann. Dann beschloß sein ältester Sohn, mein Vater, der sehr gut rechnen konnte, sich weiterzuentwickeln und eine Bank zu gründen. Ich habe vor, mich in der City niederzulassen. Ich habe eine Schwester, aber bald nach ihrer Geburt starb meine Mutter. Vater und ich mußten uns um das Baby kümmern. Ich glaube, wir haben das ganz gut geschafft. Als ich alt genug war, ging ich mit meinem Vater in die Bank, und meine Schwester führte uns beiden den Haushalt. Sie lebt noch immer bei meinem Vater, der jetzt Invalide ist, in dem alten Haus in Cheapside.«

»Unverheiratet?«

»Sie schielt.«

Matilda war über seine Direktheit schockiert, dann erkannte sie, daß er lediglich eine Tatsache feststellte, eine unabänderliche Veranlagung. Sie berührte ihr zusammengestutztes Haar.

»Schließt das eine Heirat aus?« fragte sie mit Betonung.

»Es verringert die Möglichkeit, finden Sie nicht auch?«

»O ja, gewiß. Aber sie wird sicherlich andere Vorzüge haben.«

»Clara hat meine Starrköpfigkeit. Ich hoffe, du wirst sie mögen, Matilda. Sie wird eine ausgezeichnete Tante für unsere Kinder abgeben.«

Die verrückte Julia und die schielende Clara. Sie schienen der sichtbare Beweis dafür zu sein, wie vollkommen unmöglich diese Heirat war. Matilda hätte am liebsten ihre Röcke gerafft und wäre aus dem Zimmer gerannt, aus dem Haus, hinaus in die kalte, klare Nacht, weg von diesem eingebildeten Mann, der sich seiner Herrschaft über drei hilflose Frauen – nein, vier, die unglückliche Schwester mitgerechnet – so sicher war. Sie konnte das einfach nicht ertragen.

Dann ertappte sie ihre Mutter dabei, wie sie sich eine verstohlene Träne mit ihrem ewig feuchten Taschentüchlein wegwischte, und sie erkannte, daß die liebe, sanfte Mama sie verstand und mit ihr litt, aber trotzdem von ihr abhängig war. Es hatte keinen Sinn, davonzulaufen, denn sie mußte ja wieder zurück.
Das schlimmste war, daß Joshua Webb keine Ahnung von den Gefühlen hatte, die die Menschen in diesem Raum bewegten. Er stand vor dem Feuer, schirmte die ohnehin schwache Wärme von den drei Frauen ab und fuhr in der Erläuterung seiner Pläne fort.
»Clara wird natürlich in dem Haus in Cheapside bleiben. Das wurde beschlossen, als ich mein Haus am Kensington Square kaufte. Matilda und ich werden es dort sehr bequem haben, und Sie und Julia, Lady Duncastle, können hierbleiben bis ans Ende Ihrer Tage. Ich bezweifle, ob ich dann das Haus verkaufen werde, da Matilda es schätzt, aber ich will zugeben, ich selbst lege keinen Wert darauf, hier zu wohnen.«
»Natürlich nicht«, sagte Mama mit ihrer sanften Höflichkeit. »Für jemanden, der an die Stadt gewöhnt ist, ist es viel zu still. Aber Julia und ich sind Ihnen für Ihre Großzügigkeit dankbar. Wir werden hier recht glücklich sein. Wir hoffen, Sie besuchen uns zu Weihnachten und zu anderen Gelegenheiten. Es ist sehr hübsch hier, wenn Schnee liegt.«
»Und wenn der weiße Hase herumhoppelt?« sagte Joshua fröhlich.
Als sie den entsetzten Gesichtsausdruck ihrer Mutter sah, sagte Matilda: »Ich habe Mr. – Joshua dazu gebracht, über unseren Familien . . .«, sie zögerte, als sie Julias Spannung bermerkte, ». . . unseren vierfüßigen Geist zu lachen. Er will nicht glauben, daß es von allen alten Häusern komische Geschichten gibt.«
»Ich werde an diesen Geist glauben, wenn ich ihn gesehen habe, meine Liebe.«
»Oh, Männer sehen ihn niemals«, sagte Mama schnell,

und aus Angst, man könne aus ihren Worten etwas ganz Bestimmtes schließen, fügte sie hinzu: »Ich dachte, ich hätte ihn einmal gesehen, aber einer der Dienstboten hatte nur eine weiße Katze gehalten. Sie wissen ja, wie Katzen im Schnee spielen. Mein Mann hat mich deswegen immer ausgelacht.«

Aber Julia war sechs Monate später zur Welt gekommen, nicht in einer heißen und ungemütlichen Armeeunterkunft in Pondicherry, sondern in einem kühlen, herrlichen englischen Sommer in einem verhexten Haus.

»Mama, diese Erklärung mit der Katze habe ich noch nie gehört«, sagte Matilda, eine Spur zu heiter. »Du enttäuschst mich. Du bist dafür bekannt, die einzige zu sein, die unseren Geist gesehen hat.«

»Da mußt du Dienstbotengeschwätz gehört haben, Liebes. Sie werden uns sicher für verschroben halten, Mr. Webb. Das kommt davon, wenn man in einem alten Haus auf dem Land lebt. Sie haben sehr recht, wenn Sie das vermeiden. In Kensington wird es keine Gespenster geben.«

»Nun, ich weiß nicht. Mein Haus ist alt genug, und ich nehme an, einige der Häuser am Platz haben verborgene Gänge. Wir könnten vielleicht irgendwo einen kopflosen Geist auftreiben, obwohl ich bezweifle, daß die drei älteren Damen, die vor mir dort gewohnt haben, so etwas hätten durchgehen lassen.« – »Nicht, Joshua«, tadelte Matilda. »Du erschreckst Julia.«

Tatsächlich flackerte in Julias Augen unterdrücktes Entsetzen. Sie klammerte sich an Matildas Hand und flüsterte, daß sie hoffentlich nie in diesem Haus würde leben müssen.

»Du bleibst hier mit Mama. Joshua, könntest du vielleicht daran denken, daß meine Schwester sehr sensibel ist?«

»Entschuldigung«, sagte Mr. Webb gleichgültig. »Ungeschickt von mir.« Wieder war ein Schatten von Ekel über sein Gesicht gehuscht. Er mochte Julia nicht. Er fühlte

sich von ihr abgestoßen. Es würde schwierig sein, die beiden miteinander anzufreunden, denn Julia würde immer seine laute Stimme hören, und er würde keine Geduld haben. Geduld gehörte nicht zu seinen Eigenschaften.
Aber er mußte schließlich andere Vorzüge haben. Und wenn er glaubte, er hätte eine gehorsame Frau geheiratet, dann täuschte er sich. Sie würde mit ihm über jeden Punkt streiten, in dem ihre Meinungen auseinandergingen. Sie vermutete, ihr standen viele Kämpfe bevor. Eine Heirat dieser Art wurde entweder ein Erfolg oder ein kleiner privater Krieg. Und sie war eine Duncastle mit feurigem Blut und einer gelegentlich scharfen Zunge. Was würde aus ihnen beiden werden?
Am ersten Tag des Jahres 1890 legte Joshua die Schenkungsurkunde von »Sanctuary« in Matildas Hände. Das war sein Hochzeitsgeschenk. Er wollte ihr zeigen, daß er ein Mann war, der zu seinem Wort stand. Der Besitz war auf ihren Namen überschrieben worden, so daß sie nach dem Tod ihrer Mutter damit anfangen konnte, was sie wollte.
Matilda sah auf die feine, spitze Schrift auf dem Pergament. Sie besagte, daß der neue Eigentümer des Hauses »Sanctuary« die verheiratete Matilda Mary Webb aus Kensington in London sei. Datiert war sie genau auf diesen Tag, eine Stunde, nachdem es eine Mrs. Matilda Mary Webb gab. Und genau eine halbe Stunde später stritten sie und ihr Mann sich zum erstenmal.
Es war nicht ihr Fehler. Seiner Großzügigkeit wegen hatte Matilda den ehrlichen Impuls, Joshua ganz in die Familie mit einzubeziehen und ihn an ihrem Stolz teilhaben zu lassen.
Für ihre Begriffe gab es dafür nur eine Möglichkeit, nämlich ihm die Trommel von Salamanca zu zeigen und ihre Geschichte zu erzählen. Und welcher Tag konnte dafür besser geeignet sein als ihr Hochzeitstag? Deshalb zog sie ihn von der kleinen Gruppe von Gästen weg, die sich im Salon versammelt hatten (wegen Papas Tod war es nur

eine sehr stille Hochzeit), und führte ihn in den Raum, in dem die militärischen Erinnerungsstücke untergebracht waren. Sie sagte, sie habe nicht vor, alle Stücke nach London mitzunehmen, denn »Sanctuary« sei ihr eigentlicher Platz, aber die kleine Trommel müsse mitkommen. Denn, so sagte sie, diese Trommel sei ein Teil ihres Lebens, ein Teil eines jeden Duncastle.
Sie sah im Geist bereits zwei, drei, vier Jungen mit der federnden Kraft und der schlanken Gestalt der Duncastles in irgendeinen künftigen Kampf marschieren. Wo würde das sein? Sie hatte keine Ahnung, sie wußte nur, daß dadurch Englands Größe vermehrt würde.
Sie sah den bestürzten Gesichtsausdruck von Joshua und war zutiefst verletzt. Wie konnte es möglich sein, daß er ihren Stolz nicht teilte? Als er mit einem Taktgefühl, das sie überhaupt nicht bemerkte, fragte: »Wäre es nicht besser, sie hier zu lassen, wohin sie gehört?«, spürte sie nichts als flammende Entrüstung. Wo wäre Joshua Webb, wenn diese Trommel nicht tapfer in Salamanca getrommelt hätte, wenn nicht viele andere stolz getragene Waffen ihren Weg durch die feindlichen Linien geschlagen und gestoßen hätten? Wohlbehütet in der City von London Schuldscheine und Rechnungen zählend, in einer gesunden Wirtschaft? Sicherlich nicht.
»Aber du mußt wissen, es ist ein ungeheuer lebendiges Stück aus der Geschichte meiner Familie«, sagte sie. »Einer meiner Vorfahren, Hillary Duncastle, er war erst fünfzehn und angeblich zu klein für sein Alter, war Trommlerjunge bei der Schlacht von Salamanca. Er fiel auf dem Schlachtfeld. Jemand hat seine Leiche und die Trommel zurückgebracht. Beide waren mit Blut bedeckt. Aber die Schlacht war gewonnen.«
»Natürlich«, sagte Joshua.
»Warum sagst du ›natürlich‹ mit so eigenartiger Betonung?«
»Nun, erstens ist die Geschichte ein bißchen zu sehr von Gefühlen geprägt, und zweitens kannst du mir nicht

weismachen, daß ein Trommlerjunge Schlachten gewinnt.«
»Ich habe nicht gesagt, Hillary hätte die Schlacht gewonnen, aber er hat die Truppen ungeheuer angespornt. Der Duke of Wellington hat nachher ausdrücklich auf ihn hingewiesen. Ist das nicht etwas, worauf man stolz sein kann?«
Joshua blieb verstockt.
»Ich weigere mich, diese Trommel wie ein Heiligtum zu behandeln. Du würdest mir einen großen Gefallen tun, wenn du sie in ›Sanctuary‹ läßt. Sie ist kein lebendiger Teil meiner Familie. Noch wird sie es von deiner und meiner Familie sein. Schlag dir derartige Gedanken aus dem Kopf, Mattie.« (Er nannte sie Mattie, weil er das für freundlicher hielt.) »Meine Söhne werden ihr Blut nicht in Wüsten und Dschungeln verspritzen, wo sie von Rechts wegen sowieso nicht hingehören.«
»Joshua, wie kannst du nur so unpatriotisch sein?«
»Ich bin Realist. Hast du das noch immer nicht herausgefunden?«
Konnte sie jemals mit einem derartigen Mann glücklich werden? Er hatte gewisse Vorzüge, das erkannte sie an. Aber ihre Ideen und Ideale waren so weit voneinander entfernt, daß eine harmonische Ehe unmöglich schien, wenn nicht einer von ihnen nachgab. Und sie würde das nicht tun. Die Trommel kam mit nach London, in ihr Haus in Kensington. Über die Ausführung dieses Plans wollte sie später nachdenken.
Jetzt wartete ein Fotograf in der Bibliothek, um ein Hochzeitsbild aufzunehmen.
Matilda wußte, sie würde auf der Fotografie wie ein stocksteifer Schürhaken aussehen. Sie konnte beinahe ihre Kinder Jahre später sagen hören: »Mama, du siehst aber nicht wie eine sehr glückliche Braut aus« und sich selbst antworten: »Fotografien zeigen die Gefühle nicht.« Doch wenn sie sie gut genug kannten, würden sie die Kampfeslust in ihren Augen erkennen.

3

Joshuas Vater war zu krank gewesen, um zur Hochzeit zu kommen, und seine Schwester Clara wollte den alten Mann nicht allein lassen. Deshalb, so seltsam dies auch schien, lernte Matilda Joshuas Familie erst kennen, als sie als seine Frau nach London kam. Dann allerdings verlor Joshua keine Zeit und schleppte sie in aller Eile durch ganz London, um seinen Vater und seine Schwester in Cheapside zu besuchen.

Da sie noch immer um ihren eigenen Vater trauerte, trug sie schlichtes Grau, nur ein Veilchenstrauß steckte in ihrem Gürtel. Joshua hatte den Wagen angehalten und die Blumen bei einem Straßenhändler gekauft. Das war nicht, wie Matilda zuerst dachte, eine romantische Geste, sondern ein Versuch, seiner eigenen Eitelkeit zu genügen. Er wollte, daß seine junge Frau verwöhnt und festlich aussah.

Das Haus in Cheapside war schmal und unauffällig, zwischen zwei andere ähnliche Häuser hineingequetscht.

»Als meine Eltern hierherzogen, glaubten sie, sie hätten es in der Welt zu etwas gebracht«, sagte Joshua. »Sie wollten nie mehr umziehen.«

»Warum sollten sie denn?«

»Weil Wohlstand sichtbar sein sollte. Erst dann wird mehr daraus, er wird zu einem Schneeball.« Joshua schien etwas ungehalten über ihre Naivität zu sein. Er erwartete, daß seine Frau intelligent genug war, dieses Grundgesetz des Erfolges zu erkennen. »Weshalb glaubst du, habe ich diese Teppiche und Bilder vom Kensington

House gekauft, ehe es niedergerissen wurde?« Er spielte auf ein riesiges, monströses Gebäude an, das wenige Jahre nach seiner Erbauung wieder abgerissen worden war. Die Versteigerung des Inventars hatte ein gewisses Gepräge. Jeder, der etwas davon ersteigerte, besaß somit einen Gegenstand aus dem Besitz eines Reichen.
Er rüttelte heftig am Türklopfer, und sofort wurde die Tür von einem kleinen, dünnen Mädchen in Schürze und Häubchen geöffnet.
»Wir werden erwartet, Janey. Wie geht es meinem Vater?«
»Schlecht, Sir.« Das Mädchen warf Matilda einen raschen, forschenden Blick zu. »Aber er ist auf und wartet auf Sie.«
»Joshua«, ertönte eine fröhliche Stimme aus der kleinen Halle. »Hast du sie mitgebracht?«
»Natürlich habe ich sie mitgebracht, Clara.« Joshua nahm Matildas Arm. »Hier ist sie.«
Die Frau, die mit ausgestreckten Armen auf Matilda zukam, schielte wirklich so, wie Joshua gesagt hatte. Aber abgesehen von diesem sehr bemerkenswerten Fehler sah sie sehr hübsch aus. Sie verfügte über eine weiche Weiblichkeit und ein warmes Lächeln. Ihr Gebrechen hatte sie offensichtlich nicht verbittert.
»Ich freue mich so, Sie kennenzulernen«, sagte sie. »Ich habe mir immer eine Schwester gewünscht. Ach, Joshua, sie ist so elegant. Aber ich wußte schon immer, mein Bruder würde sich eine hübsche Frau aussuchen. Ich hoffe, er kümmert sich ordentlich um Sie, meine Liebe.«
Also wußte sie nichts von der Abmachung, dachte Matilda. Zweifellos würde Joshua mit seiner kleinen Erpressung nicht herumprahlen. Selbstverständlich war es ihm lieber, die Leute glaubten, sie habe ihn freiwillig, aus Zuneigung, geheiratet.
Sie zwang sich zu einem Lächeln und erlaubte Clara, sie zu küssen. Das Haus roch nach Bienenwachs und noch nach etwas anderem, Krankem. Matilda bemerkte, wie

Joshua die Brauen zusammenzog, ein Zeichen für sein Unbehagen und seine Nervosität, wie sie bereits wußte. Er wollte nichts vom Tod wissen. Er war ihm vermutlich bis jetzt selten begegnet. Er war niemals auf einem Schlachtfeld, wenn sich der Qualm der Schlacht verzog. Er war in dieser Beziehung vielleicht ein Feigling. Auch Julias Wunderlichkeit empfand er als widerlich. Er nannte es höflicherweise Wunderlichkeit. Er wünschte, daß die Menschen gesund waren, körperlich und geistig.

»Wollt ihr jetzt hinaufkommen und Vater begrüßen? Er ist wach und wartet.« Clara nahm Matildas Arm. »Später am Tag verwirrt sich sein Geist dann ein bißchen. Er hatte vor sechs Monaten einen Schlaganfall, und seitdem ist eine Seite gelähmt. Er wollte niemals, daß Joshua schon so jung Chef der Bank wird, und er macht sich deswegen Sorgen.«

»Ich komme schon zurecht«, sagte Joshua kurz angebunden.

»Da bin ich sicher. Allerdings meint Vater, du überstürzt alles zu sehr. Aber geh hinein und sprich mit ihm.«

Der graue Kopf in den Kissen, das eingefallene bleiche Gesicht, die scharfen Augen, die sein Sohn geerbt hatte und die Matilda ansahen genau wie die von Joshua, gerade, als sollte sie erneut auf ihren Wert hin abgeschätzt werden. Mit einemmal öffneten sich die farblosen Lippen, und eine rauhe Stimme erklang.

»Jetzt begreife ich, warum du dein Glück bei diesem bankrotten alten General versucht hast. Hätte mir denken können, daß du irgendeinen Trick im Schilde gehabt hast.«

»Das ist meine Frau Matilda, Vater«, sagte Joshua. »Und du bringst wieder einmal alles durcheinander. Weder versuchte ich mein Glück, noch habe ich einen Trick im Schilde geführt. Ich handle in gewissen Fällen nur, das ist alles. Wie geht es dir?«

»Mit meinen Augen stimmt etwas nicht mehr«, sagte der alte Mann gereizt. »Kann die Börsenkurse nicht mehr lesen.«
»Macht nichts, Vater. Lies etwas Entspannenderes. Wie wär's mit Dickens oder Trollope? Denk daran, Clara. Bring ihn dazu, die Bank zu vergessen.«
Eine Flamme loderte in der Tiefe der Augen des alten Mannes auf.
»Die Bank vergessen, sagt er. Warte du, bis du im Sterben liegst, Sohn. Schau, wer dann gewinnt, Master David Copperfield oder der Börsenbericht über diese Balkan-Eisenbahn. Wie stehen sie übrigens?«
»Sie steigen, Vater.«
»Gut, solange Österreich auf dem Balkan Frieden hält. Traue niemals den Kriegen, meine Liebe – wie heißt du? Matilda? Sie richten nichts als Verwüstung unter den Finanzen an.«
»Die Familie meiner Frau hat sich immer mehr für die Herrlichkeit der militärischen Siege interessiert als für die Wirtschaft, Vater.«
»Oje, ja, der General. Eine berühmte militärische Familie, glaube ich. Nun, das ist nicht die rechte Art, gesunde Generationen hervorzubringen. Zu sinnlos, zu gefährlich. Du kannst dankbar sein, daß du einen häuslichen Bankier geheiratet hast.«
»Ich bin sehr stolz auf meine Familie«, sagte Matilda und ergriff die Gelegenheit, endlich auch etwas zu sagen. Der zweifelnde Ausdruck auf dem boshaften alten Gesicht in den Kissen ließ sie entschlossen fortfahren: »Wir besitzen so viele wundervolle Erinnerungen. Ich könnte vor Stolz weinen. Die Trommel von Salamanca, die bei Waterloo eroberten französischen Fahnen, Orden und Schwerter und Gewehre. Englands Geschichte ist in den Archiven von Familien wie der meinen niedergeschrieben. Und auf ihren Gräbern.«
»Joshua, wie kommst du dazu, so eine kriegslüsterne junge Frau zu heiraten?«

Joshua grinste zufrieden. »Ich zähme sie, das verspreche ich dir.«
Besitzergreifend packte er Matilda am Arm. Er sah zufrieden aus, weil sie sich nicht hatte unterkriegen lassen, weil sie ihre Herkunft bewiesen hatte.
»Nun, bring ihr bei, daß Geld genauso wirkungsvoll reden kann wie Kugeln. Und weniger tödlich.« Der alte Mann war in seinen Kissen zusammengesunken. Er sah schläfrig und erschöpft aus. »Will keine Bande von säbelrasselnden Enkeln haben.«
»Er ist müde. Ihr solltet jetzt lieber gehen«, sagte Clara, die gerade ins Zimmer kam. Sie trat zu Matilda und führte sie hinaus. »Er mag dich. Er hat schon lange nicht mehr so viel gesprochen.«
Matilda war immer noch ganz heiß von der Entrüstung, die sie ergriffen hatte. Geld hielten sie für so ungeheuer wichtig und Mut nur für Tollkühnheit. Was für entsetzliche Maßstäbe!
Ihre guten Manieren behielten jedoch die Oberhand, und sie sagte: »Ich fürchte, ich habe mich schlecht benommen. Ich habe mich gehenlassen.«
»Vater auch. Er ist ebenso stolz auf seine Vergangenheit wie deine Familie auf die ihre.«
»Es sind derart verschiedene Vergangenheiten.« Matilda glaubte, mit Clara sprechen zu können, die das Feingefühl zu besitzen schien, das ihrem Bruder fehlte. »Joshua und ich sind so verschieden. Ich weiß wirklich nicht . . .«
»Was weißt du wirklich nicht?«
»Wie gut unsere Ehe sein wird«, gestand Matilda. »Die Heirat kam – aus verschiedenen Gründen zustande.«
»Wir haben immer gewußt, Joshua hat seine eigene Art, zu dem zu kommen, was er haben will«, sagte Clara ungerührt. »Vielleicht könnt ihr einander achten.« Ihr Lächeln war freundlich, ihre schielenden Augen seltsamerweise reizvoll. »Ich hoffe es, denn ich mag dich. Und ich bin direkt dazu geboren, eine gute Tante zu werden.«

Joshua hatte nicht die Absicht, in Claras hübschem Wohnzimmer zu sitzen, Tee zu trinken und die Zeit mit Weiberklatsch totzuschlagen. Während sie noch redete, sagte er unhöflich, Matilda täte besser daran, sich den Rest seines Reiches anzusehen. Da Sonntag war, wären sie ganz allein.

Den Klang der Kirchenglocken noch im Ohr, stand Matilda also auf dem schmutzigen Pflaster und sah zu, wie Joshua die massive Eichentür seiner Bank aufschloß. Er versuchte, gleichgültig zu erscheinen, aber sein Gesicht war ganz verkrampft vor Stolz. Während er Matilda durchs Foyer führte, sagte er, er erwarte nicht, daß sie sich für das ganze Drum und Dran interessiere, für Hauptbücher, Waagen, Rechenpulte, Kassen und Schalter oder gar für die Tresore, in denen es dunkel und kalt war. Außerdem wollte er den Wächter nicht stören, der seine Räume im Erdgeschoß hatte. Er wollte nichts weiter, als sie so schnell wie möglich über den eingelegten Fußboden zu der Mahagonitür mit der Aufschrift MR. JOSHUA WEBB sen. und MR. JOSHUA WEBB jun. führen.

Die Tür öffnete sich zu dem, was Joshua stolz das »Teilhaberzimmer« nannte. Er ging zu den Fenstern, zog die schweren Samtvorhänge zurück, und als das winterliche Licht hereinströmte, stellte er sich in die Mitte des Perserteppichs und lud Matilda schweigend ein, sich an der einfachen, soliden Extravaganz des Raumes zu erfreuen.

Matilda mußte zugeben, daß er genau das richtige Maß an Bescheidenheit, Erfolg und Sicherheit ausdrückte. Das Teilhaberzimmer. Das klang bedeutend.

»Was ist, wenn es keine Partner gibt?«

»Die gibt es fast immer.«

»Dein Vater liegt im Sterben, Joshua. Dann wirst du Mr. Webb senior sein, und einen Mr. Webb junior gibt es nicht.«

»Noch nicht, Mattie. Aber eines Tages . . .«

Matilda wich seiner Hand aus, die er ihr schwer auf die Schulter legen wollte, indem sie im Zimmer umherging

und die Bilder an den getäfelten Wänden betrachtete. Es waren zwei unbedeutende, aber gut gemalte Schiffsszenen und eine Postkutsche im Schnee. Der Platz über dem Kamin war leer. Wofür war er freigehalten? Für das Porträt des Bankinhabers im steifen dunklen Anzug mit schwerer Goldkette über dem ansehnlichen Bauch? Welch ein Unterschied zu den romantischen Porträts der Offiziere, an die sie gewöhnt war und die ihr jene Träume von Mut und großen Taten vermittelten. Hier roch alles nach Geld. Sie konnte beinahe die Münzen klimpern hören, wie Joshua, wenn er an seinem Platz an dem hübschen georgianischen Schreibtisch saß und zuhörte, wie die Kassenbeamten auf der anderen Seite der Tür die Sovereigns, das Silber und das Kupfer zählten.
»Wirst du dir einen anderen Partner nehmen, wenn dein Vater nicht mehr lebt?« fragte sie leichthin.
»Vielleicht. Aber nicht, um mit ihm dieses Zimmer zu teilen. Das bleibt meinem Sohn vorbehalten.«
»Du hast zu deinem Vater gesagt, du rechnest nur mit der Gewißheit.«
»Das ist doch eine Gewißheit, denke ich.«
»Meinst du?«
»Nun, natürlich. Dein Sohn und meiner. Das Aussehen der Duncastles und das Finanzgenie der Webbs, hm?« Er brüllte vor Lachen, und das war einer jener Augenblicke, in denen sie ihn verachtete wegen seiner Selbstzufriedenheit und seiner Sicherheit, daß er alles bekommen würde, was er wollte.
»Wir werden sehen«, sagte sie spitz.
»Ich dachte, ich könnte ein paar von diesen Waterford-Gläsern hierherbringen, die wir als Hochzeitsgeschenk bekommen haben. Alkohol sieht gut darin aus. Ein Kunde weiß einen guten Schluck Whisky oder Brandy nach einem abgeschlossenen Geschäft zu schätzen. Ja, um ehrlich zu sein, ich habe an einen Partner gedacht, aber nicht für London.« Ganz plötzlich vertraute er sich ihr an, und dem Glanz in seinen Augen nach zu urteilen,

sprach er von einem großen, lange gehegten Traum. »Ich finde, die Zeit ist reif für eine Erweiterung, für ein Wagnis in Europa.«
War das gut? Matilda fühlte sich unbehaglich. Sie hatte ein zu großes Opfer gebracht, als daß sie jetzt riskieren könnte, daß er sein Geld verlor.
»Du bist kein Rothschild, Joshua.«
»Nein, noch nicht. Aber wer weiß? Ich möchte die Möglichkeiten in Österreich erkunden. Wir investieren ziemlich stark in den Balkanländern. Aber ich habe keine Eile. Gegen Ende des Jahres vielleicht. Würde dir das Spaß machen, Mattie? Wir könnten in Wien in die Oper gehen. Das Bankwesen ist nicht ganz so langweilig, wie du dir das vorstellst, Mattie, weißt du.«
Der Klang der Kirchenglocken wurde durch die geschlossenen Fenster gedämpft. Auf dem kleinen Hof draußen stand ein kahler Baum, ein Tupfen Sonnenlicht lag auf seinem Stamm. Sie konnte sich einen Arbeitstag hier drinnen vorstellen, wenn das Feuer hinter dem polierten Kamingitter brannte, das elektrische Licht die sorgfältig ausgewählten Bilder beleuchtete, die Waterford-Gläser und die silberbeschlagenen Tintenfässer, und Joshua auf der anderen Seite des eindrucksvollen Schreibtisches saß, seine in Kalbsleder gebundenen Hauptbücher öffnete und sich darauf vorbereitete, seine Kunden zu empfangen, ausländische Herren in schwarzen, pelzverbrämten Übermänteln, Geschäftsleute in Hosen mit Nadelstreifenmuster und Bowler Hats, pensionierte Offiziere in Zivil, herausfordernd und verstohlen und verzweifelt ...
Sie fröstelte leicht. Es sei kalt hier drinnen, antwortete sie auf Joshuas forschenden Blick. Sie wußte, daß Geld »Sanctuary« gerettet hatte und Mamas und Julias Zukunft sicherte, aber sie hielt es noch immer für eine kalte, blutlose Angelegenheit. Es schuf Macht und Verzweiflung. Sie glaubte nicht, daß sie jemals ihre Meinung darüber ändern würde, obgleich sie persönlich die Vorteile des Geldes sehr wohl zu schätzen wußte. Was sie sagte,

klang wie Heuchelei, aber so war es eben. So empfand sie.

»Ich mag Ehrlichkeit«, sagte Joshua unbeirrt. Er sah sie an, wie sie vor dem Kamin stand, und plötzlich leuchteten seine Augen. Als sähe er einen Stapel soeben geprägter Sovereigns. »Du meine Güte, ich mag dich, Mattie.«

4

Jeden Montagmorgen kam Mamas wöchentlicher Brief im Haus am Kensington Square an. Er schien nach Landluft zu riechen. Matilda hielt die Seiten an ihre Nase und stellte sich den Holzrauch vom Feuer in Mamas Schlafzimmer vor und den feinen Duft des Winterjasmins, ehe sie die spitze Schrift las.

»Meine liebe Matilda,
ich habe so wenig Neuigkeiten für Dich. Das Leben hier ist sehr still. Es hat so geregnet, daß Julia und ich unseren täglichen Spaziergang nicht machen konnten. Julia ist ruhelos und launisch. Sie vermißt Dich so sehr. Ich habe sie mit einer neuen Stickerei beginnen lassen, aber sie ist schon voller Blutflecken. Julia sticht sich andauernd in den Finger. Andererseits halte ich es trotz Deiner und Joshuas freundlicher Einladung nicht für angebracht, gerade jetzt mit ihr nach London zu reisen. Sie ist noch immer sehr eifersüchtig auf Joshua, weil er Dich uns weggenommen hat, und braucht noch mehr Zeit, um sich an diese Situation zu gewöhnen. Ich bin sicher, mit der Zeit wird sie sich schon damit abfinden, vor allem dann, wenn Dein Baby geboren ist. Du weißt ja, wie sehr sie Babys liebt.«

Babys. Puppen. Es war zweifelhaft, ob Julia den Unterschied genau erkannte. Sie hatte eine Lieblingspuppe, die neben ihrem Bett in einem Körbchen schlief – sie schloß ihre wächsernen Lider ganz wirklichkeitsgetreu –, und damit schienen ihre mütterlichen Gefühle vollauf befriedigt. Wohl mochte sie das neue Baby in Kensington Square aufregend und liebenswert finden, aber man mußte sie sorgfältig beobachten. Sie war unberechenbar. Ihre liebenden Finger konnten sich in Klauen verwandeln.

Mama fuhr fort zu berichten, daß sie selbst sich ein wenig unwohl gefühlt habe, das würde sich aber rasch bessern, wenn wärmeres Wetter käme.

Matilda saß an ihrem Lieblingsplatz am Fenster ihres holzgetäfelten Salons und beschloß, die beiden hierherzuholen, sobald es Frühling wurde, kurz vor Ankunft des Babys. Der Garten würde ihnen nach der Weite von »Sanctuary« eng vorkommen, aber er war nicht ohne Reiz, wenn man sich erst einmal daran gewöhnt hatte.

Am Ende des langen, schmalen Gartens stand ein Maulbeerbaum, der angeblich unter der Regierungszeit von William und Mary gepflanzt worden war. William und Mary hatten Kensington Palace erbaut und die große Gesellschaft in den ehemals bescheidenen Vorort Kensington gebracht. Der Maulbeerbaum entschädigte Matilda etwas für die Zeder in »Sanctuary«, aber er war verkrümmt und lehnte sich haltsuchend an die Backsteinmauer. Krokusse lugten hie und da schon aus der dunklen Erde hervor. Die dornigen, kahlen Zweige einer Kletterrose rankten sich an einer Pergola empor. Der Gärtner Tomkins, der schon für die früheren Besitzer, die drei Töchter des Grafen, gearbeitet hatte, versicherte Matilda, daß es hier bald eine Unmenge von Narzissen geben werde und dann Goldlack, der im sonnigen Schutz der Mauern besonders gut gedieh. Das Vogelbad zog eine große Anzahl von Vögeln an, plumpe Drosseln und Amseln, Rotkehlchen, Blaumeisen und Finken. Und manchmal Krähen aus den nahen Ulmen. Ihr Gekrächze würde Mylady an zu Hause erinnern, so daß sie glaubte, wieder auf dem Land zu sein.

Tomkins nannte Matilda immer Mylady, weil er diese Anrede von seiner früheren Herrschaft gewohnt war. Er

hatte ein rosiges, gesundes Gesicht, umrahmt von einem Kranz weißer Haare. Seine strahlendblauen Augen hatten Matilda beim ersten Zusammentreffen abgeschätzt, als sei sie eine besonders kostbare Pflanze, die man sorgfältig beobachten mußte, während sie einwurzelte. Als er sie Mylady nannte, wußte sie, daß sie die Prüfung bestanden hatte, der er sie unterzog, was immer das auch sein mochte. Im stillen zweifelte sie, ob auch Joshua so gut weggekommen war. Tomkins' Gesicht wurde ausdruckslos, wenn der Herr erwähnt wurde.
»Sie können von einem Stadtmenschen nicht erwarten, daß er was von Blumen versteht, Mylady. Tauben und Spatzen und Ruß und ein bißchen Weiden und Efeu oder Geranien in einem Topf sind wohl alles, was er kennen dürfte.« Seine Stimme klang vorwurfsvoll. »Und außerdem ist er zu beschäftigt, um überhaupt etwas davon zu bemerken. Nein, Sie und ich, wir werden uns um den Garten kümmern. Ich mach Ihnen eine Lavendelrabatte und pflanze ein paar Peonien und Wicken und dahinter Rittersporn und Kletterrosen.«
»Ich liebe Rittersporn, Tomkins.«
»Und ein bißchen altmodisches Löwenmaul und Stiefmütterchen.«
»Danke, Tomkins.« Matilda war sehr ernst geworden, denn sie wußte, daß der alte Mann ihr Heimweh erkannt hatte. Vielleicht auch ihr Elend, obwohl sie hoffte, dies geheimgehalten zu haben. Sie sehnte sich nach ihrem geliebten Landhaus, und sie mußte zugeben, daß es ihr noch immer nicht gelungen war, ihren Mann zu lieben, obwohl sie sein Kind trug.
Das schlimme war, daß sie die Geschäftswelt nicht verstand. Sie hatte niemals nach einer so starren Regel leben müssen. Frühstück pünktlich jeden Morgen um acht Uhr. Wenn es auch nur eine Minute später war, machte Joshua ein derartiges Theater, daß man hätte glauben können, das Dach stürze ein. Sie mußte ihm jetzt einmal klarmachen, daß es nur von Übel war, wenn er die

Dienstboten anschrie. Sie selbst hatte sich dem Personal gegenüber immer loyal gezeigt, denn sie war ehrlich und gerecht und erkannte deren Probleme. Papa hatte sie das gelehrt, und er schöpfte sein Wissen aus seiner jahrelangen Erfahrung im Umgang mit untergebenen Soldaten. Du wirst niemals eine gute Tagesleistung von jemandem erhalten, der sich über dich ärgert, hatte er gesagt. Man muß den Mann anhören und ihm einen Rat anbieten. Macht nichts, wenn das keinen Erfolg hat, aber der Mann hat das Gefühl, sein kommandierender Offizier kümmert sich um ihn. Ein Haus glich einem kleinen Militärcamp, angefangen vom Herrn und der Herrin an der Spitze bis hinunter zum kleinsten Küchenmädchen. Laß deine Untergebenen wissen, daß dir ihr Wohlergehen am Herzen liegt, und sie werden dir treu ergeben sein. Vielleicht werden sie dich sogar lieben. Die Armeen haben nicht ausschließlich mit Töten zu tun. Sie vermitteln Ordnung und Disziplin und wecken den Wunsch zu dienen, alles Dinge, die ein menschliches Wesen veredeln. Matilda wäre ein großartiger Soldat geworden, hatte er oft gesagt.

Wie die Dinge lagen, benützte sie jetzt ihre natürlichen Gaben, um eine gute Ehefrau zu sein. Ihre Geduld wurde allerdings oft auf eine harte Probe gestellt.

Denn wenn das Frühstück kam, Eier und Schinken, Toast, warme Brötchen und eine Unmenge Tee, verschwand Joshua sofort hinter der *Times* und las sie aufmerksam und schweigend. Matildas Anwesenheit war vollkommen überflüssig. Sie hätte sich ebensogut ihr Tablett auf ihr Zimmer bringen lassen oder noch etwas länger schlafen können, vor allem jetzt, da sie sich morgens unwohl fühlte. Aber er gehörte zu den Männern, die die Anwesenheit ihrer Frau am Frühstückstisch erwarteten, damit sie sich mit der Teekanne beschäftigte, nach weiterem heißem Toast läutete, Polly schalt, wenn die Eier entweder zu weich oder zu hart waren und wenn sonst irgend etwas nicht seinen Wünschen entsprach.

Joshua hielt das für die Pflichten einer Ehefrau. Bestand die Ehe nur aus Pflichten? Welch entsetzliche Aussicht. Und wie ungerecht von Mama, sie an Julias unglücklichen Zustand zu erinnern, nachdem dies alles nur der Sicherung von Julias Zukunft diente.
Sie hatte versucht, die Angelegenheit als einen unangenehmen Feldzug in ein wildes, unbekanntes Land zu betrachten, und bemühte sich, ihrer Pflicht mit Anstand nachzukommen. Aber sie vermied es, an die Zukunft zu denken. Sie mußte sich ganz auf das kommende Baby konzentrieren. Wenn es ein Junge war, würde er selbstverständlich Soldat werden. In diesem Punkt war sie fest entschlossen. Vielleicht, wenn sie sich noch einmal in der Stimmung fühlte, ihrem Mann zu gefallen, würde es einen zweiten Sohn geben, der dann das eindrucksvolle Teilhaberzimmer in der Bank mit ihm teilen konnte. Vielleicht. Aber selbst wenn sie sechs Söhne hätte, wünschte sie, daß alle sechs ihrem Land dienten. Hier wie in bezug auf die Trommel von Salamanca hatte sie nicht die Absicht, eine gehorsame Ehefrau zu sein. Und sie wußte, sie würde bei ihren Kindern wie eine Tigerin sein, denn sie hatte einen großen Schatz an Gefühlen und Zärtlichkeit, der sich allerdings nicht auf ihren Mann ausdehnen ließ.
Aber sie wollte ihm gegenüber fair sein, bis die Zeit für die Revolution kam. Falls eine solche Zeit jemals kam. In der Zwischenzeit hatte sie ihren Stolz wiedergefunden und achtete auf ihre äußere Erscheinung. Ihr Haar war wieder genauso lang und dicht wie früher. Die Schwangerschaft konnte ihrer schmalen Taille noch nichts anhaben. Sie trug teure Kleider, die Joshua besonders an ihr liebte. Er betrachtete ihr schmales, weißes Gesicht als einen besonderen Pluspunkt, denn es unterschied sie von den gewöhnlichen hübschen Frauen. Die Leute drehten sich um nach Joshua Webbs aparter Frau. Er galt trotz seines ausgezeichneten Geschäftssinnes ein bißchen als Emporkömmling, aber seine Frau war etwas anderes,

vornehm, gut erzogen, mit einem interessanten, kaum merklichen Zug von Grausamkeit. So kam Kensingtons Gesellschaft aus bloßer Neugier in das Haus der Webbs am Kensington Square. Man gab seine Karte ab, und kurz darauf empfing Matilda bei ihren ersten Partys die smarten Debütanten der Gesellschaft, die jungen Männer, die an den Spieltischen zu Hause waren und eines Tages möglicherweise die gleiche finanzielle Hilfe in Anspruch nehmen mußten wie General Duncastle; die Eigentümer der großen Warenhäuser an der Kensington High Street, einen Richter, einen bekannten Schriftsteller, einige der berühmten Maler von der Melbury Road, selbst einen Bischof.

Als Matildas Soirées immer erfolgreicher wurden, äußerte Joshua seine Befriedigung darüber. In dieser Beziehung hatte sich seine Frau sehr gut bewährt. Die mehr intimeren Bereiche der Ehe, das Zusammenleben, das pünktliche Erscheinen am Frühstückstisch, die sorgfältig zusammengestellten Dinners, wenn sie allein zu Hause speisten, das Interesse, das Matilda für das Haus und den Garten zeigte, entsprachen ebenfalls vollkommen seinen Erwartungen. Selbst im allerintimsten Bereich, in den Nächten in dem großen Himmelbett in dem Raum, dessen Fenster auf die hohen, von Eulen bewohnten Bäume des Platzes hinausging, hatte er keinen schwerwiegenden Grund zur Klage.

Matilda wandte sich ihm zu, wenn er es verlangte. Sie duftete süß in ihrem Batistnachthemd und war willfährig. Selbst in der Hochzeitsnacht hatte sie keine Tränen vergossen, was seiner Meinung nach die meisten Frauen taten. Als es ihn drängte, die Kerze anzuzünden, war ihr Gesicht ruhig und gefaßt gewesen. Das hatte er bewundert, denn er ahnte, daß eine behütete, wohlerzogene Frau die erste Erfahrung körperlicher Liebe als Schock empfinden mußte. Falls dies auch bei Matilda der Fall gewesen war, hatte sie dies vor ihm verborgen gehalten. Das war ein gutes Vorzeichen für die Zukunft. Bald würde sie ihn lieben und ihre Leidenschaft zeigen. Er glaubte, daß sie zutiefst bewegt sein konnte. Es wäre gut, sowohl eine liebende als auch eine so nützliche und attraktive Frau zu haben. Da könnte er getrost, wenn auch widerstrebend, den Freundinnen seiner Junggesellenzeit den Laufpaß geben, Rosie und Hilda und allen übrigen. Mit Matilda an seiner Seite würde er ein wichtiger und höchst achtbarer Mann werden. Einmal hatte sie ihn ernstlich verärgert, damals nämlich, als er entdeckte, daß sie zusammen mit zahlreichen Orden in Glasbehältern und einem hübschen Regiment von Bleisoldaten auch diese alte, schäbige Trommel mit nach London gebracht hatte, obwohl er ihr das ausdrücklich untersagt hatte. Als er sie in einem der Dachgeschoßzimmer entdeckte, wollte er schon aufbrausen, doch dann amüsierte er sich über die Art, wie seine Frau ihren Willen durchsetzte. Dies war nur ein Akt der Verteidigung gewesen, und ihm gefiel ihre Haltung. Die Trommel wirkte ohne die übrige Waffensammlung der Duncastles ziemlich traurig und unansehnlich. Es war dumm von ihm gewesen zu glauben, sie könnte ihr Glück in irgendeiner Weise bedrohen.

Joshua Webb verfügte über ein recht gutes Gespür, diesmal aber hatte es ihn in Stich gelassen. Er hatte die Bedeutung unterschätzt, die die Trommel als Symbol für seine Frau hatte, und er hatte ihr ausdrucksloses Gesicht nach dem ersten Liebesakt falsch gedeutet. Er erriet weder ihre Verzweiflung noch ihre Enttäuschung, weil sie das einfach nicht zuließ. Bis zum letzten Augenblick hatte sie die verlorene Hoffnung gehegt, sie möge in ihm einen angenehmen Liebhaber finden, irgendein Wunder möge geschehen, wenn sie, wie es der Priester ausgedrückt hatte, einander begegneten.

Es war kein Wunder geschehen. Es war alles unsagbar ekelhaft, und sie hätte nur zu gerne auf weitere derartige Mätzchen verzichtet. Aber leider erforderte es ihre Pflicht als gehorsame Ehefrau, Derartiges nur allzuoft zu ertragen. Ihr Gatte war ein leidenschaftlicher Mann. Als sie jedoch schwanger wurde, opferte er selbstlos einige seiner Freuden, und seine gierigen Arme umschlangen sie nur noch ein- oder zweimal in der Woche.

Das war alles sehr, sehr schade. Sie hatte sich sehnlichst gewünscht, den Mann zu lieben, der einmal ihr Ehemann sein sollte. Aber dieser Zustand war ein unerreichbarer Traum geworden. Den geflüsterten Bekenntnissen ihrer neuen verheirateten Freundinnen zufolge war dies kein ungewöhnlicher Zustand. Wenn man seinen Mann liebte, hatte man Glück, wenn nicht, dann entschädigten einen die Kinder. Matilda würde das selbst ja in Kürze erfahren. Mit genügend Geld, einer gewissen gesellschaftlichen Stellung und ein paar Kindern konnte das Leben recht angenehm sein. Sie konnte Mutter sein, sich ganz der Gestaltung des Lebens ihrer Kinder widmen. War das denn nicht viel befriedigender als eine ergebene Ehefrau zu sein, die dauernd liebeskrank auf die Wünsche ihres Mannes wartete?

Ja, sie und Joshua kamen gut zurecht, schrieb Matilda ihrer Mutter, obwohl es schwierig gewesen sei, mit einem so völlig Fremden zu leben. Jetzt fingen sie an, einander zu verstehen, und solange sie Gesprächsthemen wie Englands Militärgeschichte oder die ungeheure Bedeutung eines Bankiers vermieden, kamen sie leidlich miteinander aus. Wenn das Baby geboren war, würde sie eine ausgefüllte Frau sein, schrieb sie überzeugt. Es hatte keinen Sinn, über das nachzugrübeln, was hätte sein können. Sie hatte sich mit ihrem jetzigen Leben ausgesöhnt (diese Bemerkung diente der lieben Mama zur Beruhigung), und wenn es Frühling wurde, mußten Mama und Julia auf Besuch kommen.

5

Vier Monate später war Matildas Mutter tot, und Matilda saß im Zug nach London, neben ihr Julia, die sich an ihre Hand klammerte und kaum je ihren verängstigten Blick von Matildas Gesicht wandte. Joshua schritt im Gang draußen auf und ab. Eisenbahnreisen machten ihn nervös. Er sei nicht an das untätige Herumsitzen gewöhnt, sagte er. Aber Matilda wußte, daß er Julias Gesellschaft vermeiden wollte. Er haßte es, im gleichen Raum wie sie zu sein, noch mehr in einem kleinen Zugabteil. Ihre Wunderlichkeit erzeugte in ihm eine Abneigung, die er einfach nicht überwinden konnte.

Er würde aber mit der Zeit darüber hinwegkommen müssen, denn den dreien standen viele gemeinsame Jahre im gleichen Haus bevor. Wenigstens hatte er ohne zu zögern sein Versprechen eingelöst und sich verantwortlich für Julias Zukunft gezeigt, wenngleich er sich diese Zukunft wohl kaum als ein Leben am Kensington Square vorstellte. Matilda ahnte, daß er nach einer angemessenen Zeit vorschlagen würde, Julia in einem Heim unterzubringen, wo sie sich unter ihresgleichen viel wohler fühlen würde. So ein Vorhaben wollte Matilda erbittert bekämpfen. Julia war ihre Schwester, ihre einzige überlebende Verwandte, man mußte sich mit Liebe und Verständnis um sie kümmern. Das war es, was Mama erwartet hatte, als sie Matilda zur Ehe mit Joshua ermunterte. Julias Schutz war die ungeschriebene Bedingung für die Eheschließung gewesen.

Mamas Tod war ein entsetzlicher Schock für sie. Niemand hatte gewußt, daß sie im Sterben lag. Ihre schwere Erkältung hatte sich zu einer verschleppten Bronchitis entwickelt, was an sich noch kein Grund zur Beunruhigung gewesen wäre, doch dann hatte plötzlich ohne Vorwarnung ihr Herz ausgesetzt.

»Sanctuary« war jetzt geschlossen. Sie hatten eine hektische und traurige Woche damit verbracht, Mamas Beerdigung abzuwickeln, dann hatten sie ihre Sachen weggepackt, Schubladen abgeschlossen, die Fensterläden zugezogen, die Dinge zusammengesucht, die Julia für ihr neues Leben in London brauchte (einschließlich ihrer Lieblingspuppe, die Joshua erstaunt betrachtete und sofort wegzupacken befahl – er hatte nicht die Absicht, im Zug mit einer erwachsenen Frau zu reisen, die eine Puppe an sich drückte), und schließlich überließen sie »Sanctuary« der Obhut von Tom Rowley und seiner Frau, die im Erdgeschoß wohnten. Tom würde den Garten in Ordnung halten, und Mrs. Rowley sollte einen täglichen Rundgang durch die leeren Räume machen. Sie würden alle zusammen hierher kommen, nachdem das Baby geboren sei, sagte Matilda. Vielleicht würden sie sogar nächstes Weihnachten hier verbringen. Das würde Julia gefallen, und Joshua kannte die Freuden eines Weihnachtsfestes auf dem Lande gar nicht.

Joshua, der darauf brannte, von hier wegzukommen, gab keinen Kommentar. Matilda konnte allerdings seine Gedanken erraten. Er hatte von »Sanctuary« das einzige mitgenommen, was er haben wollte, die älteste Tochter. Nun interessierte ihn das alles nicht mehr. Er würde niemals ein Landmann werden. Außerdem dachte er jetzt, nachdem er die bleiche und umnachtete Julia am Hals hatte, vielleicht an jene andere arme Seele, Großtante Tatjana, die wie ein Gespenst an einem der Dachgeschoßfenster erschienen war. Das war ein Zug der Duncastle-Familie, über den er nicht gerne nachdachte, vor allem jetzt nicht, da seine Frau schwanger war. Er würde es vergessen, wenn er nicht mehr in der Nähe dieses alten, grauen geisterhaften Hauses war. Auch wenn ihn Julias Gegenwart am Kensington Square dauernd an diesen Fluch erinnerte.

Aber sie hatte nicht die Absicht, ein geistesgestörtes Kind zur Welt zu bringen, dachte Matilda und hätschelte Julia in dem schwankenden Zug. Sie wollte einen schönen Duncastle-Sohn haben, der nur eine entfernte Ähnlichkeit mit seinem Vater hatte. Sie klammerte sich leidenschaftlich an diesen Traum. Ihrer Meinung nach war dies die einzige Hoffnung, die die Zukunft für sie bereithielt.

Fish, die nach Matildas Heirat mit nach Kensington Square gekommen war, erwartete sie nach der langen Reise. Matilda freute sich, sie zu sehen, und sie freute sich auch, nach der Traurigkeit von »Sanctuary« wieder in ihrem gemütlichen Heim in Kensington zu sein. Sie hatte schreckliche Angst davor gehabt, Julia würde unterwegs hysterische Anfälle bekommen. Das wäre wohl das letzte für Joshua gewesen.

Fish erhielt den Auftrag, Julia sofort nach oben zu bringen. »In das große Gästezimmer«, sagte Matilda.

»Ich denke nicht«, sagte Joshua. »Deine Schwester wird sich im zweiten Stock wohler fühlen. Sie könnte doch ein Schlafzimmer und ein Wohnzimmer haben, nicht wahr? Wenn sie auf unbestimmte Zeit hierbleibt, braucht sie einen Lebensbereich, der von dem unseren getrennt ist.«

Seine Stimme hatte einen falschen Unterton. Um den Angestellten zu imponieren, dachte Matilda verächtlich. Seine wirkliche Absicht bestand darin, Julia so weit wie möglich von ihrem eigenen Schlafzimmer entfernt unterzubringen und so ihre Anwesenheit zu ignorieren. Eine weitere Großtante Tatjana aus ihr zu machen. Jemand, den man außer Sicht- und Hörweite brachte.

Matilda seufzte. Bis jetzt hatte es sich ganz gut einrichten lassen, ihrem Mann eine angenehme Ehefrau zu sein, wie er das seiner Meinung nach erwarten durfte. Das war eine

Illusion, mit der es jetzt ein Ende haben mußte. Joshua würde nun ihr wahres Wesen kennenlernen.
»Nein, ich glaube, der zweite Stock ist vollkommen unpassend, Joshua«, sagte sie. »Julia wird sich da oben einsam fühlen. Sie war immer in der Nähe von Mama oder mir. Sie ist äußerst nervös, nicht wahr, Fish?«
»Ja, Ma'am«, sagte Fish mit ihrer gut geschulten, ausdruckslosen Stimme. Es fiel ihr gar nicht ein, sich zwischen den Herrn und die Herrin zu stellen. Aber sie hatte Julias Hand genommen und streichelte sie besorgt.
»Dann laß Fish doch in ihrer Nähe schlafen. Oder in ihrem Zimmer, wenn nötig«, sagte Joshua kurz angebunden.
»Ja, darüber können wir in einigen Wochen noch einmal sprechen, wenn Julia sich hier eingelebt hat. Aber im Augenblick wird sie das Zimmer neben dem unseren beziehen.« Matilda berührte Joshuas Arm leicht. »Du magst in deiner Bank Befehle erteilen, aber ich erteile sie hier in meinem Haus. Fish, bringen Sie Julia nach oben. Geh mit Fish, Liebling. Ich komme in ein paar Minuten nach und sehe, ob du dich wohl fühlst. Machen Sie Feuer, Fish. Und ich denke, Miß Julia möchte heute abend ihr Souper im Bett zu sich nehmen. Es war ein langer, ungewohnter Tag für sie.« Fish nahm Julias Arm. Glücklicherweise folgte ihr das schläfrige Mädchen ohne Weigerung. Sie ist sogar für einen hysterischen Anfall zu müde, dachte Matilda erleichtert. Sie selbst wollte nichts weiter als ihrem Beispiel folgen, dann ein Feuer im Kamin, ein Tablett ins Bett und das Zimmer für sich allein.
Aber sie mußte sich Joshuas wütendem Blick stellen.
»Habe ich etwas Falsches gesagt?« fragte sie unschuldig. »Ist dies nicht mein Haus? Kann ich den Dienstboten nicht sagen, was sie zu tun haben?«
»Natürlich ist es dein Haus. Natürlich kannst du dem Personal Anweisungen erteilen. Aber du weißt, wie ich über deine Schwester denke. Eine erwachsene Frau, die eine Puppe mit sich herumschleppt. Wenn sie hier-

bleiben soll, muß sie außer Sichtweite gehalten werden.«
»Wie unsere Großtante Tatjana?«
»Nein, nein. Ich meine, nicht hinter Schloß und Riegel. Ich meine, diskret im Hintergrund. Wenn ich in der Bank bin, kannst du tun, was du willst, aber wenn ich zu Hause bin – ich meine, eben unsichtbar.«
»Sie wird natürlich mit uns essen«, sagte Matilda sanft.
»Jeden Abend? O mein Gott! Doch nicht bei Dinnerpartys? Das werde ich nicht zulassen.«
»Nicht bei Dinnerpartys, außer sie möchte unbedingt, aber das glaube ich nicht, denn fremde Menschen machen ihr Angst. Aber mit uns allein, ja. Sie ist meine Schwester, Joshua.«
»Hast du die Absicht, mich zu verärgern, Mattie?«
»Du bist bereits verärgert. Du warst den ganzen Tag über verärgert. Die Bahnreise war dir ein Greuel, nicht wahr? Der aufstrebende junge Bankier in einer solchen Umgebung!« – »Mattie! Benimm dich!«
Matilda legte ihre Hände auf ihren Leib. »Wir werden kein Kind wie Julia bekommen, wenn es das ist, was du im stillen befürchtest.«
»Du lieber Himmel, nein!«
»Trotzdem, wenn es der Fall sein sollte, würde ich von dir verlangen, daß du es anerkennst und liebst. Das hast du in unserem Ehekontrakt versprochen.«
»Ich rechnete nicht . . .«
»So bald schon mit Julia? Ich auch nicht, um ehrlich zu sein. Aber da wir sie nun hierhaben, müssen wir das Beste daraus machen. Und hör auf, mich so finster anzustarren, Joshua Webb. Ich werde dir eine gute Frau sein und dir ein gesundes Baby schenken, aber ich werde kein schwaches ›Ja, Sir‹ – ›Nein, Sir‹-Geschöpf werden. Das hättest du doch von Anfang an wissen können, tu also nicht so, als hätte ich dich betrogen. Jetzt werde ich hinaufgehen und mit Fish über Mama sprechen, die du über deinem Selbstmitleid ganz vergessen zu haben scheinst.«

»Ich habe sie nicht vergessen«, sagte Joshua steif. »Ich hoffe, ich habe mein Mitgefühl ausgedrückt.«
Matilda schwankte. Ihre Fairneß wollte die Oberhand gewinnen. Aber sie war zu müde von der Reise und seelisch zu erschöpft, um vernünftig zu handeln.
»Dann drücke es weiterhin dadurch aus, daß du nett zu meiner Schwester bist. Sie ist schließlich keine Aussätzige. Sie ist viel hübscher als ich, das wirst du erkennen, sobald sie sich beruhigt hat und nett angezogen ist. Sie ist wirklich eine Schönheit. Sie wird ganz Kensington begeistern.«
»Matilda, mir reicht es jetzt. Bitte, geh ganz still nach oben und beruhige dich.«
Schade, daß sie ihn nicht lieben konnte. Sie bewunderte seine flammenden Augen und seinen energischen Mund wirklich. Er war auf seine eigene Art ein richtiger Mann. Er verdiente eine gemütliche, gehorsame Frau, nicht sie, Matilda Duncastle, die Tochter aus einem Heldengeschlecht. Es war traurig, daß er eine lange Strafe auf sich nehmen mußte, weil er die falsche Wahl getroffen hatte und sich einbildete, er könne sie dazu bringen, ihn zu lieben. Sie hatte gar nicht gewußt, wie tief ihr Groll darüber war, bis sie heute sein gefühlloses Benehmen Julia gegenüber erlebte. Sie erkannte mit einem Anflug beschämten Entsetzens, daß sie nun die Waffe in der Hand hatte, mit der sie gegen ihn antreten konnte, wann immer es notwendig sein mochte. Arme Julia.
Sie hatte recht gehabt, Julia ins Gästezimmer bringen zu lassen, sonst hätte sie in der Nacht niemals das Schluchzen gehört. Vorsichtig kletterte sie aus dem Bett, um Joshua nicht zu wecken (er lag allerdings so regungslos, daß er ebensogut hätte lauschen können), und eilte zur Tür.
Julia war in dem großen Bett nicht zu sehen. Sie war vollständig unter den Decken begraben und hatte sich eingerollt wie ein Igel. Matilda zog sie auf die Kissen hinauf und strich ihr sanft das wirre, feuchte Haar aus der Stirn.

»Mein liebes Kind! Mein Baby!« gurrte sie, wie Mama das so oft getan hatte, weil sie wußte, daß Julia ihre Ängste nicht erklären konnte und nur sanft davon abgelenkt werden mußte. »Julia, mein Süßes, du bist in Sicherheit. Du brauchst vor gar nichts Angst zu haben.«
Als der dünne Körper bebte und Tränen erneut zu strömen begannen, schlüpfte Matilda ohne zu überlegen ins Bett und nahm ihre Schwester in die Arme. »So, Herzchen, so. Ich weiß, Mama ist nicht mehr da, und Papa und Hillary auch nicht. Aber du hast ja noch mich. Ich werde immer auf dich aufpassen. Ich bin sehr stark. Und bald wird das Baby da sein. Es wird bestimmt ein Junge werden, und du wirst ihn sehr liebhaben.«
Der angespannte Körper entspannte sich. Julia schniefte und seufzte und murmelte, daß sie so müde sei. Und dann sagte sie vorsichtig: »Dieser schreckliche Mann.«
»Du meinst Joshua? Aber du verstehst das doch. Er ist mein Mann. Vor ihm brauchst du dich überhaupt nicht zu fürchten. Ehrlich, mein Süßes.«
Als Joshua am Morgen unangemeldet ins Zimmer kam und die beiden eng umschlungen schlafend vorfand, zweifelte er doch daran, ob Matildas optimistisches Versprechen ehrlich gemeint war. Während sie aus dem Schlaf auftauchte, sah Matilda, daß er wütend war, sein Gesicht drückte tiefste Mißbilligung aus.
»Gedenkst du aufzustehen, Mattie? Oder muß ich allein frühstücken?«
»Ach, Joshua, entschuldige. Habe ich verschlafen? Wir waren gestern abend so müde. Schau, Julia schläft noch immer.«
Joshuas Augen hafteten für einen Augenblick auf dem wirren blonden Haar, dann glitten sie ab.
»Wenn du sie wie ein Baby behandelst, wird sie auch ein Baby bleiben. Ich verbiete dir, noch einmal etwas Derartiges zu tun.«
»Aber letzte Nacht hat sie sich gefürchtet. Es war ihr alles so fremd.«

»Ich spreche nicht von der vergangenen Nacht«, sagte Joshua kalt. »Ich spreche von der Zukunft. Und jetzt würdest du vielleicht so gut sein und läuten und ausrichten, daß wir in zehn Minuten zum Frühstück unten sind.«
»In zehn Minuten!« protestierte Matilda.
»Meine Liebe, muß ich dich wirklich daran erinnern, daß ich Geschäftsmann bin? Um zehn Uhr habe ich eine Verabredung mit einem Bankier aus Wien. Das ist sehr wichtig, viel wichtiger, falls ich das sagen darf, als deine schlaftrunkene Schwester.«
Matilda sah ihn gelangweilt an. Aber jetzt war er ihr überlegen, rasiert und in seinem Stadtanzug. Er ergab sich auch nicht kampflos, entdeckte sie, und das erfüllte sie mit Spannkraft. Das Leben mochte vielleicht nicht vollkommen sein, aber es würde wenigstens nicht langweilig werden.
»Wer ist dieser österreichische Bankier?« fragte sie angeödet.
»Graf Paul von Klein. Später, nach der Geburt des Babys, möchte ich, daß du eine Dinnerparty für ihn gibst. Er könnte von Wichtigkeit für mich sein.«
»Weiß er nicht, wie eine schwangere Frau aussieht?«
»Er ist noch nicht verheiratet. Ich denke übrigens nur an dein Wohlergehen, meine Liebe. Ich möchte nicht, daß du dich überanstrengst« – sein Blick flackerte über Julia hinweg – »in keiner Weise.«
»Julia wird mich nicht überanstrengen, Joshua. Ich kenne sie mein ganzes Leben lang.«

Unerwarteterweise hatte Joshuas Schwester Clara das meiste Verständnis für Julias Ängste. Selbstverständlich hatte man sie über Lady Duncastles Tod informiert und auch über die Veränderung im Haus in Kensington. Sie konnte ihren Vater nicht oft allein lassen, denn auch mit seinem Tod rechnete man ständig. Aber sie nahm zweimal in der Woche einen Wagen zum Kensington Square und besuchte Matilda und Julia. Vielleicht lag es an ihren seltsam schielenden Augen, von denen keines in eine bestimmte Richtung zu schauen schien, aber Claras Gegenwart machte Julia nicht nervös, sie lachte sogar ein wenig. Unter dem Einfluß seiner Schwester zeigte auch Joshua weniger offensichtlich seinen Abscheu vor seiner komischen Schwägerin.

»Ich habe ihm gesagt, er soll sich mit ihr anfreunden und sie nicht erschrecken«, sagte Clara zu Matilda. »Und warum muß man sie aussperren, wenn Leute kommen? Niemand erwartet von einem so hübschen Mädchen, daß es auch noch vor Geist strotzt. Sie kann still in einer Ecke sitzen.«

»Das würde Joshua niemals erlauben. Er ist viel zu sehr um sein Ansehen besorgt.«

»Er ist viel zu sehr mit sich selbst beschäftigt«, sagte Clara geradeheraus. »Seine Bank würde bestimmt nicht zusammenbrechen, weil er ein Skelett in der Schublade hat. Natürlich würde man die hübsche Julia kaum als Skelett bezeichnen. Aber du kannst mit ihm fertig werden. Du bist klug.«

»Die Sorge um Julia war ein Teil unseres Ehekontrakts. Joshua muß sich ehrlich daran halten.«

»Das wird er. Aber mit viel Murren. Männer sind voll und ganz mit ihren eigenen Angelegenheiten beschäftigt. Ich habe mein ganzes Leben mit einem ehrgeizigen Vater und einem ebensolchen Bruder verbracht. Ich habe nicht die Absicht, mich noch mit irgendeinem Mann einzulassen. Aber wenn ich darf, werde ich mit großer Zufriedenheit Tante sein.«

»Wir werden dich brauchen«, sagte Matilda herzlich. Sie mochte die kleine Frau in ihrem einfachen braunen Kleid und dem Hütchen. Ein einfühlsamer, aufrichtiger Mensch. Sie würde ihre Verbündete sein, wenn es sich um die Erziehung ihrer und Joshuas Kinder handelte.

Als Matildas Baby geboren war, warf Julia ihre Puppe weg. Zumindest stieß sie sie in die hinterste Ecke ihres

Schrankes und erklärte, sie habe jetzt keine Zeit mehr, damit zu spielen. Jetzt hatte sie eine lebendige Puppe, und damit war sie vollauf beschäftigt.
Auch Matilda war beschäftigt, allerdings weniger begeistert als Julia. Denn das Baby war ein Mädchen. Sowohl ihre als auch Joshuas große Pläne mußten zurückgestellt werden. Für ein Mädchen konnte man keine großartige Zukunft planen, ausgenommen eine gute Partie. Sie nannten sie Eulalie, woraus sehr bald Lally wurde. Die Kleine war nicht einmal besonders hübsch. Matilda, die fühlte, daß sie zu den Frauen gehörte, die nur voll und ganz auf Söhne ansprachen, war froh, daß das Baby eine Nurse hatte und von Julia gehätschelt und getätschelt wurde. Sie selbst widmete sich nun, da sie ihre Figur wieder hatte, ganz ihren gesellschaftlichen Pflichten. Was sollte sie sonst tun, während sie darauf wartete, erneut schwanger zu werden?
Joshua meinte, nun sei die Zeit gekommen, seinen Freund Graf Paul von Klein einzuladen, der in Kürze in Geschäften nach London kam, die mit seiner Wiener Bank zu tun hatten. Er dachte, daß die Unstimmigkeiten zwischen ihm und Matilda hinsichtlich Julia nun überwunden seien, zumal sich Matilda, da Lally inzwischen drei Monate alt war, ihm wieder willig zuwandte. Er wußte, sie sehnte sich nach einem Sohn – er ebenfalls –, aber er wagte zu hoffen, ihr Verlangen rühre nicht nur von dem Wunsch her, wieder schwanger zu werden. Sie war eine ungewöhnliche und schwierige Frau, aber jetzt, nachdem sie sich von Lallys Geburt erholt hatte, stand sie in voller Blüte; sie sah bezaubernd aus in ihrer eleganten Haltung, dem langen Nacken, dem zurückhaltenden, charmanten Lächeln. Gewiß, sie besaß nicht Julias hinreißende Schönheit, aber sie stand immer im Mittelpunkt der Aufmerksamkeit. Die Spur von Reizbarkeit in ihren grünen Augen und der arrogante Schwung ihrer langen Nase verliehen ihr eine Pikanterie, die viele Männer bloßer Schönheit vorzogen. Er auch? Manchmal war

er nicht ganz sicher. Sie war keine bequeme Frau. Er behielt nicht immer die Oberhand, was sich in bezug auf Julia erwiesen hatte, dieses verdammte, schwachsinnige Kind. Ihre ständige Anwesenheit in seinem Haus und in seinem Leben waren ein Faktor, mit dem er nicht gerechnet hatte.
Aber in letzter Zeit war es etwas besser, und Matilda erwies sich als begabte Gastgeberin. Niemand lehnte je eine Einladung von ihr ab. Das war für Joshua enorm nützlich, wie er vorausgesehen hatte. Abgesehen von gewissen neuen Konten, die bei ihm angelegt wurden (einige dieser Gentlemen in Kensington waren recht wohlhabend), oder Darlehen, die er für lohnende Objekte vergab, beschäftigte er sich mit großen Dingen, wie diesem österreichischen Adeligen, Graf Paul von Klein, mit dem er sich über eine eventuelle Vereinigung ihrer beider Banken unterhalten wollte. Ein intimes Abendessen in seinem eigenen Haus könnte die Verhandlungen günstig für ihn beeinflussen.
Er ahnte, daß Matilda zu der Sorte Frauen gehörte, die der Graf bewunderte. Er zweifelte nicht, daß ihr der Graf mit seiner sanften Stimme, seinem leichten Akzent und seinen ausgezeichneten Manieren gefallen würde. Er war von guter Herkunft und hatte einen Titel, Vorteile, die Joshua meilenweit abschlugen. Des Grafen Vornehmheit würde gewisse Ungeschliffenheiten in Joshuas Benehmen aufdecken, aber den letzten Trumpf hatte doch er in der Hand. Matilda war seine Frau. Er war darauf vorbereitet, sie als Lockmittel zu benutzen, denn größerer Schaden konnte ihm daraus nicht erwachsen. Er freute sich darauf, den Fremden durch seinen guten Geschmack zu überraschen.

Matilda arrangierte diese Dinnerparty mit der ihr eigenen peniblen Genauigkeit. Nicht etwa deshalb, weil ein Gast von Rang und Namen erwartet wurde, sondern weil sie stolz war auf die Gastlichkeit in ihrem Hause. Nur

flüchtig fragte sie sich, wie Graf Paul von Klein sein würde. Ein stiernackiger Österreicher mit lauter Stimme und einem krausen Bart?
Zu ihrer Verblüffung war er genau das Gegenteil von all dem. Der schlanke Gentleman, der sich vor ihr verbeugte, hatte glänzendes braunes Haar, ein charmantes Lächeln und einen lebhaften, interessierten Blick. Mehr noch, im Verlauf des Dinners stellte sich heraus, daß er aus einer Familie mit vielen Militärs kam und selbstverständlich von den englischen Duncastles gehört hatte.
»Ich denke, unsere Vorfahren haben einander möglicherweise auf dem Schlachtfeld erschlagen.«
»Wir kämpften bei Waterloo«, sagte Matilda stolz. »Und davor auf der pyrenäischen Halbinsel.«
»Und ebenfalls bei der Schlacht von Hastings, wette ich.« Das war Joshuas Stimme vom anderen Ende des Tisches. Er hätte seine Aufmerksamkeit der kleinen Mrs. Lewardine zu seiner Rechten zuwenden sollen, anstatt Matildas Unterhaltung zu belauschen. »Die Familie meiner Frau war berühmt dafür, ihre Finger – oder sollte ich sagen, ihre Schwerter – in jeder Suppe zu haben, die angerührt wurde.«
Matilda lächelte ein liebenswürdiges, dünnlippiges Lächeln.
»Ich frage meinen Mann, wo er jetzt wohl wäre, wenn nicht Familien wie die meine unser Land vor dem Feind beschützt hätten. Glauben Sie an Vaterlandsliebe, Graf?«
»Oh, von ganzem Herzen. Sie kommt gleich hinter der Liebe für die Familie. Oder gar noch davor.«
Matilda sah, daß Joshua drauf und dran war, »dummes Zeug« zu sagen, und warf rasch ein: »Dann haben Sie also eine Frau und eine Familie?«
»Noch nicht.«
»Oh, da müssen Sie Abhilfe schaffen«, sagte Matilda, und der schreckliche Augenblick war vorüber. Sie hatte gefürchtet, Joshua würde laut verkünden, er hoffe, daß Ma-

tilda sich nicht so weit hinreißen ließ, die Trommel von Salamanca zu zeigen. Und genau das hatte sie vor, wenn sich eine günstige Gelegenheit ergeben sollte.

Es war eine gelungene Dinnerparty. Julia durfte herunterkommen, obwohl Joshua wie erwartet heftig dagegen protestierte, und saß wie eine hübsche Puppe in einem blaßblauen Kleid am Tisch. Sie wagte es nicht zu sprechen, sondern lächelte nur alle strahlend an. Matilda hegte noch immer die stille Hoffnung, daß sich Julias lähmendes Entsetzen und ihre Schüchternheit durch sanfte und verständnisvolle Behandlung verlieren würden. Vielleicht war es falsch gewesen, sie während ihrer ganzen Kindheit in »Sanctuary« versteckt zu halten. Eines Tages war es vielleicht sogar möglich, daß Joshua ihr beipflichtete, obgleich sie nicht daran glaubte. Er konnte es kaum ertragen, das Mädchen anzusehen, und betrachtete ihre Gegenwart in seinem Haus als das größte Unglück.

Graf Paul von Klein hätte Verständnis gehabt, vermutete Matilda. Sie bemerkte, wie er Julia liebenswürdige Blicke zuwarf, und einmal beugte er sich über den Tisch und versuchte, sie in eine Unterhaltung zu ziehen. Aber Julia errötete zutiefst und ließ ihr Haar übers Gesicht fallen, ein sicheres Zeichen, daß sie sich vollkommen abschloß.

»Meine Schwester ist ungewöhnlich schüchtern«, murmelte Matilda. »Sie ist ganz entsetzlich nervös in Gegenwart von Fremden.«

»Dann muß ich versuchen, kein Fremder mehr zu sein. Würden Sie mir das gestatten, Mrs. Webb?«

»Aber natürlich«, entgegnete Matilda freudig erregt.

»Sie haben ein reizendes Haus. Ist es sehr alt?«

»Nicht so alt wie mein Elternhaus auf dem Land. Es heißt ›Sanctuary‹ und liegt in der Nähe von Bath in Wiltshire. Wir kommen selten dorthin, denn mein Mann macht sich nichts aus dem Landleben. Aber ich beabsichtige, gegen Ende des Monats einen Besuch zu machen, um

nachzusehen, ob alles für den Winter gut vorbereitet ist.«
»Werden dort die militärischen Andenken aufbewahrt?«
Matilda beugte sich eifrig zu ihm hin.
»Sie haben davon gehört? Ja, die meisten davon, in der Rüstkammer. Aber meine wertvollsten Stücke habe ich mit in die Stadt gebracht.«
»Und was ist das?«
»Orden aus den verschiedenen Feldzügen, ein paar ziemlich wertvolle Duellpistolen, die Trommel.« Impulsiv fügte sie hinzu: »Möchten Sie sie sehen?«
»Aber sehr gerne. Können wir die Gesellschaft verlassen?«
»Warum nicht? Nach dem Kaffee. Vielleicht möchten Sie ohnehin das Haus sehen. Es ist wirklich sehr alt. Angeblich soll es zu den Nebenhäusern Geheimgänge geben, aber ich konnte sie noch nicht finden.«
»Wozu dienten sie? Als Fluchtwege für Geliebte?«
»Diese Vorstellung gefällt mir.«
»Charmant.«
Der Gedanke durchzuckte sie, wenn nur Joshua diese Leichtigkeit des Umgangs, diese Liebenswürdigkeit besäße, wie anders wäre es – nein, man durfte keine Vergleiche ziehen. Sie mußte sich daran freuen, den Grafen hinauf in das Dachzimmer zu schmuggeln, wo sie ihre Kostbarkeiten aufbewahrte.
Es war kalt dort oben und ein wenig staubig. Das war ihr Fehler, denn sie erlaubte den Hausmädchen nicht, diesen Raum zu betreten. Die verblaßten Fahnen hingen an den Wänden, die Orden lagen auf einem Tisch unter einer Glasplatte. Die Trommel stand etwas abseits auf der Wellington-Kommode. In ihren Ohren erklang ganz leise Marschmusik.
Graf Paul von Klein berührte die trockene, farblose Haut der Trommel mit kundigen Fingern.
»Interessant«, sagte er. »Waterloo?«

»Nein. Früher. Die Schlacht von Salamanca.«
»Ah. Ihr großer Herzog lieferte den Franzosen in Spanien einen vernichtenden Kampf. Und einer Ihrer Vorfahren – darf ich raten?«
»Ja, ja, natürlich.«
»Trommelte sein Regiment zur Schlacht und ließ dabei sein Leben.«
»Woher wußten Sie das?«
»Weil auf Ihrem Gesicht ein ehrfürchtiger Ausdruck liegt. Dies ist für Sie ein geheiligter Gegenstand?«
»Er war es immer für meine Familie. Sie verstehen das?«
»Aber gewiß. Wir haben in Wien ähnliche Dinge.«
»Und sie sollen Ihrer Familie ein Ansporn sein?«
»Natürlich.«
»Deshalb haben wir unsere kleine Salamanca-Trommel immer so geschätzt. Und jetzt soll sie meinen Kindern ein Ansporn sein.« Sie machte eine Pause. »Aber nicht jeder versteht das.«
Er sah sie mit seinem wissenden Blick an.
»Ich glaube, man muß eine militärische Tradition im Blut haben. Ich kann mir vorstellen, daß dies bei Ihrem Gatten nicht der Fall ist.«
»Er hat andere Pläne.«
»Also träumen Sie Ihren eigenen Traum und er den seinen. Interessant. Darf ich Ihnen sagen, an wen Sie mich erinnern?« Er zwinkerte amüsiert. »An diese alte englische Königin Bodicea, die so tapfer für ihr Vaterland kämpfte. Wollen Sie eine neue Bodicea werden, Mrs. Webb?«
Joshua hatte auch gemeint, sie gleiche einer Königin, aber er hatte sie nicht mit der kriegerischsten aller englischen Königinnen verglichen.
Matilda lachte. »Ganz bestimmt, wenn mein Land eine braucht. Durch meine Kinder.« Sie bemerkte seine bewundernden Blicke sehr wohl. Plötzlich fühlte sie sich quicklebendig. In Zukunft gab es nichts, was sie nicht

tun konnte. »Ganz gleichgültig, was mein Mann dazu sagt«, beantwortete sie seine unausgesprochene Frage. Als sie in den Salon zurückkehrten, war Joshua sichtlich verärgert. Er konnte nicht unhöflich zu dem Grafen sein, aber er sagte betont fröhlich: »Hat meine Frau Ihnen ihre Schätze gezeigt? Das ist so eine Marotte von ihr.« Und nur Matilda merkte, daß der Spott in seiner Stimme nichts weiter war als Zorn.

»Wo ist Julia?« fragte sie und sah sich im Raum um.

»Ich habe sie hinaufgeschickt. Sie hatte ihre Vapeurs. Eine zarte junge Dame, die Schwester meiner Frau«, sagte er an den Grafen gewandt. »Möchten Sie ein Glas Brandy, Graf?«

Nachdem die Gäste gegangen waren und Matilda und Joshua sich in ihr Zimmer zurückgezogen hatten, mußte noch einiges besprochen werden. Matilda wußte, jetzt würde sie zur Verantwortung gezogen werden, deshalb ergriff sie rasch die Initiative und fing selbst an zu reden.

»Ich finde, der Abend ist sehr gut gelaufen, meinst du nicht auch, Joshua?«

»Mußtest du unbedingt so lange Zeit mit dem Grafen verschwinden?«

»Ich habe ihn unterhalten. Ich dachte, das erwartest du von mir.«

»Er ist Bankier, kein Soldat.«

»Du solltest daraus nicht schließen, daß sein Horizont ebenso eng ist wie der deine«, sagte Matilda scharf. »Seine Familie hat eine militärische Vergangenheit. Und er hat sich sehr für die Trommel interessiert.«

»Diese verdammte Trommel! Ich will, daß in diesem Haus nicht mehr davon gesprochen wird, genausowenig will ich deine Schwester je wieder an meinem Tisch sehen.«

»Ach, die arme Julia, hat sie Schwierigkeiten gemacht?«

»Sie macht immer Schwierigkeiten. Sobald du sie verlassen hattest, zeigten sich Anzeichen von Hysterie, da habe ich Fish gerufen.«

»Oje, das tut mir leid. Ich dachte, sie hätte jetzt mehr Selbstvertrauen. Der Graf bewunderte sie.«

»Der Graf hat gute Manieren. Ich kann mir nicht vorstellen, daß ein auch nur halbwegs vernünftiger Mann eine Idiotin bewundert.«

Mittlerweile hatte sich Joshua schwer auf seine Seite des Bettes sinken lassen. Er seufzte und murmelte irgend etwas in sein Kissen. Plötzlich fühlte er sich müde, und vielleicht war der Abend wirklich ganz gut verlaufen. Matilda war zu klug für ihn, das war der ganze Jammer.

Sie kletterte neben ihm ins Bett. Ihre grünen Augen hatten einen sanften verschleierten Blick. »Laß uns nicht mehr über Julia sprechen«, flüsterte sie. »Ich denke an etwas ganz anderes.«

Sie kuschelte sich an ihn, sie schmiegte ihren schlanken Körper an seine kräftige Figur. Ihre Stimme war schwer vor Sinnlichkeit. »Dreh dich um und sieh mich an, Joshua.« Noch niemals zuvor hatte sie die Initiative ergriffen, und obwohl er sich nur langsam aus seiner Verstimmung wegen Julia lösen konnte, fand er ihr überraschendes Verhalten ungemein erregend.

»Du verschwendest deine Zeit, über Julia zu reden, wenn wir beide uns doch nichts sehnlicher wünschen als einen Sohn«, schalt sie ihn zärtlich. »Stimmt das nicht?«

»Stimmt vollkommen, mein Liebling.«

Ihre Finger glitten über seine Brust, dann schlang sie den Arm um ihn und preßte ihn an sich.

»Machen wir einen Sohn, Joshua ... Einen dieses Jahr, einen nächstes Jahr, einen im darauffolgenden.« Sie lachte atemlos. »Ich bin so gierig, das macht dir doch nichts aus, nicht wahr?«

»Nicht, wenn du es mir auf diese Weise zeigst.«

6

Als Matilda eine Woche später im Garten von »Sanctuary« Zweige von Winterjasmin schnitt, sah sie die vermummte Gestalt die Auffahrt heraufkommen. Tatsächlich hatten die Krähen schon vorher die Ankunft des Fremden verkündet, indem sie aufgeregt im Kreise flogen und mit ihren krächzenden Stimmen das Ereignis diskutierten.

Zu dumm, sie war überhaupt nicht in der Stimmung, Besuche zu empfangen. Sie war hierhergekommen, um sich um das Haus zu kümmern und um allein zu sein. Dieser Zustand war ihr allerdings nur so lange erstrebenswert gewesen, als sie Angst um ihre Privatsphäre haben mußte. Hier fühlte sie sich jedoch bald zu einsam, wenn sie nachts im Salon saß und an die Toten dachte, von denen dieses Haus zu voll war. Selbst Julias sinnloses Geplapper wäre besser gewesen als die Stille. Doch sie mußte allein sein, um sich über manches klarzuwerden.

Nicht nur der Zustand des Hauses hatte sie interessiert, sie brauchte ein bißchen Abstand von Joshua. Sie wollte für eine Weile nachts allein schlafen und herausbekommen, ob sie schwanger geworden war. Mit einem Sohn. Sie war erst zweiundzwanzig, und wenn sie keine Söhne bekommen sollte, war es schwer, der Zukunft mit Gleichmut entgegenzusehen.

Sie hatte es sich selbst strengstens untersagt, seit der Dinnerparty an Graf Paul von Klein zu denken. Er bildete eine Gefahr. Er ließ sie eine sanfte, liebende Welt ahnen, die nicht die ihre sein durfte, niemals. Jetzt, als er noch mehr als hundert Meter von ihr entfernt war, erkannte sie ihren Besucher. Und sie erinnerte sich an ihre unachtsame Bemerkung, daß sie an diesem Wochenende nach »Sanctuary« kommen würde. In der Nähe von Bath hatte sie gesagt. Absichtlich.

»Graf?« erkundigte sie sich fragend und ging langsam auf ihn zu.

»Paul«, sagte er. »Können wir nicht wie Freunde reden? Komme ich ungelegen?«

»Sie haben mich überrascht. Ach, wie kalt es ist. Kommen Sie doch herein. Sie sind doch wohl nicht zu Fuß hierhergegangen?«

»Von Bath, wo ich in einem kleinen, ungemütlichen Hotel wohne. Sie sagten mir, Bath sei eine wunderschöne Stadt, aber ich finde, die Schönheiten der Architektur entschädigen einen nicht für fehlendes heißes Wasser.«

»Oje. Wie unangenehm. Der Winter ist nicht die richtige Zeit für Besuche.«

»Aber der Winter ist die Zeit, wo ich ›Sanctuary‹ von seiner Herrin bewohnt finde.«

»Sie kamen, um ›Sanctuary‹ zu sehen?«

Er nickte und lächelte sein zärtliches Lächeln.

»Bitte sagen Sie mir, wenn ich nicht willkommen bin.«

Im Gegenteil, dachte Matilda, die Freude mußte doch auf ihrem Gesicht zu sehen sein. Ein Glück, daß er nicht sehen konnte, wie ihr Herz schlug.

»Selbstverständlich, sind Sie willkommen.«

»Ich weiß, es sind schlechte Manieren, ohne Voranmeldung zu kommen. Ich handelte ganz aus einem Impuls heraus. Ich wollte das Heim der berühmten Duncastles sehen. Englische Landhäuser sind schöner als unsere häßlichen österreichischen.«

»Sie haben ein Landhaus?«

»Ein kleines, altertümliches Schloß. Darf ich die Blumen tragen?«

»Danke. Kommen Sie herein. In der Halle und im Salon brennt Feuer im Kamin. Als ich hier ankam, war das Haus

schrecklich kalt. Und es wird Zeit, die Lampen anzuzünden. Wir sind so abgelegen, daß es hier keine Elektrizität gibt. Wie machen Sie Ihr Schloß hell und warm?«
»Nur mit Lampen und Kerzen und diesen riesigen Kachelöfen, die die Engländer so komisch finden.«
»Wie schade, daß ich nicht einfach über die Felder gehen und Sie besuchen kann.«
»Wie schade. Aber es sind keine Felder. Es geht halbwegs einen Berg hinauf. Ich lebe die meiste Zeit in Wien, was weniger interessant, aber dafür komfortabler ist.«
»Ich war noch nie im Ausland«, sagte Matilda und stieß die schwere Eichentür auf, die in die Halle führte. Das Licht vom Kamin und den Lampen leuchtete gelb und warm.
»Dann müssen Sie aber gewiß nach Wien kommen. Mit Ihrem Mann.«
»Fährt er denn?«
»Wenn sich unsere Geschäfte befriedigend entwikkeln.«
Einen verrückten Augenblick lang hatte Matilda sich allein in der fröhlichen österreichischen Hauptstadt ankommen sehen, sie hatte gesehen, wie sie nach einer langen Reise quer durch Europa aus dem Zug stieg, eilig dahinschritt und von dem Grafen begrüßt wurde, der ihr einen Veilchenstrauß so groß wie ein Dinnertablett entgegenhielt. Seltsam, wie klar das Bild eines Ereignisses vor ihr entstand, das niemals stattfinden würde. Rasch verscheuchte sie es. Wenn sie jemals dem berühmten Blauen Zug entsteigen sollte, würde es an der Seite von Joshua sein.
»Ich könnte mein Baby jetzt nicht allein lassen«, sagte sie.
»Aber Sie haben es doch allein gelassen.«
»Das ist etwas anderes. Es liegt kein Meer zwischen uns. Ich kann im Handumdrehen nach Hause zurückkehren. Das heißt nicht, daß ich nicht eines Tages gerne nach Wien kommen möchte.«

»Verschieben Sie Ihre Reise nicht zu weit in die Zukunft. Nun, wollen Sie mir jetzt Ihr Haus zeigen?«

»Ja, jetzt, ehe es zu dunkel ist, sonst müssen wir Kerzen mitnehmen. Eigentlich brauchen wir jetzt schon Kerzen, wenn wir die Bilder an den Treppen ansehen wollen – sie sind die interessantesten. Eine Lampe wäre aber vielleicht besser.«

»Haben Sie denn nicht das Gefühl, mit Geistern zusammenzuleben?« fragte Paul plötzlich, als er das Licht auf Colonel Gordon Duncastle richtete, den Helden der Belagerung von Kanpur. Die glitzernden, resoluten Augen, das Adlergesicht, der wehende Umhang hatten Matilda als Kind Schauer der Ehrfurcht und Wonne den Rücken hinuntergejagt. Der Colonel, ihr Großvater, hatte sie immer ein wenig eingeschüchtert. Sie fühlte sich mehr zu Major Richard Duncastle hingezogen, dem schlanken, jungen Mann, der auf seinem kohlschwarzen Schlachtroß saß. Sie nahm an, er hatte versucht, bedeutend auszusehen. Kurz nachdem das Porträt gemalt worden war, hatte er sich nach der Krim eingeschifft und war dort zusammen mit seinem herrlichen Roß im schrecklichen Tal des Todes gefallen. Er war posthum ausgezeichnet worden. Die Porträts der älteren und ranghöheren Vorfahren, wie etwa Generalmajor Henry Duncastle V. D., waren angenehmer, denn sie hatten lange genug gelebt, um ihre Auszeichnungen selbst entgegenzunehmen, zu heiraten und Kinder zu bekommen. Ohne Ausnahme hatten sie die Familien-Gesichtszüge, ansehnliche, habichtartige Gesichter, die resoluten Augen. Es waren die jüngeren, der Trommlerjunge Hillary Duncastle mit seinem fröhlichen Schulbubengesicht, der jugendliche Kavallerist, der mit den russischen Kanonen Bekanntschaft machte, ihr Bruder Leutnant Hillary Duncastle mit dem unverschämten, herausfordernden Lachen, an das sie sich so gut erinnerte, und der dazu verurteilt war, durch den Speer eines Eingeborenen zu sterben – diese jüngeren Duncastles waren es, die Matilda die Kehle zuschnürten und ein Gefühl unerträglichen Schmerzes erweckten.

Einmal hatte Mama gesagt: »Denke immer daran, daß ihr Blut in deinen Adern läuft auch wenn du ein Mädchen bist«, und sie hatte sich impulsiv mit einer Nadel gestochen und zugesehen, wie das rote Blut hervorquoll. Aber sie war ein Mädchen, und ihr Blut war nutzlos für ihr Land.

»Ich habe an sie niemals wie an Geister gedacht. Für mich sind sie Wirklichkeit«, sagte sie endlich als Antwort auf Pauls Frage.

»Glauben Sie nicht, Sie nehmen das alles etwas zu ernst? Und gab es in Ihrer Familie keine schönen Frauen, die gemalt wurden?«

»Vor langer, langer Zeit die Schwedin und Großtante Tatjana, die Verrückte«, sagte Matilda leichthin. »Und Julia. Das sind die Schönheiten. Bei den Frauen waren wir nicht so gut. Sie waren manchmal ein bißchen verrückt.« Sie fröstelte und lachte. »Oh, eine Gans ist über mein Grab gelaufen.«

»Wie?«

»Nur so eine Redensart. Ja, Sie haben recht, meine Familie wirkt an einem Winternachmittag ziemlich gespenstisch. Das ist es, was Joshua an ›Sanctuary‹ nicht mag. Er sagt, es ist, als ob man in der Geschichte lebt, und Geschichte mag ja faszinierend sein, aber doch nicht so wie ein warmes Feuer und Brötchen zum Tee. Wir wollen also hinuntergehen und Tee trinken, bevor Sie diesen langen Rückweg in der Dunkelheit antreten. Vielleicht kommen Sie einmal bei Tageslicht wieder und schauen sich die Rüstkammer an.«

»Vielleicht«, meinte er. Aber später, nachdem Mrs. Rowley den Tee gebracht und Matilda sich mit dem Messingkessel auf dem Spirituskocher, der silbernen Teekanne und dem kostbaren Porzellan beschäftigte, sagte er: »Nein, ich glaube nicht, daß ich noch einmal komme, Matilda.«

Sie sah auf und begegnete seinem Blick, den sie nicht zu deuten wußte. Sie wußte nur, daß er traurig war. Diese Porträts all ihrer hervorragenden Toten hatten ihn deprimiert. Er war doch wie Joshua, er machte sich nichts aus »Sanctuary«. Bitter enttäuscht erwiderte sie seinen Blick, und er sagte mit leiser Stimme: »Ich kehre nach Hause zurück, um zu heiraten, Matilda. Sie heißt Amalie. Sie ist hübsch und lustig und sehr gut für mich, denn ich habe eine melancholische Ader. Auch wenn ich Österreicher bin, tanze ich nicht dauernd zu Straußwalzern, wie die Leute glauben.« Er lächelte. Sein Blick drückte unmißverständlich aus, daß er sie mehr schätzte als die lustige Amalie. Er hätte sie vorgezogen. Wirklich? Sie beunruhigte ihn zu sehr. Sie war Königin Bodicea, die rücksichtslose, blutrünstige Frau, die vor nichts zurückschreckte, wenn es darum ging, Siege zur Ehre ihres Landes zu erringen. Stieß sie alle Männer ab, außer Joshua, und auch den ein wenig?
»Ich hoffe, Sie werden sehr glücklich«, sagte sie höflich. Sie hielt sich sehr gerade. »Und wenn Sie das nächste Mal nach London kommen, werde ich einen kleinen Jungen in der Wiege haben.«
»Sie sind eine seltsame Frau, Matilda.«
»Ich sagte Ihnen ja, daß alle Duncastle-Frauen seltsam sind.«
»Ich glaube, ich werde Amalie trotzdem nichts von Ihnen erzählen.«
»Was gibt es da zu verbergen?« Sie kleidete das Unausgesprochene in Worte. »Wenn Sie und mein Mann Geschäftspartner sind, werden wir einander gelegentlich treffen.«
»Das wird etwas anderes sein. Wir sind dann ganz achtbar. Ich hoffe, unsere Familien werden einander besuchen. Ich werde Ihnen mein kleines, häßliches Schloß zeigen.«
Er schien sie bereits verlassen zu haben. Die Vertrautheit war vorüber. Er beugte sich zum Handkuß über sie. »Eine

Frau wie Sie hätte keinen Mann wie Joshua heiraten dürfen.«
»Darum hat sich niemand gekümmert«, brach es aus ihr heraus, dann bedauerte sie sofort, daß sie sich hatte gehenlassen, und fügte kühl hinzu: »Ich kann mein Leben sehr gut meistern.«
»Wer würde das bezweifeln?« Er hatte sich zum Gehen gewandt. Sein letztes Wort konnte sie sich ebensogut nur eingebildet haben. »Meine Liebe«, hatte er gesagt, auf deutsch.
Meine Liebe . . . Für einen höflichen, charmanten Mann wie ihn bedeutete das gewiß nichts weiter als eine liebenswürdige Geste. Eine bruchstückhafte Episode, an die sie sich im Laufe ihres Lebens manchmal erinnern würde. Unwichtig, denn die Fragen, die sich daraus ergeben hätten, würden nie gestellt werden. Sie war außerdem zutiefst britisch, und sie liebte ihr Land bis an den Rand des Fanatismus, wie Generationen von Vorfahren es sie gelehrt hatten. Wie könnte sie Söhne haben, die unter den Fahnen Österreichs marschierten?

KOMM SOFORT NACH HAUSE. JOSHUA.
»Sanctuary« schien ein Ort für aufregende Telegramme zu sein. Matilda zerknüllte das gelbe Stück Papier und sah dem Jungen nach, der mit dem Fahrrad wegfuhr. Sie packte ihre Tasche, und Tom Rowley mußte das Pferd vor den Wagen spannen. Sie hatte sich zu beeilen, sonst würde sie den Zug verpassen. Angst legte sich schwer auf sie. Was war in dem Haus in Kensington geschehen? Sie war erst eine Woche weg. Weshalb mußte Joshua so geheimnisvoll sein? Jetzt würde sie stundenlang im Ungewissen schweben.
Wer war in Schwierigkeiten? Ihr Baby, Julia, Joshua selbst oder Joshuas Vater? Vielleicht hatte er jetzt, nachdem er sich den ganzen Sommer lang ans Leben geklammert hatte, endlich aufgegeben?

Aber wegen des Todes eines kranken alten Mannes hätten sie keine so bösen Vorahnungen befallen.
War das Haus niedergebrannt? War Julia, die mit Fish und Lally sehr zufrieden schien, außer Kontrolle geraten?
Würde dieser Zug London denn nie mehr erreichen? Matilda sah zum Fenster hinaus auf das im Nebel liegende Land. Sie rieb das schmutzige Glas sauber und glaubte, Graf Paul von Kleins Gesicht zu sehen. Das Bild war nichts als Einbildung und löste sich bereits in der Dämmerung auf, als habe es sich durch einen langen Tunnel zurückgezogen. Sie fühlte sich müde und ein wenig krank. Stärker als je spürte sie, daß das Entsetzliche, das vor ihr lag, zuviel für sie sein würde. Wenn Joshua nicht damit fertig wurde, wie sollte sie das können?
Am Paddington-Bahnhof holte sie niemand ab. Das war nicht verwunderlich, denn sie hatte den Zeitpunkt ihrer Ankunft nicht telegraphiert. Trotzdem fühlte sie sich vernachlässigt und unbehaglicher als je zuvor.
Sie fand einen Wagen und bat den Fahrer, sich zu beeilen.
»In diesem Nebel? Das wird 'ne richtige Erbsensuppe, Ma'am. Wenn ich meinem Pferd mit der Peitsche komme, gibt's einen scheußlichen Unfall.«
»Können Sie keine Abkürzung fahren?«
»Das ist keine Nacht, in der man riskiert, daß man sich verirrt. Ma'am. Man kann ja nicht mal die Straßenschilder lesen. Ich halt mich an meine normale Route die Bayswater Road runter und dann rüber nach Kensington. Ein Glück, daß Sie nicht nach Hampstead wollen. Dahin wäre ich bei diesem Nebel nie gefahren. Sie haben wirklich Glück, Ma'am.«
Glück? Hatte sie das? Natürlich. Einen guten, soliden Ehemann, ein gutes, solides Haus, ihre süße, strahlende Lally, die schon aufrecht sitzen und in die Händchen klatschen konnte, vielleicht einen kleinen Sohn, der in ihr wuchs.

Aber »komm sofort nach Hause«, hatte Joshua telegraphiert.
In sämtlichen Fenstern in dem Haus in Kensington brannten Lichter. Beruhigt, daß es nicht abgebrannt war und eigentlich recht festlich aussah, stieg Matilda aus dem Wagen und bat den Fahrer, ihr Gepäck die Stufen hinauf zur Eingangstür zu bringen. Sie läutete und würgte ein wenig, als sich der Nebel um sie legte und sie den Ruß und Schmutz eines Londoner Abends einatmen mußte. Wenn Joshua unter einem fadenscheinigen Vorwand nach ihr geschickt hatte, würde sie sehr ärgerlich werden.
Sie erwartete, daß Polly die Tür öffnen würde, und war sehr überrascht, als Joshua dies tat. Er sah beruhigend normal aus und vollkommen gesund. Erst als er ihren Arm nahm und sie ins Haus zog, sah sie unter dem Licht sein verstörtes Gesicht.
»Joshua, was, um Himmels willen, ist los? Bezahl diesen Fahrer und bring meine Sachen herein. Es ist eine schreckliche Nacht. Wir konnten kaum einen Meter weit vor uns sehen in der Bayswater Road. Aber ich bin sofort nach Hause gekommen, wie du wolltest.«
Sie plapperte nervös vor sich hin, denn sein finsteres Gesicht hatte sie erschreckt. Wenn ihr Baby tot war, dachte sie wild, würde er ihr das nicht in Gegenwart des Droschkenkutschers sagen. Sie beobachtete ihn, wie er einige Münzen in die Hand des Mannes schob, offensichtlich zu viele, dem überströmenden »Danke, Gouv'neur. Gott segne Sie« nach zu urteilen. Und auch das war verdächtig, denn Joshua neigte eher dazu, der niederen Klasse gegenüber zu geizig als zu freigebig zu sein.
Als sie im Haus waren, sagte Joshua, die Polizei sei in der Bibliothek, ein Offizier und ein Sergeant, und man wolle sie sprechen. Natürlich erst, wenn sie sich erfrischt hätte. Es war jetzt nicht mehr so dringend. Der Arzt war vor einer Stunde gegangen, und Julia wurde ohnehin schon seit einigen Stunden vermißt.

»Der Arzt?« sagte Matilda und sah in Joshuas blutunterlaufene Augen. »Joshua, was ist passiert? Du stehst da und sagst diese schrecklichen Dinge, und trotzdem weiß ich nichts.«

»Als erstes«, sagte Joshua, »dem Baby geht es gut. Es hat eine häßliche Beule auf der Stirn und eine leichte Gehirnerschütterung, aber in ein oder zwei Tagen ist das wieder vorbei.«

Die Angst, die Matilda den ganzen Nachmittag über hatte anwachsen spüren, steigerte sich und griff nach ihrem Herzen, kalt und erstickend wie der Nebel.

»Julia?« fragte sie entsetzt.

»Ja. Wie du wohl erraten haben wirst. Sie ließ das Kind im Kinderzimmer auf den Kamin fallen.«

»Doch nicht absichtlich!« schrie Matilda.

»Woher soll man das wissen? Sie war allein mit dem Baby, was niemals hätte geschehen dürfen. Sowohl Fish als auch das Kindermädchen Polly waren nicht im Zimmer, und als Fish zurückkam, lag Lally bewußtlos auf dem Boden, und von deiner reizenden Schwester war keine Spur zu sehen. Glücklicherweise hatte Fish so viel Verstand, nach mir zu schicken und nach dem Arzt. Und ich habe dir telegraphiert. Das alles geschah, kurz nachdem ich heute morgen zur Bank gegangen bin.«

»Vor Stunden also! Dann kann ich mir vorstellen, in welch schrecklichem Zustand die arme Julia sein muß. Wenn sie sich versteckt, werde ich sie bald finden.«

Joshua packte sie schmerzhaft am Arm. Er gab sich keine Mühe mehr, Feindschaft und Abscheu länger zu verbergen. Sie galten natürlich Julia. Oder etwa auch ihr selbst?

»Du wirst nach oben zu deinem Kind gehen. Darum wirst du dich kümmern.«

»Ich werde mich um beide kümmern.«

»Nur um Lally. Julia wirst du ohnehin nicht finden.«

»So vollkommen kann sie sich nicht versteckt haben.

Joshua! Weshalb ist die Polizei hier? Du hast Julia nicht etwa einsperren lassen?«
»Ich würde es gerne tun«, sagte Joshua grimmig, »wenn ich sie finden könnte. Diese junge Dame wird in Zukunft hinter Schloß und Riegel gesetzt werden. Sie ist nicht mehr harmlos. Sie ist gefährlich.«
»Zuerst müssen wir sie finden«, sagte Matilda fiebrig. »Sie wird vor Angst außer sich sein. Aber sie wird aus ihrem Versteck herauskommen, wenn ich sie überrede. Gefährlich? Julia? Absurd!«
»Jetzt hör mir einmal zu, Matilda, ich bin von deinem beruhigenden Einfluß auf deine Schwester überzeugt, aber wenn die Polizei sie nicht in diesem Haus finden kann, findest du sie auch nicht.«
Matildas Augen weiteten sich.
»Du glaubst, sie ist weggelaufen?«
»Wir haben praktisch alles auseinandergenommen, das Unterste zuoberst gekehrt, Schränke, Kommoden, Keller. Sie muß also entweder irgendwo auf der Straße sein, oder sie hat sich in Luft aufgelöst.«
»Julia auf der Straße! Hat sie Ausgehsachen mitgenommen?«
»Nein.«
»Dann wird sie erfrieren. Hast du deshalb nach der Polizei gerufen – um nach ihr suchen zu lassen?«
»Für alle Fälle, ja.«
»Wie entsetzlich! O Joshua!« Für einen Augenblick fühlte sie überströmendes Mitleid mit ihm. Mit einer solchen Situation hatte er gewiß nicht gerechnet, als er so begierig danach war, sie zu heiraten. »Will die Polizei mit mir sprechen? Du mußt warten, bis ich schnell nach oben gerannt bin, um nach meinem armen Baby zu sehen. Und wenn man mir dann Vorwürfe machen will, habe ich es nicht besser verdient. Du hast recht, ich hätte nie von zu Hause weggehen dürfen.«
Das Baby schlief, das Gesichtchen war noch immer dick und ernst, und die Wunde auf der Stirn sah häßlich aus.

Die Kleine rührte sich nicht, als Matilda sich über sie beugte. Fish hatte rote Augen und zittrige Hände und sagte: »Miß Lally geht es recht gut, sie hat keinen ernsthaften Schaden erlitten. Es ist Miß Julia, um die ich mir Sorgen mache. Ich mache mir solche Vorwürfe. Sie sagten, man soll die beiden niemals zusammen allein lassen, und das habe ich auch nicht getan, wenigstens nicht für mehr als fünf Minuten. Miß Julia war immer so vorsichtig mit dem Baby. Es konnte nicht absichtlich geschehen sein, aus einer ihrer schlechten Launen heraus, denn sie liebte Miß Lally so sehr. Sie muß über den Kaminteppich gestolpert sein.«
»Ja, Fish, ich bin sicher, so ist es geschehen. Der Arzt hat doch gesagt, daß Lally nichts fehlt, oder?«
»Ja, Ma'am, das hat er gesagt. Soweit er das in diesem frühen Stadium beurteilen kann.«
Matilda weigerte sich, diese ominösen Worte richtig aufzunehmen, und sagte rasch: »Dann müssen wir nur noch Julia finden und sie beruhigen. Hat irgend jemand sie aus dem Haus laufen sehen?«
»Nein, Ma'am, aber nachdem der Herr –« Fish hielt inne und preßte ihre bebenden Finger an die Lippen.
»Nachdem der Herr was getan hat?«
»Nachdem er sie angeschrien hat. Sie wissen ja, in welchen Zustand sie geriet, wenn er das getan hat.«
»Allerdings. Und ich habe ihn gebeten, niemals mehr in scharfem Ton mit ihr zu sprechen.«
»Nun, diesmal muß man ihm verzeihen, Ma'am, er war so außer sich, als Miß Lally so elend aussah und wir sie nicht wachbekommen konnten.«
»Waren Sie dabei, als mein Mann Julia anschrie?«
»Nein, ich war hier mit dem Baby, Ma'am. Ich hörte ihn nur in Miß Julias Zimmer oder im Kinderzimmer oder wo immer das gewesen ist. Nach einer Weile kam er hier herein und kurz darauf suchten wir Miß Julia und konnten sie nicht finden. Aber niemand hat sie das Haus verlassen sehen, Ma'am.«

»Dann ist sie noch immer drin. Ich werde sie finden. Sie kommt zum Vorschein, wenn sie meine Stimme hört. Und ich werde zusehen, daß ich die Polizei loswerde. Was wollen die überhaupt hier?«

»Sie bringen wahrscheinlich eine Beschreibung von Miß Julia in Umlauf. Wie sie aussieht, und daß sie ...«

»... nicht ganz richtig im Kopf ist«, schloß Matilda kalt.

Wenn Joshua Julia dadurch in die kalte, neblige Nacht hinausgetrieben hatte, daß er sie angebrüllt hatte, war er möglicherweise des Mordes schuldig. Aber er würde das genausowenig einsehen, wie er glauben konnte, daß der Unfall im Kinderzimmer keine Absicht war. Bot ihm das nicht letzten Endes einen wundervollen Vorwand, das arme Mädchen einzusperren, wie er es sich insgeheim schon lange wünschte?

Obwohl der Polizeioffizier Matilda versicherte, daß nach der von ihm und seinem Sergeanten durchgeführten Suche sich niemand im Haus verbergen konnte, bestand Matilda darauf, selbst noch einmal gründlich nachzusehen. Sie beschrieb der Polizei Julias Wesen und ihre Gewohnheiten, betonte, daß sie sich aufgrund ihrer krankhaften Schüchternheit bestimmt niemals allein auf die Straße gewagt hätte. Sie mußte sich ganz einfach irgendwo im Haus oder im Garten versteckt halten. Da war der Maulbeerbaum, unter dem sie im Frühherbst gerne gesessen hatte, manchmal im Gespräch mit Tomkins, der im Garten arbeitete, manchmal mit Lally im Wagen neben sich. Hatte sie vielleicht den Baum irgendwie als Hafen empfunden und war in seine Zweige hinaufgeklettert? Konnte sie sich unter den Regalen im Geräteschuppen verkrochen haben?

Aber diese beiden Orte waren bereits durchsucht worden. Der Polizeioffizier sah Matilda nachsichtig an und bat sie fortzufahren, weiterzusuchen, dort nachzusehen, wo sie sie zu finden glaubte. Aber er verbürgte sich dafür, daß nicht einmal eine Maus bei seiner Durchsuchung hätte unentdeckt bleiben können. Nein, die junge Dame mußte auf der Straße sein, in blinder Angst davongerannt, als sie dachte, sie hätte das Baby getötet und als Mr. Webb sie so anschrie. Sie waren sicherlich alle zu sehr mit dem Baby beschäftigt gewesen, um auf das Tun von Miß Julia besonders zu achten.

Am Morgen würde man sie bestimmt finden, sagte der Polizist zuversichtlich. Wenn sie in dieser kalten Nacht nicht in einem Torbogen vor Erschöpfung starb. Sie hatte nur ein blaues Wollkleid angehabt, hatte das Mädchen ausgesagt. Weder ihr Mantel noch ihre Straßenschuhe, noch ihr Hut waren weg.

7

Niemand schlief viel in dieser Nacht. Matilda war schließlich dazu bereit, sich zu entkleiden und einen warmen Morgenmantel anzuziehen. Aber sie konnte sich nicht niederlegen. Sie stahl sich ins Kinderzimmer, wo Lally lag, bewacht von Fish, die sich weigerte, von dem Kind zu weichen. Fish hatte ein zu schlechtes Gewissen, daß sie heute morgen Julia mit dem Baby allein gelassen hatte.

Das war aber nur für fünf Minuten gewesen. Matilda fühlte sich weit schuldiger, denn sie hatte dem gesamten Haushalt mehrere Tage lang den Rücken gekehrt. Ihre Schuld war viel tiefer, denn sie konzentrierte sich um die liebenswürdige, rätselhafte Gestalt des Grafen Paul von Klein. Sie hatte nicht mit Sicherheit gewußt, daß er nach »Sanctuary« kommen würde, aber sie hatte absichtlich auf das Rendezvous hingewiesen und gehofft, er würde es einhalten. Deshalb traf sie indirekt größere Schuld an Julias Verschwinden als Joshua mit seinem unkontrollierten Zorn. Völlig grundlos vertiefte dieses Wissen ihr Mißtrauen gegen Joshua. Wieso hatte Julia vor ihm viel mehr Angst als vor den dunklen Straßen? Was hatte er ihr angetan? Hatte er Hand an sie gelegt, sie geschüttelt oder gar geschlagen? Er schwor, er habe sie nicht angerührt, nur die Beherrschung verloren und laut gesprochen. Aber Matilda dachte an den Haß in seinen Augen, wann immer Julia anwesend war, und fragte sich im stillen und voller Angst, ob er sich zu etwas anderem hatte hinreißen lassen.

Lally schlief glücklicherweise gesund, obwohl Fish sagte, daß sie nichts essen wollte. Das kleine helle Gesichtchen sah jedoch, abgesehen von der häßlichen Wunde auf der Stirn, beruhigend friedlich aus.
»Sie kann ihr Fläschchen am Morgen trinken«, sagte Matilda. »Hat der Arzt nicht gesagt, sie soll so lange wie möglich schlafen? Sie ist so ein pummeliges kleines Ding, es schadet ihr nichts, wenn sie ein oder zwei Tage hungert.« Tränen liefen Matilda über die Wangen. »Oh, Fish, wo kann Julia sein? Ich muß immer daran denken, daß sie in irgendeiner dunklen Allee friert und sich zu Tode ängstigt. Und doch bin ich noch immer davon überzeugt, daß sie nicht allein ausgehen würde. Sie würde sich viel eher irgendwo anders verstecken als auf den Straßen.«
»Aber wo denn, Ma'am? Haben wir nicht das ganze Haus auf den Kopf gestellt?«
»Ja, ich weiß. Es ist einfach unerklärlich. Wie spät ist es? Erst zwei Uhr. Was für eine lange Nacht das ist. Joshua ist ausgegangen, um bei der Suche zu helfen.« (Mit der stillen Hoffnung, Julia nicht zu finden?) »Ich bleibe bei Lally, Fish, wenn Sie bitte in die Küche hinuntergehen würden und dafür sorgen, daß das Wasser im Kessel kocht. Wir müssen heißen Tee bereit haben, wenn die Polizei zurückkommt.«
»Und für Miß Julia und für den Herrn.«
»Natürlich. Das meinte ich damit.«
Joshua kam allerdings erst um fünf Uhr nach Hause, und er war allein. Auch die Polizisten waren heimgegangen, um zu schlafen, natürlich mit Ausnahme derer, die Nachtdienst hatten. Sie würden die Augen offenhalten und jede junge Frau bemerken, die nicht aussah wie die üblichen Nachtschwärmer und Dirnen.
»Wir müssen auf den Tagesanbruch warten, Mattie«, sagte Joshua, und seine Stimme klang ganz samten vor Müdigkeit. »Sie wird sich dann nach Hause schleichen, glaub mir. Nachdem ich in die Bank gegangen bin, das

würde mich nicht überraschen. Das Ungeheuer ist dann ja aus dem Haus.«

»Du gehst doch nicht etwa in die Bank!«

»Aber gewiß. Ich habe wichtige Verabredungen, und ich habe bereits einen ganzen Tag durch deine schwachsinnige Schwester verloren und war die halbe Nacht für nichts und wieder nichts unterwegs. Ich habe alles getan, was ich konnte. Es würde überhaupt nichts helfen, wenn ich morgen hierbliebe.«

»Wie wäre es, wenn du deiner Frau beistehen würdest?«

Er betrachtete sie mit seinen müden Augen. »Wann hätte ein Duncastle – männlich oder weiblich – je Beistand gebraucht? Gerät die dünne rote Linie ins Wanken?«

»Du bist gemein.«

»Ja. Entschuldige.« Seine Stimme war rauh. »Das wollte ich nicht sagen. Unser beider Nerven sind ein wenig zu sehr strapaziert. Hol dir morgen Clara, damit sie dir beisteht. Sie ist liebenswürdiger als ich. Wie geht es meiner Tochter?«

»Sie schläft ruhig.«

»Gott sei Dank. Nun, ich will zusehen, daß ich auch noch ein paar Stunden Schlaf bekomme.« Er fuhr Matilda ungeschickt durchs Haar. »Du solltest lieber das gleiche tun. Du siehst aus wie ein Gespenst.«

»Joshua!«

»Was denn jetzt noch?«

»Es ist dein eigener Fehler, wenn Julia dich für ein Ungeheuer hält.«

»Zugegeben. Aber ich kann es auch nicht ändern.« Er war zu müde, um die Beschuldigung von sich zu weisen. »Ich kann ihr dummes Gesicht einfach nicht ertragen. Ich bekomme davon die Gänsehaut.«

Am Morgen nachdem Joshua zur Bank gegangen war und versprochen hatte, Clara herüberzuschicken, kamen die beiden Polizisten zurück. Sehr höflich erklärten sie, sie würden gerne den Garten untersuchen. Oh, Mrs. Webb brauchte sich keine Sorge zu machen. Wenn eine Person

als vermißt gemeldet wurde, verlangte es die Routine, eine vollständige Untersuchung der Umgebung der Vermißten durchzuführen. Lally war aufgewacht und hatte ein bißchen Milch getrunken, aber dann hatte sie angefangen zu wimmern und sich durch nichts beruhigen lassen. Ihr unruhiger Blick blieb nirgends haften.
»Ich nehme an, der Kopf tut ihr weh«, sagte Fish. »Armes Wurm.«
»Ich glaube, wir sollten den Arzt noch einmal rufen«, sagte Matilda. Angst stieß wie ein Dolch nach ihrem Herzen. Noch nie zuvor war ihr aufgefallen, wie sehr Lallys blaue Augen denen von Julia glichen.
»Er sagte, er würde heute morgen sowieso noch einmal kommen, Ma'am. Und machen Sie sich keine zu großen Sorgen. Sie dürfen nicht erwarten, daß sich das Baby so schnell von einem so schlimmen Fall erholt.«
Matilda machte sich trotzdem Sorgen, und Dr. Grimes tat wenig dazu, diese Sorgen zu verringern. Er sagte, dem kleinen Ding gehe es ganz ordentlich, aber wenn es in ein oder zwei Tagen noch nicht ansprechbar sei, wäre es vielleicht besser, einen Gehirnspezialisten zu Rate zu ziehen. Nur als Vorsichtsmaßnahme. Kopfverletzungen seien nicht harmlos, besonders wenn die Kopfhaut so dünn sei wie bei einem Baby. Aber er war ganz sicher, daß man sich keine Sorgen zu machen brauchte. Das Kind schrie, weil es Kopfschmerzen hatte. Und was machte übrigens die Polizei im Garten?
Die beiden Polizisten stocherten in der Erde unter den kleinen Zierbäumen und den Büschen herum und interessierten sich besonders für den Komposthaufen.
Matildas Mund war trocken.
»Was glauben die eigentlich – daß Julia sich selbst begraben hat?«
Doktor Grimes tat es sichtlich leid, daß er Matildas Aufmerksamkeit auf den Garten gelenkt hatte. Er zog die Vorhänge übereinander und sagte: »Die Gesetze beinhalten ein paar recht weit hergeholte Vorschriften.«

Sie nahmen doch nicht etwa an, man habe Julia aus dem Weg geräumt?
Joshua, der sie in unbeherrschter Wut angeschrien hatte, Joshua, der sie haßte, der sagte, sie verursache ihm eine Gänsehaut, Joshua war stark genug, einen so schlanken Körper zu tragen und zu verstecken. Als alle mit Lally beschäftigt waren? Im hellen Tageslicht? Gestern war kein helles Tageslicht, nur neblige Dämmerung.
Welch makabre, unverzeihliche Gedanken, sagte Matilda zu sich selbst. Die Polizisten würden in dem unschuldigen Garten überhaupt nichts finden. Die arme Julia irrte in den Straßen umher. Sie sollten die Krankenhäuser durchsuchen, überall dort, wo man obdachloses Gesindel unterbrachte. Und auch den Fluß, die schlammige Themse, die am Kai bei Chelsea dahinfloß. Das war zwar weit weg, aber nicht zu weit für eine vor Angst verrückte junge Frau.
Clara kam, bevor der schreckliche Morgen vorüber war. Sie zwang Matilda, sich auszuruhen.
»Ich habe genug mit Vater am Hals, ohne daß du mir auch noch krank wirst. Ich achte auf das Baby. Das kommt schon wieder in Ordnung. Es sind zähe Geschöpfe, diese Babys. Und Julia wird auch wieder auftauchen, naß und zerrauft, aber sie wird bestimmt wiederkommen. Schließlich bleibt ihr gar nichts anderes übrig, nicht wahr, denn sie weiß ja sonst nicht, wohin.«
Claras Optimismus war angenehm und wohltuend, aber er bestätigte sich nicht. Bei Einbruch der Nacht hatte sich nichts geändert. Lally weinte noch immer viel zu sehr, und Julia war nicht gefunden worden. Joshua kam früher heim als üblich und wollte, daß man ihm das weinerliche Baby brachte.
»Was sagt Dr. Grimes zu ihr? Ist alles in Ordnung?«
»Vermutlich hat sie starke Kopfschmerzen«, sagte Clara. »Aber sie braucht nichts als ein paar Tage Ruhe und Stille. Schaukle sie nicht herum, Joshua. Das ist das Schlimmste.«

Das Baby auf seinem Schoß herumschaukeln, es auf und niederschubsen war alles, was er über die Behandlung von kleinen Kindern wußte. Die Zärtlichkeit in seinem Gesicht verwandelte sich in Ratlosigkeit.

»Du bist genauso schlimm wie Mattie, Clara. Ich kann in meinem eigenen Haus überhaupt nichts recht machen.«

»Du darfst Mattie nicht böse sein. Sie ist ganz krank vor Sorge. Julia scheint sich in Luft aufgelöst zu haben, obwohl wir alle wissen, daß so etwas unmöglich ist. Es ist schon schlimm genug, daß die Polizei den ganzen Garten durchwühlt.«

»Guter Gott, das haben sie doch nicht etwa getan?«

»Mehr oder weniger. Sie sagen, es sei Routine. Ich würde es nicht zu leicht nehmen, da du der Hauptverdächtige bist.«

»Ich!« Joshua fielen fast die Augen aus dem Kopf. Dann begann er dröhnend zu lachen. »Nun, das ist das einzig Amüsante, was bei der ganzen Geschichte herauskommt. Ich bin also der Schurke, nicht wahr? Dann sollen sie das erst einmal beweisen.«

»Ich möchte dich ja nicht enttäuschen, Joshua, aber sie haben schon vor Stunden aufgegeben. Julia gilt jetzt als Vermißte. Da sie erwachsen ist, nimmt man an, sie wird von selbst wieder zurückkommen.«

»Was sagt Mattie zu dieser irrsinnigen Theorie, daß ich ein Verdächtiger bin?« fragte Joshua, wie es schien, ein bißchen zittrig.

»Sie weiß, es ist nur Polizeiarbeit«, sagte Clara. »Aber du solltest sie schon vom Gegenteil überzeugen.«

»Die einzige Art, sie zu überzeugen, wäre, wenn ihre lausige Schwester wiederauftauchte.«

»Glaubst du, sie wird?«

»Ich weiß es nicht, verdammt noch mal. Aber wenn nicht, wo ist sie dann?«

Zwei Wochen später kam die Polizei erneut. Die Leiche einer jungen Frau war am Themsekai bei Chelsea ange-

schwemmt worden. Joshua hatte die traurige Pflicht, zum Leichenschauhaus zu fahren und zu versuchen, das arme Geschöpf zu identifizieren.
Er kam mit verstörtem Blick zurück und schüttelte den Kopf. Die Tote hatte nicht die entfernteste Ähnlichkeit mit Julia gehabt.
»Es tut dir leid, nicht wahr!« sagte Matilda, und die ganze Anspannung der vergangenen beiden Stunden brach aus ihr heraus.
»Mattie, glaubst du, ich bin ein Blaubart oder so etwas? Aber in gewisser Hinsicht hast du recht, es tut mir leid. Wenigstens wäre dadurch das Geheimnis gelüftet worden. Jetzt wirst du wahrscheinlich den Rest deines Lebens damit verbringen, nach deiner schwachsinnigen Schwester Ausschau zu halten.«
Er kannte sie inzwischen. Der arme Joshua, der vom Schicksal damit geschlagen war, eine besessene Frau zu haben. Er war vollkommen davon überzeugt, daß sie von nun an allen Vorübergehenden in die Gesichter schauen würde, auf der Suche nach jenem lieblichen, verlorenen, hilflosen Gesicht. Bis zum Ende ihres Lebens, wie er gesagt hatte.
Aber sie ließ sich willig von ihm in die Arme nehmen. Sie brauchte Tröstung so sehr, selbst die Tröstung seines kräftigen, gefühllosen Körpers. Nicht völlig gefühllos. Sie mußte gerecht sein. Es gelang ihr sehr gut, ihre häßlichen Verdächtigungen zu verdrängen. Joshua hatte Julia nicht gemocht, aber er hätte ihr niemals körperlich etwas angetan. Niemals.
Ein paar Tage später lächelte Lally unsicher, als erkenne sie ihre Mutter. Matilda drückte sie fest an sich und weinte vor Erleichterung.
Nicht lange danach wußte sie mit Sicherheit, daß sie schwanger war. Und diesmal – in Anbetracht ihres Leides – konnte Gott ihr den Sohn nicht verweigern.

Matilda

Die alte Dame im Bett war kaum in den Schlaf gesunken – den unruhigen Schlaf der Alten, halb Traum, halb Alptraum –, da wurde sie vom Weinen eines Babys geweckt. Schritte polterten auf dem Gang vor ihrem Schlafzimmer. Jemand rief: »Komm hierher, du kleiner Fratz.« Wessen Stimme war das? Nicht die von Fish oder von Polly oder Minnie. Sie hatte einen Akzent, den sie nicht kannte, vielleicht aus Devon oder Somerset. Wer waren diese Fremden, die in ihrem Haus umherliefen?
Das Baby weinte noch immer ärgerlich. Es mußte Lally sein. Sie hatte seit jenem unglücklichen Fall sehr viel geweint. Sie hatte sich von einem friedlichen Baby in ein sensibles, quengeliges Kind verwandelt, das die arme alte Fish an den Rand eines Nervenzusammenbruchs trieb. Fish war schließlich siebzig und mußte bald eine Pension bekommen, damit sie sich zurückziehen konnte. Sie hatte sich von der Tragödie um Julias Verschwinden nie wieder ganz erholt. Niemand hatte diese Geschichte völlig überwunden, nicht einmal Joshua, der es nicht ertragen konnte, wenn Julias Name erwähnt wurde. Als sei er schuldig. Auch Lallys Weinen konnte er nicht ertragen. Er fürchtete, in dem Gehirn des Kindes sei etwas für immer zerstört. Oder war Lally bereits so geboren worden, und sie hatten es nur nicht bemerkt?
Keiner der Ärzte schien etwas Genaues zu wissen. Sie stellten Fragen über Lallys frühere Ansprechbarkeit, und Joshua schwor, sie sei normal gewesen. Sie murmelten, daß einige Kinder eben langsamer sitzen und kriechen

lernten als andere. Lally, sagten sie, sei ziemlich dick und deshalb lethargisch. Ihre Reizbarkeit war die Folge der Gehirnerschütterung und würde mit der Zeit nachlassen. Keine dieser vagen Feststellungen verminderte Joshuas Angst um das neue Baby, das sich bereits durch Matildas gerundeten Leib ankündigte. Er war ebenso unruhig und schlechtgelaunt wie seine Tochter.

Diese ganze Schwangerschaft war eine recht unangenehme Zeit gewesen, erinnerte sich Matilda, denn das Haus war Julias wegen wie verhext. Jetzt noch immer. Sie versuchte sich auf ihre Ellbogen zu stützen. Sie wollte in den Garten hinuntersehen und schauen, ob Julia unter dem Maulbeerbaum saß. Sie hatte ausgesehen wie auf einem Bild, in ihrem weitkrempigen Panamahut und ihrem Musselinkleid. Sie sah auch glücklich aus, als sie versuchte, ein Rotkehlchen anzulocken. Ihre Taschen waren immer voller Krumen, Polly beklagte sich darüber. Entweder Kuchenbrösel, um die Rotkehlchen zu füttern, oder Kekse für Lally. An dem Tag, an dem sie verlorengegangen war, hatte sie ein blaues Wollkleid ohne Taschen getragen, so daß sie auch nicht ein Krümchen gehabt hatte, um sich vor dem Hungertod zu retten.

War es Julia, die Matilda weinen hörte? In den langen dunklen Nächten nach ihrem Verschwinden hatte Matilda sich eingebildet, weit entferntes, verlorenes Weinen zu hören. Aber sie hatte nichts davon gesagt, denn Joshua wollte nicht, daß der fatale Name je wieder erwähnt wurde.

Glücklicherweise hatten nach der Geburt von Hillary diese Halluzinationen aufgehört. In Hillary hatte sich ihr Traum auf die vollkommenste Weise erfüllt. Er zeigte nicht die Spur einer Ähnlichkeit mit seinem Vater. Er war ein hübscher, anmaßender kleiner Junge mit der langen Duncastle-Nase, den in die Zukunft blickenden blauen Augen. Geboren, um zu befehlen, hatte Matilda mit ungeheurer Freude gedacht.

Als ein Jahr später Richard folgte, hatte sie zwei Duncastles, zwei kluge, lebhafte kleine Jungen, die sich offensichtlich niemals damit zufriedengeben würden, hinter einem Pult in einer Bank zu sitzen. Man konnte sie kaum dazu bringen, still hinter ihrem Pult im Schulzimmer zu sitzen, und auf Matildas Betreiben wurden sie ins Internat geschickt, sobald sie sieben Jahre alt waren und das Alphabet gelernt hatten.

Imogen, ihr letztes Baby, war so still gewesen, daß man seine Anwesenheit im Haus kaum bemerkte. Diese Stille hatte nichts zu tun mit Lallys Veranlagung und war keineswegs ein böses Vorzeichen. Imogen war ein liebes, kleines Mädchen, das für ihre Brüder Dinge holte und wegbrachte und alles aufhob, was Lally ungeschickterweise fallen ließ. Sie war auch hübsch und der Augapfel ihres Vaters.

Sie hatte einen blauen, pelzbesetzten Mantel und eine ebensolche Mütze gehabt und beides getragen, als man diese so lange schon versprochene Reise nach Wien unternahm, um dort in einem echten Schloß zu wohnen und die Familie von Papas Partner Graf Paul von Klein und seine Frau Amalie kennenzulernen.

Die alte Dame im Bett runzelte verwirrt die Stirn. Weshalb war Imogen in ihrer Vorstellung dieses dunkelhaarige, sanfte kleine Mädchen geblieben? Sie war erwachsen geworden, das wußte man doch, denn es hatte Schwierigkeiten gegeben. Was war da nur gewesen?

Joshua hatte immer gesagt:

»Du belegst alles mit Beschlag, Mattie. Clara sagt das auch. Du tust, als seien die Kinder Ton, den du formen kannst.«

»Aber du versuchst doch auch, sie zu formen«, hatte sie erwidert. »Du siehst Richard schon als Präsident deiner Bank.«

»Ja, das ist richtig. Und deshalb will ich nicht, daß man ihm die Ohren mit Schlachten und toten Helden vollredet. Das ist gefährlich. Was bildest du dir denn ein, was du aus unseren Jungen machen kannst?«

»Helden. Was kannst du ihnen schon für Geschichten über die Bank erzählen? Da gibt es doch überhaupt nichts Romantisches.«

»Wenigstens fallen Bankpräsidenten nicht auf dem Schlachtfeld. Sie leben, um Väter und Großväter zu werden . . .«

O mein Gott, Joshua, du hattest recht. Aber wer weint denn da? »Fish, wo bist du? Ich brauche dich. Sorge dafür, daß dieses Baby zu schreien aufhört. Das ist doch Lally, nicht wahr? Ich nehme an, der Kopf tut ihr wieder weh.«

»Aber ich bin hier«, erklang Lallys unterwürfige Erwachsenenstimme. »Ich hab diesen L-Leuten gesagt, sie sollen h-hier n-nicht raufkommen, es ist privat. Aber ich k-konnte sie nicht aufhalten.«

Nein, Lally brachte nie irgend etwas fertig. Sie hatte so spät angefangen zu sprechen, und dann hatte sie gestottert. Damals in Wien, als man die Jungen und Imogen so sehr bewunderte und Paul – aber daran, daß Paul Amalie an seiner Seite hatte, hatte sie sich nie recht gewöhnen können. Sie war empfindlich und ungeduldig geworden und hatte ihre schlechte Laune an der armen Lally ausgelassen, die niemals irgend etwas recht machte. Sie ließ ihr Essen auf den Tisch fallen, schrie nachts erschrocken auf und stürzte schließlich auf der Schlittschuhbahn so unglücklich, daß sie sich den Knöchel verstauchte. Joshua, der sie nie gerne anrührte oder liebkoste (sie erinnerte ihn immer an Julia), mußte sie zum Schlitten zurücktragen, sie in Decken einwickeln und nach Hause schicken.

Seit damals war Lallys Knöchel von Zeit zu Zeit wieder angeschwollen. Sie gab ihm die Schuld an ihrer Ungeschicklichkeit, wo doch jeder wußte, daß sie bereits als Tolpatsch zur Welt gekommen war, das arme Mädchen. Jetzt, als sie sich über Matilda beugte, mußte diese ihren Widerwillen unterdrücken und ihre Verwirrung. Lally war so riesig und verdeckte alles Licht.

»Was sind das für Leute vor meiner Tür?« gelang es ihr endlich zu fragen.
»Ich weiß nicht. Ich hab s-sie noch nie z-zuvor gesehen. Wirklich, Mutter, heutzutage weiß man n-nicht mehr, wer zu dem B-Basar kommt.«
»Das ist meine Angelegenheit«, sagte Matilda mit einem Anflug ihrer alten Schärfe. Aber von welcher Angelegenheit sprach sie? Von Hillarys und Richards Zukunft? Die alte Leier von Sandhurst, der Armee, einem Eliteregiment?
Aber da gab es gar nichts zu überlegen – Hillary durfte mit dem Beginn seiner militärischen Erziehung nicht länger warten, Richard hatte das vorstehende Kinn seines Vaters. Man konnte nicht wissen, welchen Einfluß man später noch auf ihn hatte.
»Das hätte mir eine Warnung sein sollen, als du dir damals an jenem Abend das Haar abgeschnitten hast«, erklang Joshuas Stimme in ihrem Kopf. »Das war ein Zeichen von Grausamkeit, wie ich es noch nie erlebt habe. Du solltest dich vorsehen, Mattie, oder deine Kinder werden dich einst hassen.«
Niemals! Hillary und Richard, ihre geliebten und hübschen kleinen Jungen. Niemals! Doch der Schmerz traf sie tief im Innern, ließ sie aufstöhnen und brachte die plumpe Gestalt Lallys an ihre Seite zurück.
»Soll ich nach der N-Nurse läuten, M-Mutter?«
»Nein.«
»Aber du hast Schm-Schmerzen.«
»Nein, ich habe keine Schmerzen. Ich erinnere mich nur.«
Paul und Amalie, ein so hübsches Paar. Paul adrett und schlank wie eh und je, Amalie blond, lachend, bereits ein wenig zur Fülle neigend durch all diese wienerischen Süßigkeiten. Imogen und Rudi, so frisch wie der junge Frühling, Richard, der Charlotte neckte und seinem Vater unverzeihlich ähnlich sah. Hillary, immer abseits stehend, allen überlegen, unantastbar. Und wieder das

Dröhnen der Trommeln in ihrem Kopf, unablässig, voll unwiderstehlicher Verlockung, der todbringende Rattenfänger mit einer Trommel anstelle seiner Pfeife, der über das Kopfsteinpflaster der Straßen Europas dahintanzte ...

8

Es war eine recht große Gesellschaft, die sich auf die Reise zum Kontinent begab. Imogen, gerade sechs Jahre alt, war noch niemals weiter als bis nach »Sanctuary« gereist und fürchtete, es könnte ihr vor Aufregung übel werden. Mama wäre darüber sicher sehr ungehalten, denn sie würden schließlich in einem Schloß bei einem Grafen und einer Gräfin wohnen. Schon seit Tagen brachte sie ihnen gutes Benehmen bei.
»Ihr müßt diesen ausländischen Kindern Charlotte und Rudolf ein Beispiel geben. Ihr seid Engländer und stolz darauf. Lally, halt den Kopf hoch und sieh die Leute an. Ich glaube wirklich, du siehst überhaupt nichts auf der Welt außer deinen Schuhen, und die sind nicht einmal ordentlich gebunden. O du meine Güte, was bist du nur für ein unordentliches Kind.«
Mama, in ihrem langen Pelzmantel und der kleinen, mit grünen Federn besetzten Kappe, die ihre Augen grün erscheinen ließ, kniete sich nieder und half Lally beim Binden. Als sie sich wieder aufrichtete, blühte auf jeder Wange ein kleiner roter Fleck, und sie sah sehr hübsch aus.
Papa fragte sie, weshalb sie für die kalte Kanalüberquerung und die Fahrt in den schmutzigen Zügen keinen praktischen Tweedmantel anzog. Aber Imogen hatte den Verdacht, daß er trotzdem sehr stolz auf die hübsche Mama war. Eine reiche Dame, die mit ihren Kindern und dem Kindermädchen ins Ausland reiste.
Imogen und Lally trugen ihre blauen Samtmäntel und

Kappen und bildeten ein hübsches Paar. Imogen hatte gehört, wie Tante Clara das zu Minnie, dem Kindermädchen, gesagt hatte. Hillary und Richard sahen in ihren Norfolkjacken und Tweedkappen auch hübsch aus, obwohl Hillary schrecklich knochig war und rötliches Haar hatte, ein scharfes, verkniffenes Gesicht und eine spitze Zunge, was Imogen schon oft erleben mußte. Die Leute sagten, er sei das Abbild seiner Mutter, und er war auch ihr Augapfel, ihr ungezogener, verwöhnter kleiner Liebling. Richard hatte Papas haselnußfarbene Augen und sein natürliches Wesen. Imogen, die ihren Vater liebte, mochte Richard viel lieber als Hillary. Aber beide Jungen waren gleich verrückt nach Kriegsspielen, und wenn sie aus der Schule zurückkamen, widerhallte das Kinderzimmer von Trommelschlägen und Rufen wie »Angriff!« und »Ich habe dich erschossen, du elender Bur!«

Jetzt, da England in Südafrika gegen die Buren kämpfte, verlangte Hillary Nachbildungen der neuesten Gewehre, der deutschen Mauser und der Feldgeschütze. Aber Richard war Kavallerist und wollte nichts weiter als ein Schwert und ein gutes Pferd. Die Mädchen mußten sich abseits halten. Oder wenn sie unbedingt wollten, konnten sie die Verwundeten pflegen, natürlich nur die englischen, nicht die verdammten Buren, die sollten ruhig auf dem Feld sterben.

Papa sagte, es sei gut, durch diese Reise nach Wien der Kriegsatmosphäre zu entrinnen, die das Land durchdrang, besonders seit der Befreiung von Ladysmith. Mama hatte die Reise dauernd aus dem einen oder anderen Grunde verschoben. Entweder waren die Kinder noch zu klein, oder sie konnten dem Grafen und der Gräfin keine so große Familie zumuten, dann hatte sie wieder zu viele Verpflichtungen in ihren Ausschüssen zur Kriegsunterstützung; erst war es der Wirbel im Sudan, dann die Buren, die sich in Südafrika erhoben und schließlich den Krieg auslösten.

Endlich sagte Papa mit der hochmütigen, leisen Stimme,

die er nur dann gebrauchte, wenn er völlig am Ende seiner Geduld war: »Glaubst du wirklich, Mattie, daß England in irgendeinem Krieg, sei er wirklich oder nur erdacht, geschlagen wird, weil du außer Landes bist? Ich will ja nicht behaupten, daß das unmöglich ist. Aber ich glaube nicht, daß Krüger die britische Armee innerhalb der nächsten paar Wochen vollkommen aufreiben wird, und es gibt sicherlich noch einige andere tüchtige Frauen, die imstande sind, Socken zu stricken und ein paar Wochen lang Bandagen aufzurollen. Übrigens, wann hast du eigentlich stricken gelernt?«
»Joshua, du weißt sehr gut, daß ich nicht stricke. Ich organisiere!«
»Und ganz ausgezeichnet, ich gebe es zu. Das bedeutet, daß all deine Ausschüsse für kurze Zeit deine Abwesenheit überleben können. Paul und Amalie sind gekränkt, daß du bisher nie ihre Einladungen angenommen hast, und ich möchte, daß du unsere Wiener Zweigstelle kennenlernst. Um genauer zu sein – ich möchte, daß vor allem Richard sie kennenlernt.«
»Richard ist noch ein kleiner Junge.«
»Kindliche Eindrücke sind wichtig. Wer weiß«, in Papas Augen blitzte es spöttisch auf, »vielleicht interessiert sich sogar der Generalmajor dafür.«
Das war ein Scherz von Papa, der Hillary den Generalmajor nannte. Hillary freute sich darüber, insgeheim war er stolz darauf, aber Mama zuckte jedesmal zusammen. Nicht weil sie glaubte, Papa mache sich über Hillary lustig, sondern weil eine seltsame Ahnung sie erfaßte. Als hätte sie eine weit entfernte, erschreckende Vision.
Auch Graf und Gräfin Klein hatten in ihrem Treppenhaus Porträts von Militärs hängen. Besonders eines von einem untersetzten Herrn, mit Backenbart und ganz von Orden bedeckt, brachte die Jungen zum Kichern.
Diese Respektlosigkeit ärgerte Rudi von Klein, der sagte: »Das ist ein Feldmarschall. Ihr braucht gar nicht zu lachen. Er wurde vom Kaiser Franz Josef persönlich

ausgezeichnet. Papa spricht nicht viel von ihm, denn Papa mag den Krieg nicht. Ich werde vielleicht einmal kämpfen.«
»Will deine Mutter das?« fragte Hillary.
»Ich glaube, ihr ist es gleich. Sie sagt, ich muß tun, was mir am besten gefällt.«
»Dann ist sie ganz anders als unsere Mutter. In unserer Familie treten alle in die Armee ein. Das ist Tradition. Das hat England so groß gemacht.«
»Es ist nicht größer als Österreich-Ungarn.«
»Ist es doch. Viel größer. Es ist ein Weltreich mit Millionen von Menschen. Millionen und Millionen.«
»So etwas Unangenehmes«, sagte Rudi in seinem sorgfältigen Englisch.
»Wieso?« Hillary reckte seine lange Duncastle-Nase in die Luft.
»Weil sich die Leute nicht immer so anständig aufführen. Ihr braucht eine Menge Soldaten, um die Eingeborenen in Schach zu halten.«
»Die haben wir auch.«
»Ich finde das ziemlich anmaßend.«
»Du bist so weich wie dein Vater«, sagte Hillary verächtlich. »Es ist nicht anmaßend. Es hält Recht und Ordnung aufrecht.«
»Kinder!« rief Mama und zog ihre feinen Augenbrauen in die Höhe. »Amalie, es tut mir leid, Hillary und Rudi streiten schon wieder. Ich bin ganz sicher, daß mein ungezogener Sohn damit angefangen hat.« In ihrer Stimme schwang jedoch ein stolzer Unterton mit. Es gefiel ihr, daß Hillary beinahe immer diese Miniaturschlachten gewann. Der lockenköpfige Rudi war weniger rücksichtslos, und Rücksichtslosigkeit und der Entschluß zu gewinnen, das zählte. Hillary verfügte über diese beiden Eigenschaften im Übermaß.
»Paul meint, man sollte sie einfach in getrennte Räume sperren«, sagte Amalie mild.
»Wie in Gefängniszellen?« Mama lachte. »Wie schade,

daß wir sie nicht wie die Mädchen mit einer Näharbeit beschäftigen können.«
Wirklich schade, dachte Imogen und beugte sich stirnrunzelnd über ihre Nadel. Sie und Lally und ungerechterweise auch Charlotte, wo deren Land doch keinen Krieg führte, waren angehalten worden, sich eine Stunde lang mit den weißen Leinenfleckchen zu beschäftigen, aus denen Taschentücher für die tapferen Soldaten werden sollten, die in Südafrika kämpften. Imogen war sicher, sie würden sie entweder verlieren oder sehr schmutzig machen. Aber Mama sagte, der britische Soldat müsse ordentlich ausgestattet sein. Das war gut für seinen Kampfgeist. Ganz gewiß hatten die Buren keine weißen Leinentaschentücher, wahrscheinlich überhaupt keine Taschentücher.
Aber dieses langweilige Geschäft war viel erträglicher, wenn Rudi an ihrer Seite sitzen und mit ihr sprechen konnte. Sie liebte seine seltsam gutturale Stimme, seine dichten braunen Locken und seine neckischen Augen. Er neckte sie nicht grausam wie Hillary, sondern lustig, so daß sie lachen mußte. Sie liebte Rudi. Sie versuchte, so viel Mut aufzubringen, um ihn zu fragen, ob er ihr Briefe schreiben würde, wenn sie wieder zu Hause war. Oder ob er welche von ihr annehmen würde. Wien war für sie ein Kaleidoskop der Freude, weil Rudi hier lebte. Sie würde ihn niemals vergessen. Tatsächlich brauchte sie das auch gar nicht, denn es war beschlossen worden, daß Rudi, wenn er alt genug war, in die Londoner Filiale der Bank kommen sollte und Richard nach Wien. Das sollte einen wichtigen Teil der Erziehung der beiden Jungen ausmachen, und Graf Paul und Amalie und Papa begrüßten diesen Beschluß sehr. Mama sagte nichts, aber sie zog ihre Brauen ein wenig in die Höhe und sah Amalie so an, als mißbillige sie ihre rasche Zustimmung zu diesem Plan.
Einen Augenblick war Imogen böse auf ihre Mutter, denn wie konnte man die hübsche, rundliche Amalie nicht mögen, die so gutmütig und angenehm lässig war. Sie

würde kleine Mädchen niemals dazu zwingen, stundenlang Leinentaschentücher für Soldaten zu nähen. Sie würde ihnen sagen, sie sollten sich Bilderbücher ansehen oder mit ihren Puppen spielen oder seilhüpfen. Rudi war wie seine Mutter. Er war auch träge. Und liebenswürdig. Deshalb gewann Hillary bei den kleinen Streitereien immer. »Wenn wir je gegen die Österreicher kämpfen sollten, werden wir sie niedermähen«, prahlte Hillary auf seine scheußliche, angeberische Art. Als sähe er sich Rudi bereits mit einem echten Gewehr gegenüber. Er konnte es nicht erwarten, bis sein Porträt in »Sanctuary« hing, das Bild eines hochdekorierten Generalmajors.
An ihrem letzten Abend in Wien gingen die Erwachsenen in die Oper. Die Kinder ließ man bei einem festlichen Abendessen zu Hause, was aber durch die erneuten Streitereien der Jungen sehr getrübt wurde. Diesmal ergriff Richard zu Hillarys maßloser Wut Rudis Partei, und zusammen verprügelten sie Hillary, bis seine Nase blutete. Dann gab es eine Menge Ärger, Gretchen und Minnie schimpften, Blut rann über Hillarys Jacke, und der Schokoladenkuchen wurde auf dem wunderschönen Teppich zerquetscht.
Lally begann zu weinen. Lärm regte sie immer so auf. Charlotte schrie: »Abscheuliche Engländer!«, und Hillary, dessen Gesicht an den nicht vom Blut verschmierten Stellen sehr weiß war, sagte zornbebend zu Rudi: »Eines Tages werde ich dich umbringen, das verspreche ich dir.«
Die Folge dieses Aufruhrs war, daß sie alle früher zu Bett geschickt wurden und daß Imogen nicht einschlafen konnte. Abgesehen von allem anderen war sie einfach zu unglücklich. Morgen fuhren sie nach Hause. Sie würde Rudi vielleicht zehn Jahre lang nicht wiedersehen, und wenn sie an diesen weit entfernten Tag dachte, war er überschattet von schweren Wolken der Sorge. Sie wußte nicht, weshalb. Sie hatte einfach eine ihrer unglücklichen Stimmungen und lag wach und lauschte auf das Ge-

räusch der vom Opernhaus zurückkehrenden Kutsche. Sie verspürte das überwältigende Verlangen, sich in die Arme ihres Vaters zu schmiegen. Er würde sie festhalten, das Lachen würde tief aus seiner Kehle aufsteigen, und er würde ihr versichern, daß die Menschen einander nicht töteten. Nur, Feinde taten das, vielleicht, aber Freunde nicht. Und ganz bestimmt nicht dumme, zornige kleine Jungen.

Als die Kutsche schließlich kam, stieg sie aus dem Bett und schlüpfte die Wendeltreppe hinunter, schlich sich an dem Porträt des Feldmarschalls mit dem furchterregenden Backenbart vorbei und blieb dann lauschend stehen. Wo waren die Erwachsenen? Vermutlich in dem großen Salon, um vor dem Schlafengehen noch ein Glas Champagner zu trinken. Durfte sie sie stören? Gräfin Amalie und Mama hatten sich so schön für die Oper angezogen gehabt. Amalie in blauer Seide mit einem Spitzenschal über ihren rundlichen Schultern, Mama ziemlich streng in ihrem geliebten grünen Samtkleid, aber in ihrem Haar glitzerten die Diamanten. Entweder die Diamanten oder Mamas aufrechte Haltung und ihr langer Hals hatten sie nach Imogens Meinung eher wie eine Gräfin erscheinen lassen als Amalie selbst. Manchmal argwöhnte sie, daß auch Graf Paul so dachte, denn er benahm sich Mama gegenüber immer so höflich, nahm dauernd ihren Arm oder küßte ihr die Hand.

Die Handküsse waren etwas, was diese Fremden einfach so machten, hatte Hillary ihr einmal gesagt. Das bedeutete nicht, daß der Graf Mama etwa liebte oder sich auch nur einen Pfifferling um sie kümmerte.

Und Hillary schien wie üblich recht zu behalten, denn Imogen sah durch die halboffene Tür, daß Graf Paul und Mama allein waren. Und sie küßten einander nicht die Hände, sondern sahen sich über den Kaminteppich hinweg an, als prüften sie einander.

»Alle haben Sie heute abend angesehen, Matilda.«

»Wirklich?«

»Sie müssen es bemerkt haben. Joshua war so stolz wie ein Pfau.«
»Joshua?«
»Aber natürlich. Sie ergänzen ihn wundervoll.«
»Ergänzen?« sagte Mama trocken. »Ja, so würde auch er es nennen. Nun, ich kann mich nicht über etwas beklagen, dem ich selbst zugestimmt habe. Ich versuche lediglich, meine Rolle gut zu spielen. Sage ich Ihnen damit zuviel?«
»Nichts, was ich nicht geahnt hätte. Aber Sie sind doch glücklich?«
Mamas Stimme klang plötzlich bitter.
»Wie könnten wir das sein, wenn wir beide dauernd in verschiedene Richtungen gehen möchten? Nehmen Sie nur diesen Austausch von Rudi und Richard. Ich bin nicht gefragt worden.«
»Amalie auch nicht«, sagte Graf Paul sanft, »aber sie hält es für eine ausgezeichnete Idee. Außerdem, bis dahin dauert es noch Jahre.«
»Meine Kinder sind Duncastles, alle.«
»Ist das Joshua gegenüber nicht unfair? Außerdem stellen Sie sich absichtlich blind, Matilda. Ich sehe an Richard eine große Ähnlichkeit mit Joshua und auch an der Kleinen.«
»Imogen ist ein gutes, gehorsames Kind.«
»Sie hat Joshuas Kinn. Äußerst charmant in der weiblichen Ausführung. Aber sie könnte Ihnen eines Tages widersprechen.«
»Das glaube ich kaum. Meine Kinder sind dazu erzogen worden, ihre Pflicht zu erkennen.«
Der Graf lachte weich. Er hatte eine von Mamas besonders arroganten Stimmungen – wie Papa sie nannte – hervorgerufen, aber das schien ihn zu amüsieren.
»Trinken Sie ein Glas Champagner und nehmen Sie Ihren Britannia-Helm ab. Sie sind wirklich ein unerbittliches Geschöpf. Welch ein Glück, daß Sie und ich nicht heiraten konnten.«

»Heiraten? Wir?« Mamas Stimme überschlug sich seltsam.
»Sagen Sie mir bloß nicht, daß Ihnen dieser Gedanke niemals gekommen ist. Jener Nachmittag in ›Sanctuary‹ zum Beispiel. Sie müssen gewußt haben, wären Sie damals nicht schon verheiratet gewesen – aber wie schon gesagt, es war ein Glück für uns.«
Mama sagte nichts, sie starrte den Grafen nur an. Ihr schienen die Worte zu fehlen.
»Ich verehre Sie sehr, Matilda, aber ich hätte Ihretwegen niemals meine Nationalität wechseln können. Und Sie hätten die Ihre meinetwegen höchstwahrscheinlich auch nicht aufgegeben. Sie sind eine derartige Patriotin. Oder tun Sie das alles nur, weil Ihr Leben nicht glücklich genug ist?«
»Was tue ich?« fragte Mama hochmütig.
»Sie denken an Länder statt an Menschen, an rote Flekken auf der Landkarte der Welt, die die Macht des Britischen Weltreiches veranschaulichen, statt an ganz gewöhnliche warmblütige menschliche Wesen.«
»Weshalb sprechen Sie so mit mir, Paul? Habe ich Sie beleidigt?«
»Natürlich nicht. Aber Sie sind die glühendste Patriotin, die mir jemals begegnet ist, und zuviel Nationalismus ist gefährlich. Ihr Mann weiß das. Er glaubt an den friedlichen Handel zwischen den Ländern. Weshalb hören Sie nicht mehr auf ihn? Ist Ihnen klar, daß Sie hier die meiste Zeit damit verbracht haben, entweder von der Großartigkeit eines Krieges gegen eine Handvoll Buren zu schwärmen oder unsere Söhne zum Streiten aufzustacheln?«
»Paul, das ist ungerecht. Ich habe die Jungen nicht aufgestachelt. Im Gegenteil, ich bin immer gerufen worden, um sie auseinanderzubringen und Frieden zu machen. Und was Südafrika anbelangt, steht Ihnen wirklich kein Urteil zu.«
»Weil ich ein Ausländer bin? Und Österreich selbst ein widerspenstiges Reich zu regieren hat? Sehr gut, dieses

Argument lasse ich gelten. Lassen Sie übrigens auch Argumente gelten?«
»Nicht, wenn ich es ändern kann.«
Graf Paul lachte sein stilles, amüsiertes Lächeln. »Matilda, Sie sind eine wundervolle Frau, und ich bin froh, daß wir Sie letzten Endes doch dazu gebracht haben, Wien zu besuchen. Ich mußte ein Gespenst verbannen, und das konnte nur hier geschehen, nicht in London oder in ›Sanctuary‹.« Als Mama nichts sagte, fuhr er fort: »Ich bin nicht sicher, ob mir das ganz gelungen ist, aber wenigstens wird es nachts nicht mehr herumgeistern und mich verfolgen. Ich bin praktisch veranlagt, ein guter österreichischer Bankier, der seine Interessen wahrzunehmen weiß.«
Mama nahm ihre Handschuhe und ihre Abendtasche.
»Matilda!«
Sie war schon im Begriff, den Raum zu verlassen, und blieb noch einmal stehen.
»Finden Sie nicht, daß es eine gute Idee war, dieses Gespräch zu führen?«
»Ich kann mir nicht vorstellen . . .« , Mamas Stimme klang eisig, »weshalb Sie es für nötig erachteten. *Ich* habe keine Gespenster zu verbannen. Welch eine Anmaßung!«
Wieder lachte er.
»Sie sind wirklich wundervoll. Aber nur ein tapferer Mann kann mit Ihnen leben.«
Dann mußte sich Imogen schleunigst hinter einer großen Kommode in der Halle verstecken, als Mama herausgeeilt kam. Instinktiv wußte sie, daß dies nicht der richtige Augenblick war, ihre Anwesenheit zu erkennen zu geben. Doch obgleich diese Unterhaltung recht seltsam war, wußte sie doch nicht, warum Mama weinte. Mama hatte doch immer gesagt, Weinen sei Zeitverschwendung.

Am nächsten Tag gab es eine geräuschvolle und herzliche Verabschiedung am Bahnhof. Gräfin Amalie, dicklich und freundlich und rosig in ihrem dicken Wollcape und dem kleinen Pelzhut, hatte einen Arm um jedes ihrer Kinder gelegt. Charlotte winkte mit behandschuhter Hand, und Rudi rief Richard und Hillary neckisch zu: »Auf Wiedersehen, ihr verdammten Engländer« und bekam dafür von seinem Vater einen gutmütigen Stupser.
»Bitte entschuldigt«, rief Graf Paul in das Zischen der Dampfwolke hinein, als die Lokomotive sich für ihre lange Fahrt rüstete. »Wir werden ihm bessere Manieren beibringen, ehe wir ihn nach London schicken.«
Die Trillerpfeife ertönte, der Zug setzte sich in Bewegung und hüllte die Gesellschaft auf dem Bahnsteig in dichte Rauchschwaden. Papa zog die Jungen vom Fenster weg und setzte sich neben Mama.
»Nun, jetzt sind wir auf dem Heimweg«, sagte er. »Das ging alles sehr gut, finde ich, besonders für unsere lebhaften Söhne.«
Imogen wagte kaum ihre Mutter anzusehen. Sie fürchtete, wieder Tränen auf ihren Wangen zu entdecken, aber zu ihrer Überraschung lag in ihren Augen ein herausfordernder Blick, und sie lächelte selbstsicher.
»Unsere Töchter haben es jedenfalls auch überlebt.«
»Nicht so ganz, Ma'am«, sagte Minnie, die noch rot und erhitzt war von der Anstrengung, alle Gepäckstücke und Mäntel zu verstauen. »Miß Lally hätte niemals Schlittschuhlaufen dürfen. Ich kann ihr noch immer nicht den Schuh über dem Knöchel binden. Und wenn Sie Miß Imogens Zunge nach all diesen Süßigkeiten sehen könnten.«
»Ich bin nicht krank«, sagte Imogen beleidigt. »Mir hat es hier gefallen, und Rudi wird mir schreiben.«
»Aha!« sagte Papa.
»Joshua, ermutige sie nicht noch zu einem so unpassenden Vorhaben«, sagte Mama verärgert. »Sie ist erst sechs Jahre alt.«

»Sie ist ein weibliches Wesen, oder nicht?«
»Und ich werde ihre Korrespondenz überwachen, bis sie erwachsen ist.«
Mama hatte rote Flecken auf den Wangen. Ihre Augen funkelten böse.
»Was ist los, Mattie? Ich dachte, du magst Paul und Amalie.«
»Ja, das ist richtig. Einigermaßen jedenfalls, aber man weiß ja nie, was in diesen Ausländern vorgeht. Es ist gut und schön, solange ihr, du und Paul, über Geld sprecht. Das ist das gleiche in jeder Sprache.«
»Und welche Gespräche waren es, die du nicht verstanden hast?«
»Oh – viele kleine Dinge, die du sicherlich als unwichtig abtun würdest. Aber ich sage nur soviel, ich erwarte, daß unsere Kinder in ihrem eigenen Land heiraten.« Ihr klarer, gebieterischer Blick glitt über ihre vier Kinder. »Habt ihr gehört, meine Lieblinge?«

Beinahe ein Jahr später, als Imogen sieben Jahre alt war und zu gerne ein Baby versorgt hätte, wurde Matildas fünftes Kind geboren. Traurigerweise überlebte es die Geburt nicht, und Matilda durfte es überhaupt nicht sehen. Es war ein Mädchen gewesen, ein winziges, blasses, kahlköpfiges Geschöpf, sagte Clara. Es war gut, daß es diese Welt nicht betreten hatte, in der man Kraft und Gesundheit und einen scharfen Verstand brauchte.
Einen scharfen Verstand? Diese Worte erregten Matildas Mißtrauen. War das Baby lebend zur Welt gekommen und hatte Joshua, der seine Schwäche, seine Farblosigkeit gesehen und sich an Julia erinnert gefühlt hatte, Dr. Grimes gezwungen, es zu beseitigen? Oder es gar insgeheim selbst mit einem Kissen erstickt? Sie würde das niemals wissen, denn niemand würde ihr die Wahrheit sagen. Sie bildete sich manchmal ein, daß Joshua sie während ihrer Genesung seltsam schuldbewußt ansah.

»Du hattest eine schwere Zeit, Mattie. Ich finde, das sollte jetzt lieber das letzte Mal sein.«
»Sagt Dr. Grimes das?«
»Ja. Er wird noch mit dir sprechen. Sieh nicht so niedergeschlagen aus. Wir haben doch vier gesunde Kinder.«
Sie hatte sechs Söhne gewollt, fiel ihr ein. Nun war es ein unerfüllbarer Traum. Aber wenigstens brauchte sie nicht mehr mit Joshua zu schlafen. Diese Pflicht hatte sie erfüllt. »Tut immer eure Pflicht«, ermahnte sie dauernd ihre Kinder. Sie brauchte sich keine Vorwürfe zu machen. Selbst nach ihrer Rückkehr aus Wien, als sie Pauls sanftes, amüsiertes, spöttisches Gesicht dauernd vor sich sah, war sie Joshua eine gute und willige Frau gewesen. Es wäre nett gewesen, noch ein Kind zu haben. Selbst ein Mädchen. Sie trauerte um ihre winzige, verlorene Tochter. Es stimmte nicht, was Paul gesagt hatte, daß ihr mehr an ihrem Land als an Menschen lag. Das Herz tat ihr weh bei dem Gedanken an ihr kaum geborenes Kind, und aus irgendeinem Grund ging ihr Julia nicht aus dem Sinn. Seit ihrem Verschwinden vor so langer Zeit kam Matilda das Haus verwunschen vor. Es schien einfach unglaublich, daß man niemals irgendeine Spur von ihr gefunden hatte. Einmal hatte jemand ein Taschentuch gebracht, mit einem eingestickten »J« in einer Ecke. Es war im Hyde Park gefunden worden. Aber es gehörte nicht Julia. Matilda hätte die Stickerei wiedererkannt.
Julia war so vollkommen im Nichts verschwunden wie das neugeborene Baby. In Matildas traurigem Herzen verschmolzen die beiden zu einem einzigen Wesen, beides unbequeme, schwache Geschöpfe, aber zu harmlos, um von Joshua derart verabscheut zu werden.
Wieder einmal mußte sie ihre Gefühle, mit Ausnahme derer, die sie an ihre Kinder verschwenden konnte, unterdrücken. Sie wußte, die Leute warfen ihr vor, hart, bissig und scharf zu sein, besonders jetzt, nachdem der Burenkrieg vorüber war und es keinen Anlaß mehr gab, ihre Energien loszuwerden. Die Armen interessierten sie

nicht. Sie deprimierten sie und ekelten sie an. Auch machte es ihr keinen besonderen Spaß, jetzt, da Joshua immer erfolgreicher wurde, auf der gesellschaftlichen Leiter immer höher zu klettern und als eine von Kensingtons führenden Gastgeberinnen zu gelten. Daß sie sich in dieser Beziehung nützlich machte, war alles, was Joshua einst von ihr erwartet hatte. Sie hatten sogar den Direktor der Bank von England zu Gast gehabt, ein Triumph, der für Joshua viel bedeutungsvoller zu sein schien, als wenn ein Mitglied des Königshauses die Schwelle seines Hauses überschritten hätte. Und selbst das würde noch einmal vorkommen, bildete er sich ein. Seine Frau war eine elegante Tigerin, die glücklicherweise nicht zu oft ihre Krallen zeigte. Aber eine Tigerin war nicht unbedingt die beste Ehefrau, auch nicht die beste Mutter, dachte er manchmal unbehaglich. Dann verwarf er den Gedanken wieder, denn schließlich war er noch immer Herr seines Hauses.

Wirklich?

Königin Victoria war mit angemessenem Pomp und unter großer Anteilnahme der Bevölkerung beerdigt worden, und England glitt sanft in einen goldenen Nachmittag von Wohlhabenheit und Macht. Und Vergnügungen. Aber Matilda hatte nichts übrig für Bälle und Jagdgesellschaften und Gartenpartys und Wochenenden auf Landhäusern, was König Edward VII. so liebte. Sie hielt sich für eine ernste, intelligente Frau mit einem schwer arbeitenden Ehemann (der sich überraschenderweise nichts daraus zu machen schien, daß er nicht mehr in ihr Bett durfte), und das müßige Leben wurde ihr allmählich unerträglich.

Die Jungen waren im Internat, der große und der kleine Webb. Die Mädchen gingen morgens in eine Tagesschule, die langsame Lally im Schlepptau von Imogen, und saßen nachmittags im Garten mit Minnie, nähten oder malten oder besuchten Tante Clara, die sie liebten und deren kleines Haus mit den steilen Treppen sie gemütlich und anheimelnd fanden, nachdem der alte Kranke im oberen Stockwerk gestorben war. Das Haus am Kensington Square bewährte sich gut. Es war wohl ausgestattet mit allem Komfort dank Joshuas Aufstieg. Joshua ging jeden Morgen zu genau der gleichen Zeit zur Bank, nachdem er seine goldene Hunter-Uhr mit der Standuhr in der Halle verglichen hatte. Manchmal arbeitete er jetzt bis spät in die Nacht und sagte, er dürfe trotz des anwachsenden Geschäftes nicht zuviel aus der Hand geben. Er mußte seine Hände über jedem Sovereign halten. Das wäre anders, wenn er einen Partner genommen hätte, aber in seinen Gedanken gab es nur einen einzigen Partner.

Die andere Seite des imposanten Partnerschreibtisches wurde für Richard freigehalten. Das war jedenfalls Joshuas unverrückbarer Entschluß. Nun gut, Hillary konnte ruhig nach Sandhurst gehen, meinte er und tat so, als sei das seine freie Entscheidung, und wußte doch sehr genau, daß er nicht an Matildas festem Entschluß vorbei konnte. Aber Richard, sein zweiter und bevorzugter Sohn, kam in die Bank. Anstelle von »Webb und von Klein« würde es dann »Webb, von Klein und Söhne« heißen, denn auch der junge Rudolf von Klein war für die Finanzwelt bestimmt.

Matilda wartete ab, was Richards Zukunft betraf. Sie wurde mit der Zeit weniger ungestüm, dafür verschwiegener. Die Ereignisse konnten manche Pläne zunichte machen. Welche Ereignisse? Ein weiterer Krieg? Aber welches Land könnte so wahnwitzig sein, England herauszufordern, die mächtigste Nation der Welt? Deutschland? Österreich-Ungarn? Rußland? Es wurden alle möglichen Vermutungen angestellt, aber niemand glaubte, daß so etwas geschehen könnte. England sah sicherlich vielen Jahren des Friedens entgegen.

Matilda hatte andere Vorstellungen. In »Sanctuary« konnte man die Geschichte studieren. Der Leitspruch ihrer Familie hieß, immer bereit zu sein. Dies hätte auch der Leitspruch Englands sein sollen, aber das Land hatte sich durch seine vergangenen Erfolge in eine trügerische Sicherheit wiegen lassen. Die Regierung stritt um lächerliche Dinge, die Reichen, angeführt von dem untersetzten, asthmatischen König, gingen ihren Vergnügungen nach. Matilda hörte sich Joshuas selbstzufriedene Ansichten an (auf Anraten Paul von Kleins finanzierte die Bank ein Eisenbahnnetz in Serbien) und schwieg. Die Zeit würde kommen, wo die Trommeln erneut dröhnten. Sie mochte die Frau eines Bankiers sein, aber sie hatte nicht die Absicht, auch die Mutter eines Bankiers zu werden.

9

Am zehnten Jahrestag jener Reise nach Wien schrieb Imogen an Rudolf von Klein. Sie begann zurückhaltend, glitt aber schon bald in eine lebhafte Schilderung ihres persönlichen Schicksals ab.

»Ich frage mich, ob es Ihnen wohl recht ist, wenn ein englisches Schulmädchen Ihnen schreibt, nachdem Sie meinen ersten Brief vor vielen Jahren niemals beantwortet haben. Sie mögen mich für sehr naseweis oder für sehr stur halten, aber ich habe das Gefühl, daß Sie mir geschrieben haben, daß aber meine Mutter, die sehr streng ist, mir den Brief nicht ausgehändigt hat. Sie traut Fremden nicht. Vermutlich müssen sich Mütter um das Wohl ihrer Kinder kümmern, aber nur, solange sie klein sind. Wenn sie erwachsen sind, wie ich jetzt, haben sie ein Recht, sich ihre eigene Meinung zu bilden. Das sagen auch mein Vater und Tante Clara. Doch Mama meint, eine Mutter zu sein, sei viel verantwortungsvoller und wichtiger.
Wie dem auch sei, ich schreibe Ihnen jetzt, weil Papa mir sagte, daß Sie endlich nach London kommen, um ein Jahr in unserer Bank zu verbringen und die englische Seite des Geschäftes kennenzulernen. Nachdem wir einander so bald treffen werden, hielt ich es für eine gute Idee, Ihnen einen Willkommensbrief zu schicken und zu berichten, was in unserer Familie geschehen ist, seit wir uns das letzte Mal sahen.
Ich will mit meinem ältesten Bruder Hillary beginnen,

der in den Augen meiner Mutter immer das wichtigste Familienmitglied war, und was sie sagt, wird letzten Endes von allen geglaubt. Das bedeutet nicht, daß immer alles in bester Ordnung ist, denn Hillary ist sehr willensstark und aufbrausend, genau wie Mama. Zwei so ähnliche Naturen müssen miteinander streiten. Aber abgesehen von diesen Streitereien, die nur dann vorkommen, wenn Mama vergißt, daß Hillary erwachsen ist, sind sie so eng miteinander verbunden, als wären sie eine Person. Wenn Hillary im Zimmer ist, existiert für sie niemand mehr. Sie ist ganz verrückt vor Stolz auf ihn. Als ihm in Sandhurst das ›Sword of Honour‹ verliehen wurde, hätte man glauben können, er sei zum König gekrönt worden.
Richard ist ganz anders. Er macht sich einfach überhaupt nichts aus der Armee, aus Gewehren und Waffen. Er ist wie Sie, er will Bankier werden, und der liebe Papa freut sich ungeheuer darüber. Aber Mama hat den Kampf noch nicht aufgegeben. Sie spricht verächtlich von jungen Männern mit tintenbekleckten Fingern und meint damit jeden, der in einem Büro arbeitet. Sie hält Büroangestellte für weibisch, obwohl Richard in der ersten Kricketmannschaft in Harrow war und genauso gut reiten kann wie jeder Kavallerist. Das sei nichts als Verschwendung, sagt Mama, wenn er nicht in ein Kavallerieregiment eintritt.
Hillary ist in dem alten Regiment meines Großvaters, bei den Royals. Seit mehr als einem Jahrhundert ist dort immer ein Duncastle dabei. Zweifellos wird mein gutaussehender ältester Bruder mit der Zeit dort Oberst. Mit weniger gibt er sich bestimmt nicht zufrieden. Papa nennt ihn noch immer den Generalmajor, und ich fürchte sehr, das wird eines Tages Tatsache sein. Ich hoffe nur, ich bin, wenn das geschieht, verheiratet und weg von der Familie, denn Hillary wird erwarten, daß man die ganze Zeit vor ihm salutiert, selbst seine Schwestern.
Aber Richard ist ein Schatz, er ist sanft und lustig und freundlich. Seine Augen sind haselnußbraun wie die von

Papa und werden gelb, wenn er sich aufregt oder ärgert. Und er hat Papas energisches Kinn, und die Leute sagen, ich hätte es auch. Deshalb sind wir nicht Mamas Lieblinge, wie Hillary, obwohl sie noch immer vollkommen über unser Leben bestimmen will.

Nachdem ich Ihnen von den Jungen in der Familie erzählt habe, möchten Sie vielleicht auch ein bißchen etwas von den Mädchen hören.

Lally, die älteste, ist ein ziemlich unglückliches Geschöpf, denn sie weiß, sie ist eine Enttäuschung für ihre Eltern. Sie ist sehr traurig darüber. Es ist nicht ihre Schuld, daß sie langsam und tolpatschig ist. Sie kann überhaupt nichts richtig, sagt Mama verzweifelt, und wir alle fragen uns, wie sie wäre, wenn man sie nicht als Baby damals hätte fallen lassen. Diese Katastrophe ereignete sich, als das große Geheimnis in meiner Familie geschah. Meine Tante Julia, die in Mamas Abwesenheit Lally fallen ließ, verschwand unmittelbar darauf und wurde niemals gefunden. Mama meint, sie habe sich vor Papa gefürchtet, der erschreckend sein kann, wenn er die Beherrschung verliert, und sich im Nebel verirrt. Trotzdem ist es ungewöhnlich, daß man sie niemals gefunden hat, nicht einmal ihre Leiche. Entsetzlicher Gedanke! Sie war ein bißchen schwachsinnig, und Papa hatte überhaupt kein Verständnis für sie, genausowenig wie für die arme Lally. Er wird besonders ungeduldig, wenn er müde ist oder ihn irgend etwas bedrückt. Deshalb hat sie gelernt, ihm aus dem Weg zu gehen. Das ist schade, denn Papa ist ein wundervoller Mensch, und ich verehre ihn.

Nun frage ich mich, ob es wohl eitel ist, wenn ich glaube, Sie möchten vielleicht auch etwas über mich erfahren. Als erstes, ich bin nicht mehr das kleine Mädchen, als das Sie mich in Erinnerung haben – falls Sie sich überhaupt an mich erinnern. Ich werde in Kürze die Schule verlassen und nächstes Jahr in die Gesellschaft eingeführt. Lally hatte keinen Ball, obwohl Mama das wollte, aber Papa sagte, die ganze Angelegenheit sei unmöglich. Wie könnte man zum Beispiel zulassen, daß Lally vor der Königin erschiene, sie würde vermutlich über ihre eigenen Füße stolpern. Und was die Tanzpartner bei dem Ball anbelangt, so konnte man so etwas den jungen Männern Englands nicht zumuten. Man könne eben keine Seidentasche aus einem Schweinsohr machen, und so weiter und so weiter. Der liebe Papa kann recht deutlich werden.

Mama wußte natürlich, daß er recht hatte, aber sie mußte ihm unbedingt vorwerfen, daß er sich nur schämte, Lally in der Gesellschaft zu zeigen. Er sagte, ganz recht, er schäme sich, und wessen Schuld das wohl sei? Die der verdammten Julia. Wirklich, Eltern können so kindisch sein. Ihre auch?

Allerdings muß ich sagen, meine Mutter sieht wirklich wundervoll aus, wenn sie für eine Party oder für einen Ball angezogen ist. Sie sagt, Papa will mit ihr angeben und hält ihren Arm so fest, als sei sie ein Goldbarren aus der Bank, und jemand mache den Versuch, sie zu stehlen!

Jedenfalls wurde nach dieser langen Geschichte beschlossen, daß Lally sich von der Gesellschaft fernhalten und still zu Hause bleiben sollte bei ihrem Strickzeug und ihrer Malerei und ihren Lieblingstieren, Rotkehlchen und Blaumeisen und Finken, die ihr aus der Hand picken. Sie sitzt unter dem Maulbeerbaum im Garten, wo meine verschwundene Tante Julia zu sitzen pflegte, und Mama weint manchmal ein bißchen, wenn sie sie dort sieht. Also bleibt es an mir hängen, die Familienflagge flattern zu lassen und die gesellschaftsfähige Tochter zu sein. Ich hasse das, aber auch nicht allzu sehr, denn ich habe Bälle und Fröhlichkeit gern.

Möchten Sie wissen, wie ich aussehe, Rudi? Ich bin überhaupt nichts Besonderes. Ich habe mir immer gewünscht, blondes Haar zu haben anstatt dunkles, aber vielleicht ist es ganz gut, daß es nicht so ist, denn das hätte Papa an dieses ›schwarze Schaf‹ Tante Julia erinnert. Ich habe dunkelblaue Augen und ein paar Sommersprossen auf der Nase, die keineswegs aristokratisch ist wie die von Mama, sondern ein bißchen nach oben gestülpt und ganz gewöhnlich. Ich bin einen Meter und 59 Zentimeter groß und habe aufgehört zu wachsen, werde also niemals eine stattliche Dame sein, auf die sich alle Augen richten, wenn ich einen Raum betrete, wie bei Mama. Mama sagt, ich muß die fehlende Größe durch Munterkeit und Temperament ausgleichen. Ich glaube, sie betont das so, weil sie die Temperamentlosigkeit der armen Lally ganz wild macht.

Ich lache gern – Richard bringt mich zum Lachen, er ist ein solcher Clown –, aber ich mag auch ernste Dinge wie Musik und Gedichte. Wenn wir die Sommerferien in ›Sanctuary‹ verbringen, gehe ich im Haus umher und träume von seinen jahrhundertealten Erinnerungen. Sogar die militärischen Porträts stimmen mich romantisch, obwohl ich sie nicht so studiere wie Hillary. Er kennt jedes kleinste Detail der Familiengeschichte der Duncastles, und als wir noch kleiner waren, mußten wir immer Krieg spielen. Wir haben jede historische Schlacht seit der Schlacht von Hastings gekämpft. Er sieht sehr gut aus in seiner Leutnantsuniform, aber auch sehr verletzlich. Er wirkt zu jung und zu dünn, aber Mama sagt, so seien die Duncastles eben. Er ist wie unser berühmter Vorfahre von der Salamanca-Trommel, von dem ich Ihnen eines Tages erzählen werde. Ich habe solche Angst, Hillary könnte einmal das gleiche Schicksal erleiden. Die Kirche in ›Sanctuary‹ ist voller Gedenkstätten für Duncastles, die jung starben. Natürlich ist man stolz darauf, aber auch schrecklich traurig, und man kann bloß beten, daß es keinen Krieg mehr gibt. Doch insgeheim habe ich den Verdacht, daß Hillary und auch Mama ganz darauf versessen sind, die Erregung des Krieges zu erleben und ihren unerschrockenen Mut darin zu beweisen.

Wird Ihr Land sich an einem weiteren Krieg beteiligen? Wenn ja, machen Sie es wie Richard und bleiben Sie in

der Bank. Vergessen Sie Mut und Patriotismus und all diese Dinge, die Sie nur, wie Papa sagt, auf irgendeinem einsamen Schlachtfeld sterben lassen, den Krähen zum Fraß.
Wie Sie sehen, kann ich nicht sehr gut über mich erzählen. Ich kann nur sagen, daß ich keine sehr erfolgreiche Debütantin abgeben werde. Trotzdem hege ich die Hoffnung, daß Sie, wenn Sie nächstes Jahr in London sind, zu meinem Ball kommen und mit mir tanzen werden.
Ich kann mich noch sehr gut an Sie erinnern, was nach Minnies Meinung unmöglich ist, denn ich war damals erst sechs Jahre alt.
Aber es ist nicht unmöglich.
Haben Sie sich sehr verändert? Ändern Sie sich nicht, Rudi. Und wenn Sie mir sagen, Sie haben in Wien ein Mädchen, werde ich Sie töten.«

Natürlich konnte dieser Brief nicht abgeschickt werden. Sie hatte sich dazu hinreißen lassen, viel zu viele Familiengeheimnisse auszuplaudern, viel zuviel von ihren eigenen Geheimnissen. Eine Frau sollte für einen Mann immer ein bißchen geheimnisvoll sein. Während sie ihr rundes junges Gesicht im Spiegel betrachtete, dachte Imogen hoffnungslos, daß es ihr niemals gelingen würde, auch nur einen Hauch von Geheimnis auszustrahlen.
Sie fühlte sich allerdings seltsam glücklich, wenn sie all die fein säuberlich beschriebenen Seiten betrachtete, die sie hinten in einem alten Aufsatzheft versteckte: Essays über »Mein Garten«, »Ein Ausflug zum Meer«, »Kensington in früheren Zeiten«, »Das Britische Weltreich« und jetzt dieser Erguß an jemanden, den sie lebhaft als kleinen Jungen in Erinnerung hatte, der aber jetzt zwanzig Jahre alt war, ein Mann, ein Fremder.

10

Das Eßzimmer im Haus am Kensington Square war ein schöner Raum mit polierten Möbeln, getäfelten Wänden, mit Kissen ausgelegten Fenstersitzen und hohen Fenstern, die auf den Platz hinausführten. Wenn die Kerzen brannten und der Tisch gedeckt war mit dem guten Silber, dem Porzellan und Kristall, das Mama von »Sanctuary« mitgenommen hatte, sah das Zimmer reich und einladend aus. Papas Familie besaß keine Erbstücke. »Was konnte man von Marktgärtnern schon erwarten – außer ein oder zwei antiken Rüben«, pflegte er scherzend zu sagen. Trotzdem hatte er große Freude an schönen Dingen, und oftmals hielt er mitten im Essen inne und studierte die Punze einer Silbergabel oder eines Löffels, als wolle er ihren Wert schätzen. Mama hielt das für eine schockierende und vulgäre Angewohnheit. Er benähme sich wie ein Trödler, der sich überlegt, welches Angebot er für das Silberzeug machen kann, sagte sie. Aber er sagte, nein, er habe nur ein visuelles Vergnügen daran. Es sei, als sehe er ein gutes Gemälde an. Oder sie, Mattie, seine Frau. Sei das vulgär?

Anscheinend war Papa zu Beginn ihrer Ehe ungemein ehrgeizig gewesen und bereit, vor dem Adel zu katzbukkeln und auch vor den nur Reichen, in der Hoffnung, diese Leute dazu zu bringen, die Dienste seiner Bank entweder für Anlagen oder für Kredite in Anspruch zu nehmen. Jetzt hatte sich sein Geschäft derartig ausgeweitet, daß keinerlei Stiefelleckerei mehr nötig war. Er konnte wieder er selbst sein, aufrichtig und ehrlich, und er glaubte, die Leute mochten ihn so lieber. Zumindest gefiel ihnen seine Aura von Erfolg.

Dadurch sollen keineswegs Mamas Verdienste um seinen Erfolg geschmälert werden. In jenen frühen Tagen war das ungemein wichtig gewesen. Es war noch immer wichtig, aber nicht mehr so sehr, und Papas Dankbarkeit wurde durch Mamas unerbittliches Sträuben gegen Richards Bankkarriere erheblich gedämpft. Seit Richard vor einer Woche nach Wien abgereist war, hatte sie eine entsetzliche Laune. Die immer schüchterne und verschreckte Lally ging ihr aus dem Weg, und auch die Dienstboten taten dies, so gut sie konnten. Imogen konnte dank ihrer Nervosität über Rudis bevorstehende Ankunft die häuslichen Stürme und Erdbeben ignorieren. Papa tat so, als bemerke er die eiskalte Atmosphäre im Haus nicht, aber er kam abends später nach Hause und ließ nicht weniger als viermal hintereinander ausrichten, daß er nicht zum Dinner käme.

An diesem Abend jedoch kam er pünktlich, in Begleitung des jungen Rudolf von Klein.

Es waren keine anderen Gäste geladen. Papa hatte gesagt, es sei eine reine Familienangelegenheit. Und wie, fragte Mama, war Rudolf von Klein so plötzlich ein Mitglied der Familie geworden? Falls Papa vorhatte, jeden Banklehrling in den Kreis der Familie einzubeziehen, würde man bald Kassierer, Buchhalter und Kassenboten einladen.

Er hätte gar nichts dagegen, sagte Papa. Zweifellos würde eines Tages eine soziale Umschichtung stattfinden, aber in der Zwischenzeit erwarte er nichts weniger als einen mit dem besten Silber und Porzellan gedeckten Tisch, wie Paul und Amalie es in Wien für Richard tun würden.

Also verfiel Mama boshafterweise ins andere Extrem und arrangierte ein Menü, das sie üblicherweise nur für ihre wichtigsten Gäste anordnete, einschließlich der geringeren Mitglieder der königlichen Familie und Hillarys aristokratischen Freunden von Sandhurst und Aldershot, jungen Sprößlingen des Adels, die einst Englands künf-

tige Armeen anführen würden. Das hatte jedoch nichts mit echter Gastfreundschaft zu tun. Rudolf von Klein war nicht nur ein Bankkaufmann, sondern sein Vater hatte sie einst gedemütigt, indem er sich über sie lustig gemacht und sie zum Weinen gebracht hatte. Sie war Graf Paul gegenüber immer äußerst reserviert, wenn er zu Besuch in London weilte. Sie war kein Mensch, der verzeihen konnte.
Imogen erahnte mit dem Wissen ihrer siebzehn Jahre, daß Mama und Graf Paul unter anderen Umständen einander geliebt hätten. Sie paßten jedenfalls viel besser zusammen als Papa und Mama. Aber dies hatte nicht geschehen können, und deshalb fanden sie unter der Oberfläche lächelnder Höflichkeit Mittel und Wege, einander zu verwunden. Zumindest verstand Mama dieses Spiel glänzend. Das Leben war unordentlich und schwierig, dachte Imogen, und unglückliche Menschen wurden grausam. Deshalb war es sehr wichtig, glücklich zu sein.
Wie nicht anders zu erwarten, gab es um das Kleid, das Imogen zum Dinner angezogen hatte, großes Theater. Das Kleid war eigens für den Besuch eines Freundes von Hillary gemacht worden, den zweiten Cousin des Königs (ein fleischiger junger Mann mit einem rosigen Gesicht, der nicht halb so gut aussah wie Hillary). Das Kleid war in der Tat ein Traum, weiße Spitze mit einer blauen Schärpe, und viel zu aufwendig für ein einfaches Dinner, wie Mama sagte. »Zieh es sofort aus«, sagte sie, »und zieh dein Musselinkleid an. Willst du diesen jungen Mann in Verlegenheit bringen? Er arbeitet ja schließlich nur in einer Bank.«
Dieses trübselige Kleinmädchenkleid! Aber außerdem bestand Mama darauf, daß Imogen Lally nicht dauernd in den Schatten stellte. Lally war unauffällig in malvenfarbene Seide gekleidet und würde den ganzen Abend den Mund nicht auftun vor Angst, zu stottern. Bezeichnenderweise wurde sie heute zum erstenmal als Imogens Ri-

valin in Betracht gezogen. Mama war Rudi gegenüber wirklich ungerecht feindselig. Sie züchtete grundlose Vorurteile, und man mußte sehr klug sein, um sie zu überlisten.
Imogen beschloß, den Kampf um das Kleid aufzugeben, sich aber statt dessen das Haar hochzustecken. Das würde viel effektvoller sein, und sie würde es in letzter Minute machen, so daß nichts mehr daran zu ändern war, wenn sie den Salon betrat. Gab es da schließlich nicht diese berühmte Geschichte von Mama, die sich an jenem Abend das Haar abschnitt, als Papa um sie anhielt? Dieses Spiel konnte man auf verschiedene Weise spielen.
Warum haben Sie meinen Brief niemals beantwortet, Rudi, würde sie geradeheraus fragen, wenn Mama und Papa es hören konnten. Nicht etwa vorwurfsvoll, sondern neckisch, und das Eis wäre sofort gebrochen.
Aber wieder einmal schätzte sie die Situation falsch ein. Es war nicht die richtige Gelegenheit für derart intime Bemerkungen, denn Mama, Hillary und der schlanke, braunhaarige junge Mann mit den ernsten braunen Augen waren in eine Unterhaltung über Deutschlands Kaiser Wilhelm und die Kriegsgerüchte vertieft, die aus Deutschland kamen. Würde Österreich-Ungarn im Falle eines Krieges die deutsche Armee unterstützen?
»Wir haben Ihren Erzherzog Franz Ferdinand beim Begräbnis des Königs gesehen«, sagte Hillary gerade. »Ich muß sagen, er machte keine besondere Figur. Läßt er sich zu sehr gehen?«
»Er ist nicht der alte Kaiser«, gab Rudi steif zu. »Aber ich finde, euer verstorbener König war ebenfalls ziemlich fett und nachlässig.«
»Allerdings«, gab Hillary gutgelaunt zu. »Er hatte nicht die mindeste Ähnlichkeit mit dem Kaiser, der anscheinend großen Wert auf körperliche Tüchtigkeit legt.«
»Ein bißchen Nachsicht gegen sich selbst macht einen Mann menschlicher«, sagte Papa und klopfte sich auf seinen rundlichen Bauch. »Ich nehme mich vor diesen An-

betern körperlicher Tüchtigkeit in acht. Sie haben doch ziemlich beschränkte Ansichten.«
»Ich glaube nicht, daß Kaiser Wilhelm sich viel um Menschlichkeit schert«, sagte Mama. »Ich habe diesem jungen Mann seit damals nicht getraut, als er hier herüberkam, um so großes Getue um seine Großmutter zu machen. Unsere alte Königin Victoria, wissen Sie. Sie hat sich vielleicht von ihm beeindrucken lassen, der Prince of Wales gewiß nicht.«
»Na, jedenfalls haben wir jetzt einen toten König, und Deutschland hat einen recht lebendigen Kaiser«, stellte Hillary fest. »Ich denke, die Ulanen sind eine schlagkräftige Truppe.«
»Sie reiten wie graue Schatten Unter den Linden entlang«, sagte Rudi. »Man muß sie bewundern.«
»Sie können unserer Brigade of Guards nicht überlegen sein«, sagte Mama scharf.
»Darauf würde ich keine Wette eingehen, Mrs. Webb. Hoffen wir, daß der Beweis niemals erbracht werden muß. Hillary, erinnerst du dich, wie wir immer gekämpft haben?«
»Du warst gemein zu mir und meinem Bruder. Du hast uns verdammte Engländer genannt.« Hillary lächelte. Er sah hinreißend aus, wenn er lächelte, sanft und fröhlich. Sonst hatte sein Gesicht einen harten Ausdruck, mit einem Anflug von Traurigkeit, die bei einem so jungen Menschen verblüffte. Er mußte sich darin üben, hart auszusehen, hatte er einmal zu Imogen gesagt. Man grinst nicht, wenn man der Kompanie Befehle erteilt. Aber weshalb traurig? Sie hatte ihm diese Frage nicht gestellt, aber sie grübelte darüber nach. Hatte er eine unglückliche Liebesgeschichte hinter sich? Er war sehr verschwiegen, was sein privates Leben anlangte, vielleicht weil es das einzige war, was er vor Mamas Zugriff bewahren wollte.
»Nach dem Dinner führe ich dich nach oben und zeige dir das Todeszimmer«, sagte er zu Rudi.

»Das Todeszimmer!« Papa sah entsetzt aus. »Wann wurde es so genannt?«
»Oh, schon sehr lange. Richard hat den Namen erfunden. Weil es voll tödlicher Waffen und blutbefleckter Dinge ist.«
»Und wegen der Trommel von Salamanca«, sagte Mama, unweigerlich mit dem vertrauten Stolz. »Das ist ein kostbares Familienerbstück, Herr von Klein. Hillary wird Ihnen davon erzählen. Aber wir vergessen die Mädchen ganz. Sie erinnern sich an unsere älteste Tochter Lally?«
»Natürlich, ja. Hatte sie sich nicht das Knie beim Schlittschuhlaufen verletzt?«
Lally wurde knallrot und senkte den Kopf.
»Ihren Knöchel«, sagte Mama. »Und dies ist Imogen, die kaum mehr als ein Baby war, als Sie sie kennenlernten.« Ein plötzliches Aufblitzen in Mamas Augen ließ erkennen, daß sie Imogens aufgestecktes Haar bemerkt hatte. »Sie ist noch immer nicht so erwachsen, wie sie Ihnen offensichtlich weismachen möchte.«
Rudi verbeugte sich höflich vor Lally und Imogen. Imogen erwartete nicht, daß er der eingeschüchterten Lally besondere Aufmerksamkeit schenkte, aber er bemerkte sie selbst auch nicht, nicht ihr hochgestecktes Haar, überhaupt nichts. Er dachte noch immer an die Trommel von Salamanca und an dieses makabre Todeszimmer, das ihn offensichtlich ebenso erregte wie Mama und Hillary. O du meine Güte, war er etwa auch einer, der dem Klang von Militärmusik nicht widerstehen konnte und den Gedanken an Tod und Ruhm? Vielleicht wäre er viel lieber einer der prächtigen Ulanen, die auf Berlins Prachtstraße Unter den Linden ritten, statt ein an seinen Schreibtisch gefesselter Bankier, der sich nur mit Gelddingen beschäftigte?
»Wenn Deutschland in den Krieg zieht«, sagte er und kehrte zurück zu dem Thema, das ihn genauso zu beschäftigen schien wie Mama und Hillary, »nehme ich an, daß mein Land mitmarschieren wird. Wir sind Nachbarn,

wir sprechen die gleiche Sprache. Und wie Sie sagen, man kann sich kaum vorstellen, daß diese vortreffliche Armee des Kaisers lange müßig bleibt. Aber der Krieg wird zweifellos gegen Rußland geführt werden, erschrecken Sie also nicht, Mrs. Webb.«

»Sie können meine Frau nicht dadurch erschrecken, daß Sie vom Krieg sprechen«, sagte Papa trocken. »Sie ist dazu erzogen. Sie wäre höchstens beleidigt, wenn man sie von dem Spaß ausschließen würde. Deutschland gegen Rußland, was? Haben der Kaiser und seine Kriegsberater denn keine Geschichte studiert? Finden Sie, wir sollten aufhören, in die Sibirische Eisenbahn zu investieren?«

»Mein Vater meint, es wird auf dem Balkan unruhig werden. Er schreibt Ihnen deswegen noch. Er denkt, wir sollten in unsere gegenwärtigen Investitionen Munition mit einbeziehen.«

»Und ich denke, wir werden die geschäftlichen Gespräche bis nach dem Dinner verschieben«, sagte Mama kalt. »Gehen wir hinein. Herr von Klein, vielleicht möchten Sie neben Imogen sitzen. Ich bin sicher, sie hört gerne von Wien.«

»Wir hatten damals eine schöne Zeit dort, nicht wahr?« sagte Papa.

»Die Oper war sehr schön«, sagte Mama höflich.

»Warum haben Sie meinen Brief niemals beantwortet?« fragte Imogen mit gedämpfter Stimme und beugte ihren Kopf über den Suppenteller. »Ich habe wochen- und monatelang gewartet. Ich war wirklich ein sehr dummes kleines Mädchen.«

»Aber ich habe geantwortet. Zumindest denke ich ...«

»Sie erinnern sich nicht?«

»Es ist so lange her. Aber ich bin ganz sicher. Gerade weil ich Briefeschreiben so haßte.«

»Sagen Sie die Wahrheit?«

»Natürlich.«

»Dann muß Mama Ihren Brief unterschlagen haben.«

»Tatsächlich?« Rudis braune Augen schimmerten vor Vergnügen. »Sie hätte sich diese Mühe gemacht mit Kinderbriefen? Warum?«
»Weil Sie ein Ausländer sind, nehme ich an.«
»Mein Vater sagte immer, sie sei eine unerbittliche Frau. Nein, eine gefährliche Frau nannte er sie, glaube ich.«
»Mama und gefährlich!«
»In ihrer Einstellung. Unbeweglichkeit ist gefährlich, sagte er. Aber er bewundert sie. Sehr. Ich auch. Sie ist so schön, sie hat sich so sehr in der Hand.«
»Die Deutschen sind auch unbeweglich. Und ich nehme an, ihr Österreicher seid es ebenfalls.«
»Ihr beide, worüber unterhaltet ihr euch?« ertönte Mamas Stimme vom anderen Ende des Tisches. »Imogen, es sind schlechte Manieren, bei Tisch zu flüstern.«
»Rudi, möchten Sie etwas von diesem Riesling haben?« fragte Papa. »Wir dachten, er würde Ihnen schmecken. Fühlen Sie sich in Ihrem Hotel wohl? Meine Sekretärin wird Ihnen eine Wohnung besorgen, wenn Sie sich entschlossen haben, in welchem Teil Londons Sie zu wohnen wünschen.«
»In einem bescheidenen Teil, Sir. Mein Vater hält mich ziemlich kurz, und ich möchte so vieles tun. Ins Theater, in die Oper gehen. Und natürlich auf Bälle. Falls ich dazu eingeladen werde.«
»Ich werde im Sommer meinen ersten Ball haben«, sagte Imogen schnell. »In ›Sanctuary‹, auf dem Land. Dazu sind Sie eingeladen. Papa wird Sie von der Bank beurlauben, nicht wahr, Papa?«
»In diesem Fall nehme ich die Einladung mit Vergnügen an«, sagte Rudi.
»Debütantinnen können ein bißchen anstrengend sein«, sagte Hillary. »Entschuldige, Imogen, aber es stimmt. Ich muß es wissen. Schließlich war ich ihnen ausgeliefert. Oder ihren Müttern. Aber wir werden schon ein paar hübsche Mädchen für dich finden. Ich kenne da ein oder zwei.«

»Werden wir erfahren, wer sie sind?« fragte Mama.
»Nein, Mama, das werdet ihr nicht. Ich finde, wenn wir schon bald in einen Krieg verwickelt werden, sollten wir essen, trinken und fröhlich sein.«
»Jedenfalls bin ich froh, daß ihr beiden jungen Männer nicht in wütender Umschlingung auf dem Boden umherrollt«, sagte Papa. »Wie damals immer, als ihr einander kennengelernt habt.«
»Unsere Gedanken, mein geliebter Vater, beschäftigen sich jetzt mit Höherem. Hübsche Mädchen, Champagner, lange Nächte. Lange, lange, lange Nächte. Nicht, daß ich zögern würde, Rudi zu töten, wenn wir im Krieg stünden.«
»Hillary, bist du betrunken?« fragte Mama mißtrauisch.
Hillary wirkte nicht betrunken, aber in seinen Augen glitzerte es. Er sah jedenfalls glücklich aus. Er mußte verliebt sein, denn er dachte an Mädchen. Oder an ein Mädchen. Plötzlich starrte er Imogen an und rief: »Du lieber Himmel, das ist mir noch gar nicht aufgefallen. Meine kleine Schwester scheint erwachsen geworden zu sein. Was für ein nackter kleiner Nacken.«
Imogen wurde flammend rot. Mama sagte: »Sie ist noch immer ein Schulmädchen, Herr von Klein.«
Rudi sagte in seinem langsamen, sorgfältigen Englisch: »Ich wünschte, Mrs. Webb, Sie würden mich nicht zu einem alten Mann machen. Ich bin ein Jahr jünger als Ihr Sohn, und mein Name ist Rudi. Und falls ich meiner Meinung Ausdruck verleihen darf, Hillary, ich finde, deine Schwester hat einen ganz reizenden Nacken.«
Aber er war nichts weiter als höflich. Wundervoll höflich. Er sah sie noch immer nicht, er hielt sie noch immer für ein kleines Mädchen. Seine Gedanken beschäftigten sich mit diesen unmöglichen jungen Frauen, von denen Hillary sprach. Vielleicht auch mit Dirnen aus Soho. Oder waren das etwa ein und dieselben?

II

»Sanctuary« mitten im Sommer, die Nachmittagssonne flutete in den gelben Salon, die Eingangstür stand weit offen, um die Wärme in die kühle, geflieste Halle strömen zu lassen, der Duft von Rosen und Ginster hing in der milden Luft, Schwalben flatterten in der Dachrinne, die Tauben gurrten. Auf der Terrasse war der Teetisch gedeckt, auf den Stühlen lagen die schäbigen, gestreiften Kissen, die jeden Sommer hier herausgebracht wurden.
Während sie im Fenster ihres Schlafzimmers lehnte, konnte Imogen Lally sehen, die sich hinter ihrem riesigen Strohhut versteckte. Sie saß in ihrer Lieblingsecke im Garten und zeichnete. Sie kramte immer ihre Zeichensachen hervor, wenn sie nervös war, und im Augenblick war sie sehr nervös. Sie hatte gebeten, nicht zu Imogens Ball nach »Sanctuary« kommen zu müssen. Sie wollte lieber mit Tante Clara in London bleiben. Aber Mama hatte darauf bestanden, daß sie mitkam. Die Leute würden fragen, wo die älteste Tochter sei, als würde man sie verstecken. Statt dessen versteckte sie sich selbst unter ihrem großen Gartenhut und tat so, als sei sie unsichtbar, während ihr Bleistift über das dicke Zeichenpapier glitt und Bilder von Menschen zeichnete, die Tante Clara für sehr gut hielt.
Lallys Gestalt, verschwommen im Spiel von Sonne und Schatten, konnte sehr gut ein Nachfahre all jener früheren Gestalten sein, die blonde, verlorene schwedische Braut aus längst vergangenen Tagen, die junge, seltsame Tatjana, die angeblich ihre späteren Jahre als Gefangene

in einem der Zimmer im zweiten Stock verbracht hatte, und Tante Julia, die wie ein Bild gewesen war, wie eine weiße Rose, wie Mama sagte. Und jetzt war da Lally mit ihrem dichten Haar, das sich nicht feststecken ließ und ihr Gesicht verbarg.
Gott sei Dank bist du keine der blonden Duncastles, sagte Papa oft zu Imogen. Du bist eine ganze Webb, nur hübscher als ich, hm?
Nein, sie war keine jener etwas gespenstischen Frauen, die zu ihren Vorfahren gehörten, die vor dem Leben zusammenzuschrumpfen schienen oder vollständig verschwanden wie Tante Julia. Sie war gesund, lebendig und glücklich. Oder sie würde glücklich sein, wenn Rudi sie anschaute, als ob er sie wirklich sah, und so oft mit ihr tanzte, bis er Bewunderung zeigte, statt lediglich gute Manieren.
Rudi und Papa würden rechtzeitig zum Dinner aus London kommen. Hillary kam von Salisbury Plain herüber, wo sein Regiment im Manöver stand. Leider kam Richard nicht. Die Reise von Wien war zu weit. Aber er würde bald für immer nach England zurückkehren. Aus Berlin kam so viel Militärmusik, und jeder war ruhelos, die Jungen eifrig, die Älteren ängstlich. Irgendein Hitzkopf, sagte Richard, brauchte bloß ein Feuerwerk abzubrennen, und schon hatte man einen Vorwand für einen Krieg.

»Und das fände ich schrecklich«, schrieb er an Imogen. »Ich bin kein Soldat, welches Blut auch immer in meinen Adern rinnt. Ich verabscheue Uniformen und Gewehre. Also möchte ich nach Hause kommen und diese Explosion in Europa stattfinden lassen, je weiter weg, um so besser. Ich denke immer an Deinen Ball, Mog, und an ›Sanctuary‹ in einer Sommernacht. Und verliebe Dich bloß nicht in Rudi von Klein. So nett er ist und so nett auch seine Eltern sind. Die Gräfin ist allerdings ziemlich dick geworden, und Charlotte gerät ihr nach. Charlotte

ist gutmütig und lustig, aber ein ziemlicher Brocken, und deshalb besteht für mich keinerlei Gefahr!
Es ist doch komisch, nicht wahr, daß unser Vater, der schon jede Erwähnung des Krieges haßt – verständlich, da er seit Jahren mit Mamas Kriegsvorstellungen leben mußte –, mit der Bank eines Landes eine Partnerschaft eingegangen ist, das sehr gut im Mittelpunkt des nächsten Krieges stehen kann. In diesem Fall müssen wir unsere Verluste abschreiben und auch die Freundschaft der von Kleins. Denke also daran, wenn Rudi seinen ganzen Charme an ein so empfindsames Weibchen wie Dich verschwendet.«

Es war Juni 1914. Imogen war achtzehn Jahre alt. Und sie hatte nicht die Absicht, Richards Warnungen irgendwelche Beachtung zu schenken. Es war außerdem ohnehin zu spät dafür, denn sie liebte Rudi seit ihrem sechsten Lebensjahr.
»Sanctuary«, der meistgeliebte Ort auf der Welt, und ein Ball in einer Sommernacht. Auf dem Bett lag ihr Ballkleid ausgebreitet zusammen mit den Tanzschuhen aus Satin, den langen Handschuhen, dem Programm mit dem anhängenden goldenen Bleistift, dem Strauß weißer Veilchen, den Papa geschickt hatte, der Halskette aus Zuchtperlen von Mama.
All das strahlte Glück aus, aber das Glück konnte so zerbrechlich sein. Mama wußte das. Ihr zärtlich geliebter Bruder Hillary war ein Jahr vor ihrem Ball gefallen. Geldschwierigkeiten begannen. Ihre Schwester Julia erwies sich als ständige Belastung. Und am Horizont tauchte die untersetzte, ungeliebte Gestalt von Papa auf.
Mama sagte, Imogen würde glücklicher sein. Nicht daß Papa kein guter Ehemann gewesen wäre, aber ein junges Mädchen sollte nicht gegen seinen Willen heiraten müssen. Du wirst deine eigene Wahl treffen dürfen, mein Liebling, sagte Mama, aber dann kam der Pferdefuß – solange du einen Engländer wählst, natürlich.

Es war immer fürchterlich gewesen, wenn man Mama widersprechen mußte. Jetzt in mittleren Jahren war sie noch gebieterischer geworden. Ihr prächtiges dunkelblondes Haar war nur von wenigen grauen Strähnen durchzogen, ihre strahlendgrünen Augen blickten sehr direkt und streng, ihre Nase schien noch länger und knochiger geworden zu sein. Sie erwartete, daß Imogen einen von Hillarys Freunden heiratete, einen jener stocksteifen jungen Männer, die einander alle ähnlich sahen und keine Ahnung hatten, worüber man sich mit einem Mädchen unterhielt.

»Warum hast du eigentlich nie geheiratet, Minnie?« fragte Imogen Minnie, die ihr das Haar aufsteckte.

»Nun, ich hatte ja euch am Hals, oder nicht?« sagte Minnie fröhlich.

»Ja, aber ich nehme an, insgeheim hättest du doch gerne geheiratet. Wollen das nicht alle Frauen? Hättest du einen Ausländer geheiratet, wenn dich ein schrecklich netter gefragt hätte?«

»Ich nicht, Miß Imogen. Ich bin da wie Ihre Mutter, ich traue denen nicht. Nun, schließlich sind sie ja ganz anders als wir, oder nicht? Am besten ist's, wenn man in seinem eigenen Land bleibt.«

»Mama will, daß ich eine Soldatenfrau werde.«

»Das ist gewiß das letzte, was sie von Ihnen erwartet, Miß Imogen, nachdem Sie kein Mann sind und daher nicht in den Krieg ziehen können.«

»Also hast du auch bemerkt, wie blutrünstig sie ist.«

»Das ist vielleicht 'n bißchen stark ausgedrückt. Ich würde sie patriotisch nennen.«

»Es ist mehr als das. Für das Land zu kämpfen, seine Pflicht auf dem Schlachtfeld zu erfüllen, ist das einzige, was für sie von Wichtigkeit ist. Sie macht mir Angst. Aber ich werde heiraten, wen ich will, oder gar nicht.«

Minnie kicherte gutmütig.

»Sie kann ich mir schlecht als alte Jungfer vorstellen, Miß

Imogen. Die arme Miß Lally vielleicht, aber Sie nicht. Sie werden ja erleben, was heute nacht geschieht.«

Ja, alles hing von dieser Nacht ab. Und sie hatte bereits einen Plan gefaßt, der darin bestand, Rudi in den Garten hinauszulocken. So um Mitternacht herum, wenn sie beide genügend Champagner getrunken hatten, um ungehemmt zu sein. Sicherlich würde das Zusammenspiel von leiser Tanzmusik, dem Mondlicht über dem verträumten Garten, den schlafenden Schwänen auf dem See, und sie selbst, ein wenig undeutlich und geheimnisvoll in ihrem fließenden weißen Kleid, die nötige Stimmung herbeiführen. Er würde entdecken, daß sie eine Frau war. Er hatte sie zu lange als Hillarys und Richards kleine Schwester und als das Baby der Familie betrachtet. Er würde entdecken, daß sie Würde besaß, eine edle Haltung, einen Hauch von Überlegenheit, und daß es eine große Auszeichnung bedeutete, wenn sie ihm erlaubte, sie zu küssen.

»Wenn Sie weiterhin so finster dreinschauen«, sagte Minnie, »bezweifle ich, ob überhaupt jemand mit Ihnen tanzen wird, selbst auf Ihrem eigenen Ball.«

»Ich habe versucht, geheimnisvoll auszusehen.«

»Ha! Das ist ein Witz. Sie sehen höchstens aus wie ein schlechtgelaunter kleiner Pekinese. Sie sollen lachen und glücklich sein, Miß Imogen. Das ist es, was zu Ihnen paßt.«

Zweifellos hatte »Sanctuary« noch nie so viel Fröhlichkeit gesehen wie in dieser Nacht. Um neun Uhr begann die Auffahrt der Wagen, dazwischen einige wirklich altmodische Kutschen. Hillary fuhr einen knallroten Bentley. Er kam in Begleitung von drei ziemlich lärmenden Offizieren, fegte wie die Feuerwehr um die Kurve, den Finger auf der Hupe, und blieb schließlich mitten auf dem Rasen stehen. Die vier Offiziere stürmten auf die Tür zu, »als gelte es, einen Feind zurückzuschlagen«, sagte Papa mißbilligend. Er nahm Hillary beiseite und befahl ihm, darauf zu achten, daß seine Freunde dem Champagner nur mäßig zusprachen. Schließlich sei das der Ball seiner Schwester und keine rauschhafte Offiziersmessen-Party.

Hillary stand sehr aufrecht da und salutierte.

»Die Truppen werden in Kenntnis gesetzt, Sir.«

Papa sah keineswegs amüsiert aus, aber Mama, mit dem strahlenden, weichen Lächeln, das sie nur Hillary gegenüber zeigte, zog seinen Kopf zu sich herunter, um ihn zu küssen, und bat ihn, sich zu benehmen.

»Die Musik beginnt in ein paar Minuten. Du und deine Freunde, ihr sorgt dafür, daß alle Mädchen Partner bekommen, nicht wahr? Wir wollen keine Mauerblümchen haben.«

Hillary murmelte etwas von einer gewissen Daisy Martin, ob sie da sei, eine Rothaarige, er habe besonders darum gebeten, daß man sie einlud. Imogen wußte, wen er meinte, und sie wußte auch, daß Miß Martin nicht eingeladen worden war. Mama hielt sie für unpassend. Es hatte um sie auch schon einige Skandale gegeben. Hillary würde nicht begeistert sein, wenn er entdeckte, daß sie nicht da war. Er mochte rassige Frauen. Unschuld, das hervorstechendste Merkmal eines Debütantinnenballes, langweilte ihn, und wenn er sich langweilte, neigte er dazu, zuviel zu trinken. Er war allerdings niemals sinnlos betrunken, nur angeheitert und unberechenbar, und in seinen Augen lag dann dieser Hauch von Verzweiflung. Als trage er irgendein geheimes Leid mit sich herum.

Tatsächlich war es Rudi, der Außenseiter, der sich – vermutlich zu Mamas Verdruß – tadellos benahm. Er tanzte mit allen Mädchen, sogar mit Lally, die widerwillig mit ihm auf der Tanzfläche herumstolperte und sich dann so schnell wie möglich an Minnies Seite am Fuß der Treppe flüchtete. Imogen schenkte er zwei Tänze. Nur zwei. Er fand, sie habe ohnehin zu viele Partner, die sich um sie anstellten. Das stimmte, aber sie empfand jeden Tanz, den sie mit einem gutaussehenden, leicht angetrunke-

nen Offizier tanzte, als Zeitverschwendung. Die Nacht glitt dahin, und ihr Zustand nervöser Verärgerung steigerte sich. Wenn Rudi ihr sagte, sie sei erstaunlich hübsch, benahm er sich wie ihr Bruder. Sie hätte ihm am liebsten einen Fußtritt gegeben.
»Wollen Sie mich eigentlich dauernd wie ein kleines Mädchen mit einem Sprungseil behandeln? Sehen Sie mich eigentlich auch mal richtig an?«
»Die ganze Zeit«, sagte Rudi liebenswürdig.
»Können Sie denn dann nicht sehen, daß ich Hillarys Schwester bin und ebenso schwierig sein kann wie er?«
»Was ist los? Habe ich irgend etwas falsch gemacht?«
»Nur, daß Sie mich als eine Selbstverständlichkeit hinnehmen.«
»Oh, das ist es also? Wodurch könnte ich Vergebung erringen?«
»Dadurch, daß Sie mir ein weiteres Glas Champagner bringen. Dann möchte ich geküßt werden. Ehrlich, Sie sollten schon einsehen, daß es sehr erniedrigend ist, darum bitten zu müssen.«
Rudi sah sie etwas überrascht an. Dann machte er eine kleine Verbeugung.
»Ich werde mich bemühen, beide Wünsche zu Ihrer vollen Zufriedenheit zu erfüllen. Der Champagner an der Bar, der Kuß . . .«
»Auf der Terrasse. Oder sollen wir es wagen und hinunter zum See gehen? Dort sind wir allein.« Sie sah ihn fest an. »Oder haben Sie überhaupt nicht den Wunsch, mich zu küssen? Der Wunsch muß von beiden Seiten gleichzeitig kommen.«
Es dauerte eine Weile, bevor er nachdenklich sagte: »O ja. Ich glaube, ich kann Ihnen da Übereinstimmung versprechen. Sollen wir diesen Punkt vielleicht später besprechen?«
Imogen begann zu kichern.
»Sie reden so hochtrabend. Ich liebe Sie.«
»Lieben?«

»Lieben. Wie nennen Sie das in Ihrer Sprache?«
»*Lieben.*«
»Dann ist es das, was ich meine. Ist es nicht nett, daß wir einander schließlich doch verstehen?«
»Imogen, glauben Sie, Sie sollten noch mehr Champagner trinken?«
»Oh, ich bin nicht betrunken. Ich bin nur ehrlich. Oder vielleicht bin ich gerade so betrunken, um den Mut zur Ehrlichkeit zu haben. Kann jemand, der betrunken ist, so logisch denken?«
Er legte seinen Arm um ihre Taille.
»Und seit wann bist du erwachsen geworden?« fragte er interessiert.

»Imogen! Wohin gehst du?«
Das war Mama, die ihnen den Weg zur Terrasse vertrat. Sie sah in ihrem schwarzgoldenen Kleid großartig aus, schlank und sehr aufrecht, und sie lächelte ihr stilles Lächeln, das nur Imogen als einschüchternd empfand. Sie hätten sich entschuldigen und an ihr vorüberlaufen können, aber Imogen wußte, Rudi würde so etwas nie tun. Dazu war er viel zu höflich.
»Du hast doch nicht etwa vor, in den Garten zu gehen, Imogen, Schätzchen? Du kannst nicht an deinem eigenen Ball verschwinden. Das wären entsetzlich schlechte Manieren. Laß mich mal dein Programm sehen.«
»Ich habe es verloren«, murmelte Imogen.
»Das ist eine häßliche kleine Lüge. Ich kann es in deinem Täschchen sehen. Darf ich einmal hineinschauen? Ah, du hast diesen Tanz für Peregrine Webster eingetragen. Ist er nicht einer von Hillarys Freunden? Ein reizender junger Mann. Rudi, der nächste Tanz ist ein Walzer, glaube ich. Ich liebe es, Walzer zu tanzen, und was mein Mann auch immer für Qualitäten haben mag, Tanzen gehört nicht dazu.«
Rudi warf Imogen einen kleinen, bedauernden Seitenblick zu, dann verbeugte er sich korrekt vor Mama.

»Darf ich um das Vergnügen bitten, Mrs. Webb?«
Wie immer hatte Mama sie in die Kindheit zurückgestuft. Imogen mußte die Tränen zurückhalten. Der verlorene Kuß im Mondlicht am See – dachte sie betrübt. Kein Kuß konnte sie jemals für diesen einen entschädigen. Der zerbrechliche, wundervolle Augenblick war für immer entschwunden. Es würde schwer sein, Mama das je zu verzeihen.
»Unser Tanz, glaube ich«, ertönte da die steife, höfliche Stimme von Unterleutnant Peregrine Webster. Sein rosiges Gesicht beugte sich über sie. »Ich hoffe, ich bleib von Ihren Füßen weg. Fürchte, ich hab mich ein bißchen zu sehr dem Champagner gewidmet. Die Party ist ein Volltreffer.«
»Ja?«
»Ein Volltreffer.«
»Ist das alles, was Sie sagen können?«
»Entschuldigung, langweile ich Sie?«
»Ja.« Ich rede wie Mama, dachte Imogen entsetzt. »Sie sollten jetzt lieber kommen, sonst ist unser Tanz vorüber.«
Einmal sah sie über den Raum hinweg kurz Mamas hoch erhobenen Kopf und Rudis schimmernd braunes Haar. Sie steuerte ihren recht unsicheren Partner in die entgegengesetzte Richtung. Als die Musik aufhörte und die Paare die Tanzfläche verließen, unterhielt sich Mama mit einer Gruppe von Gouvernanten. Von Rudi nirgends eine Spur.
Später tanzte Papa mit Imogen, er hielt sie liebevoll fest, seine Füße trampelten auf den ihren herum.
»Das ist mein erster Tanz, Baby. Ich habe es nicht gewagt, sonst irgend jemanden zu Tode zu trampeln.«
»Du machst das großartig, Papa.«
»Ich hasse dieses verdammte Haus, aber ich bin deinetwegen hier, also ist auch mein Herz hier, könnte man sagen. Trotzdem finde ich, es ist eine gute Party. Hillary sollte lieber nicht selbst in die Kaserne zurückfahren,

aber wenigstens hält er sein Glas wie ein Gentleman. Vermutlich hat er das bei der Armee gelernt.«
Imogen preßte ihren Kopf gegen die vertraute, breite Brust.
»Ich liebe dich, Papa.«
»Und ich dich, Kleines. Dich und Richard, ihr macht mein Leben hell.«
Er erwähnte nicht Mama, auch nicht die arme Lally, vor der er immer zurückwich, oder Hillary, der ein Abbild jener Porträts im Treppenhaus sein konnte. Er hatte es gelernt, Kompromisse zu schließen, der liebe Papa, mit seinem hervorstehenden Kinn und seinen müden Augen. Zwang das Leben einen immer zu Kompromissen? Oder war es der Weise, der sich den unbarmherzigen Regeln unterwarf?
Die Musik war zu Ende und ließ andere Geräusche ans Ohr dringen. Unruhe herrschte vor dem Ballsaal. Rufen, Schritte, die die Treppe hinunterrannten.
»Was ist das?« murmelte Papa. »War ich zu optimistisch in bezug auf den Generalmajor und sein Champagnerglas?« Er packte Imogens Arm und eilte mit ihr zur Tür.
Das laute Reden war verstummt. In der Halle stand ein Kreis von verwirrten jungen Männern, und auf halber Treppe stand Mama wie eine Statue in ihrem glitzernden Kleid und starrte auf »Sanctuarys« berühmtestes Kunstwerk, das Porträt von Generalmajor Sir Henry Richard Hillary Duncastle, V. C. Es war völlig mit Tinte bespritzt, mit sehr schwarzer Tinte, die langsam über die gemalte Uniform hinuntertröpfelte. Ein silberbeschlagenes Tintenfaß (Imogen erkannte es als eines aus der Bibliothek) lag zerbrochen auf der Treppe.
Papa war mit drei Sprüngen auf der Treppe. Er nahm Mamas Arm und sagte laut: »Ein übler Scherz, meine Liebe. Das läßt sich säubern. Ich glaube sogar, der alte Knabe hätte sich in seinen jungen Jahren über so einen Spaß amüsiert.«

»Das ist kein Scherz, Joshua. Das ist eine Entweihung. Absichtliche Entweihung.« Mama sprach, als habe das schwere Tintenfaß sie selbst getroffen und sie läge im Sterben.
»Nun, wir können im Augenblick keine Neuweihe vornehmen.« Papas Stimme war sehr leise. »Ah, Minnie, ein umsichtiges Mädchen.«
Minnie kniete auf der Treppe, sammelte die Scherben und wischte die Tinte weg.
»Jungen bleiben eben Jungen, Sir«, sagte sie auf ihre angenehm praktische Art. »Auch wenn sie glauben, sie seien erwachsen.«
Die Gruppe der jungen Männer in der Halle wurde unruhig, man murmelte. Sie waren alle flammendrot und ein wenig verlegen. Imogen fiel auf, daß Hillary nicht da war, nur Rudi. Er war weder rot noch verlegen. Im Gegenteil, er war blaß und biß die Lippen zusammen.
»Die Leinwand ist zerschnitten!« schrie Mama. »Wer kann so etwas Ruchloses getan haben?«
»Laß gut sein, Mattie. Wir werden uns später damit befassen«, sagte Papa.
»Nein, es muß jetzt sein, solange wir Zeugen haben.« Mama sah mit leichenblassem Gesicht auf die Gruppe in der Halle hinab. »Wer von Ihnen hat gesehen, wer die Tinte warf?«
Anscheinend niemand. Keiner sagte ein Wort. Sie waren Offiziere und Gentlemen. Sie würden niemanden verraten. Da trat plötzlich Rudi einen Schritt nach vorn. Er hielt den Kopf sehr aufrecht.
»Ich war es, Mrs. Webb. Hillary und ich haben wieder einmal unseren alten Streit ausgetragen. Sie erinnern sich, als Jungen pflegten wir dauernd zu streiten. Hillary hat mich geärgert. Er sagte, seine Familie sei der meinen auf militärischem Gebiet weit überlegen, wofür dieser illustre Soldat da an der Wand den besten Beweis biete. Es ist bedauerlich, aber ich verlor die Beherrschung und warf das Tintenfaß. Ich bitte vielmals um Entschuldigung. Ich

nehme an, Sie ziehen es vor, wenn ich jetzt sofort Ihr Haus verlasse.«

Imogen dachte, sie würde niemals den Ausdruck abgrundtiefer Feindschaft in Mamas Augen vergessen. Sie sah Rudi an, als sei er ein Feind, den sie mit dem Schwert durchbohren wollte. Sie behandelte den dummen Streich, als habe Rudi, der Ausländer, nicht nur Urgroßvater Duncastle entweiht, sondern England selbst. Ihre Wut stand in keinem Verhältnis zu dem Vorfall. Ein kalter, schrecklicher Argwohn ergriff Imogens Herz. Großtante Tatjana, die arme Julia, die arme Lally, jene blasse unglückliche Schwedin. Hatte Mama ein bißchen etwas von der Unzurechnungsfähigkeit der Duncastle-Frauen mitbekommen?

»Ich bin Ihnen dankbar für Ihr Bekenntnis, Herr von Klein«, sagte sie eisig. »Zumindest hatten Sie so viel Anstand, diese anderen jungen Herren von dem Verdacht zu befreien. Aber ja, ich wünsche, daß Sie mein Haus verlassen.«

»Nun komm aber, Mattie, der Junge kann doch um diese Zeit keinen Zug erreichen«, protestierte Papa.

»Dann soll er am Bahnhof warten, bis einer kommt.«

»Unsinn! Davon will ich nichts hören. Wenn du darauf bestehst, daß er das Haus verläßt, werde ich ihn selbst nach London zurückfahren. Um ehrlich zu sein, ich bin nur zu froh, wenn ich den Staub dieses unglückseligen Ortes von den Schuhen schütteln kann.«

Vielleicht hatte Papa nicht die Absicht gehabt, diese letzten Worte so laut und vernehmlich auszusprechen, aber er war auch wütend, nicht über Rudi, sondern darüber, daß sich Mama in Gegenwart so vieler Menschen derart ungastlich zeigte. Er war zutiefst entsetzt. Allerdings hätte er nach so vielen Jahren wissen müssen, wie unerbittlich sie sein konnte. Jetzt würde es einen Skandal geben. Die hitzige Auseinandersetzung zweier vom Alkohol ein wenig aufgeheizter junger Männer hatte sich zu einem Großbrand ausgeweitet.

Die Musik hatte aufgehört zu spielen, der Ball wurde vorzeitig beendet, die Leute holten sich ihre Mäntel in betroffenem Schweigen. Die Tinte auf dem zerstörten Porträt war getrocknet. Und von Hillary war noch immer nichts zu sehen. Aber Lally, von der so etwas immer zu erwarten war, brach in geräuschvolles Schluchzen aus, und Papa, der soeben in seinem Überzieher die Treppe herunterkam, rief: »Bringt doch dieses verrückte Mädchen zum Schweigen«, was den Skandal auch nicht verringerte. Imogen ergriff Papas Arm.
»Könnte ich nicht mit dir zurückfahren?«
»Ich glaube nicht, Kleines.«
»Aber Papa, ich weiß, daß Rudi nicht betrunken ist. So etwas kann nur ein Betrunkener getan haben.«
»Vielleicht wird er es sein, bis wir nach London kommen.« Papas Augen waren gelb, ein sicheres Zeichen seines Ärgers. »Vielleicht bin ich es dann auch. Also bleib du lieber hier und hilf, das Durcheinander zu entwirren.« Er kraulte sie unterm Kinn. »Eine Schande, daß dein Ball zerstört wurde, aber man muß in diesem Leben für alles auf irgendeine Weise bezahlen. Das formt den Charakter, sagt man. Nun, wo ist mein junger George Washington?«
Rudi erschien unter der Tür, ebenfalls im Überzieher. Er sah weder Imogen an noch Mama, die sich in ihre eisige Wut eingekapselt hatte. Er ging hinaus, aufrecht, mit steifen Schultern, als wäre er bei einer Parade. Papa folgte ihm, und sie verloren sich in der Dunkelheit.
Ehe Lally aufgehört hatte zu schluchzen, erschien Hillary. Sein Gesicht war aschfahl, seine Augen rot umrändert. Er sah aus, als habe er geweint, obwohl das natürlich eine völlig absurde Idee war. Seine Augenlider waren lediglich vom Alkohol angegriffen. Er ging geradewegs auf Mama zu und nahm sie in seine Arme.
»Gräm dich nicht, du dummes altes Ding. Urgroßvater ist schon so lange tot. Er macht sich bestimmt nichts daraus, daß sein gutes Aussehen gelitten hat.«

»Es ist das Vorgehen, Hillary, es ist einfach unverzeihlich.«
»Spiel doch keine solche Tragödin, Mutter. Ich glaube gar, du genießt das alles. Armer Rudi. Haben wir etwa einen neuen Krieg angezettelt?«
»Sei nicht albern, mein lieber Junge. Ein Akt von Vandalismus löst keinen Krieg aus. Aber dieser junge Mann muß bestraft werden.«
»Jeder wird letzten Endes bestraft«, sagte Hillary seltsam traurig. Er vertrug all diesen Champagner wirklich schlecht. »Jetzt muß ich in die Kaserne zurück. Wo ist meine kleine Schwester? Tut mir leid, daß dein Ball so unvermittelt geendet hat, Imogen. Wir werden das wiedergutmachen. Nicht wahr, Leute? Nun, wer wagt es, sich hinters Steuer zu klemmen, denn ich kann euch versprechen, ich lande bestimmt in einem Graben.«
Sein weißes Gesicht war von der gleichen knochigen, ernsten Schönheit wie die Gesichter seiner Vorfahren. Er müßte eigentlich ein bißchen blutbefleckt sein, dachte Imogen, mit einer zerbrochenen Lanze in der Hand. Er war ein genauso großartiger Schauspieler wie Mama. Und ihn umgab die Aura des geborenen Anführers, eine sehr wichtige Eigenschaft für einen Duncastle. Seine Offiziere folgten ihm bereits wie Marionetten hinaus in die Nacht, wie sie ihm, ihrem mutigen jungen Helden, in den Kampf gegen einen wirklichen Feind folgen würden.
»Ach, zum Teufel!« sagte Imogen auf recht wenig mädchenhafte Weise. Aber sie war kein junges Mädchen mehr. Sie war zu rasch und unter zu großen Schmerzen erwachsen geworden.

12

Die lange Nacht war noch nicht vorüber, obwohl alle schon zu Bett gegangen waren. Beim ersten Tageslicht glitt Imogen schließlich in einen erschöpften Halbschlaf, da wurde ihre Tür aufgestoßen, und sie erblickte verschwommen Lally in ihrem Nachthemd. Lally sah wie ein Gespenst aus mit dem langen Haar, das ihr offen um das verstörte Gesicht hing.

»Schläfst du, Imogen?« – »Nein.« – »D-darf ich z-zu dir k-kommen? I-ich hab dauernd A-Alpträume.«

Lally stotterte schrecklich. Es war immer besonders schlimm, wenn sie aufgeregt war.

Imogen war zu müde, um sie besonders liebevoll zu empfangen. Aber man mußte etwas tun, wenn Lally in diesem Zustand war, sonst wurde sie hysterisch. Sie schlug widerwillig die Bettdecke zurück.

»Wieso hast du Alpträume? Schließlich hast nicht du einen Geliebten verloren.«

»Einen G-Geliebten? R-Rudi?«

»Er wäre es geworden«, sagte Imogen verloren. »Ohne Mama. Die liebe, verhaßte Mama, die sich dauernd in alles einmischen muß. Du mußt dich vor ihr in acht nehmen, Lally. Ich kann auf mich selbst aufpassen, aber dich frißt sie buchstäblich auf.«

Lally kroch ins Bett, ihr magerer Körper zitterte, obwohl es ein warmer Morgen war.

Imogen seufzte betrübt. Sie hatte Rudi gewollt und statt dessen die dumme, verängstigte Lally bekommen.

»Sie h-hätte Rudi nicht w-wegschicken dürfen«, mur-

melte Lally in das Kissen. »Nicht Rudi hat die Tinte geworfen. I-ich hab es gesehen.«
Imogen setzte sich kerzengerade auf.
»Ich wußte es doch. Nicht daß es mir viel ausgemacht hätte. Weshalb sollte er unsere Vorfahren bewundern? Aber wer war es, Lally? Einer von Hillarys blöden Freunden? Ich dachte, es sei ein typischer Offiziersmessen-Scherz gewesen, aber weshalb mußte sich Rudi wie ein Gentleman aufführen?«
»Er hat es Hillarys wegen g-getan.«
»Hillary!« Imogen konnte es nicht glauben. »Hillary kann das nicht getan haben. Nicht bei seinem verehrten Urgroßvatcr.«
»E-er hat es g-getan. Ich habe ihn gesehen.«
»Lally! Bist du ganz sicher?«
»Ich hatte mich hinter dem F-Farn in der Halle v-versteckt. In der H-Hoffnung, daß mich niemand zum T-Tanz auffordert. Ich h-hasse Tanzen.«
Lally klammerte sich an Imogen.
»M-Mama darf nichts e-erfahren. B-bitte s-sage ihr nichts. Sie w-würde sterben.«
»Ja. Das würde sie vermutlich, wenn ihr geliebter Hillary entehrt wäre«, sagte Imogen säuerlich. »Aber was kann ihn nur dazu veranlaßt haben, sich so zu benehmen? War er außer sich? Hat Rudi ihn provoziert?«
Lally schüttelte heftig den Kopf. Sie war vorübergehend weggetreten, ihre Augen blickten leer, sie hatte den Daumen in den Mund gesteckt. Dann erschauderte sie und sagte: »Es war k-kein Streich. Hillary hat g-geweint.«
Sofort fielen Imogen Hillarys rotumränderte Augen ein, sein bleiches Gesicht. Sie wollte den Sinn von Lallys Behauptung nicht begreifen. Denn wenn das stimmte, bedeutete es, daß Hillary im Gegensatz zu Rudi alles andere als ein Gentleman war. Er hatte etwas Unverzeihliches getan. Er hatte es zugelassen, daß jemand an seiner Stelle für seine Missetat bestraft wurde.

»Er – i-ist danach die T-Treppe hinaufgerannt – a-als die L-Leute kamen«, sagte Lally. »Ich k-konnte doch nichts s-sagen, oder?«
»Aber das bedeutet, daß Rudi für etwas bestraft worden ist, was er nicht getan hat.«
»Hillary ist u-unser Bruder. Man s-sagt so was n-nicht der F-Familie.« Lallys Worte klangen ein wenig wirr.
Imogen faßte einen schnellen Entschluß. Sie sprang aus dem Bett und begann Kleider aus ihrem Schrank zu zerren. Ihren Leinenmantel und ihren Rock, ihren Strohhut, ihre Schuhe aus Kalbsleder.
»Aber man läßt auch andere Leute nicht leiden«, sagte sie.
»Was m-machst du?« schrie Lally entsetzt. »Du gehst doch nicht zu M-Mama?«
»Nein, ich fahre mit dem ersten Zug nach London. Ich muß Rowley aufwecken, damit er mich zum Bahnhof fährt. Du kannst Mama erzählen . . .« Imogen warf einen Blick auf Lallys verzweifeltes Gesicht. »Nein, ich werde ihr einen Zettel schreiben und ihn auf mein Kissen legen. Dann kannst du sagen, daß du von nichts weißt. Ich werde ihr schreiben, daß ich für ein paar Tage bei Tante Clara bleiben werde, denn wie Papa hasse auch ich ›Sanctuary‹.«
»Ich d-dachte, du liebst es?«
»Nicht mehr. Es gibt hier zu viele störende Vorfahren.«
Lally zog verständnislos die Brauen hoch. Imogen beugte sich hinüber und schubste sie sanft aus dem Bett.
»Du solltest jetzt lieber in dein Zimmer gehen. Und mach bloß keinen Lärm.«
»A-aber . . .«
»Das ist mein Leben, Lally, und ich habe vor, es selbst in die Hand zu nehmen.«

Tante Clara, die sich standhaft geweigert hatte, zu Imogens Ball zu kommen, weil sie ihrer Meinung nach nicht in eine solche Umgebung paßte, hatte immer alle Kinder willkommen geheißen, wenn sie sie in ihrem kleinen, hübschen Haus in Cheapside besuchten. Diesmal war es nicht anders, auch wenn sie überrascht war beim Anblick von Imogen, die in der heißen Mittagssonne auf ihrer Schwelle stand und ihre kleine Reisetasche umklammert hielt.

»Nun, mein liebes Kind, bist du davongelaufen?«

»Du mußt doch schon wissen, was letzte Nacht passiert ist«, sagte Imogen atemlos. »War Papa nicht hier?«

»Doch. Aber er sagte nur, daß er und Rudi in Ungnade gefallen seien. So eine Schande, in deiner Ballnacht. Aber ich glaube, ›Sanctuary‹ hat keinen guten Einfluß auf Joshua. Da kommen immer seine schlechten Seiten ans Tageslicht.«

»Papa war wundervoll«, widersprach Imogen. »Und Rudi auch. Deshalb bin ich hier.«

Tante Claras Augenbrauen schoben sich kaum merklich nach oben.

»Weiß das deine Mutter?«

»Inzwischen schon.«

»Und habe ich noch mehr Flüchtlinge aus ›Sanctuary‹ zu erwarten?«

»Für die nächsten Stunden nicht, nehme ich an. Darf ich bei dir bleiben, Tante Clara? Ich möchte nicht nach Hause – für sehr lange Zeit nicht.«

»Du weißt, du bist immer willkommen. Aber deine Mutter wird sich nicht sehr darüber freuen, wenn ich dich beherberge. Und du mußt es deinem Vater sagen.«

»Ich werde jetzt gleich zu ihm gehen.«

»In dieser Minute? Nein, das wirst du nicht, mein Schatz. Du wirst dich jetzt etwas erfrischen und etwas essen und mir erzählen, was das alles zu bedeuten hat.«

Es war immer einfach gewesen, mit Tante Clara zu sprechen. Vielleicht, weil sie nicht so einschüchternd dreinschauen konnte. Eigentlich hätte sie ihrer Augen wegen ein Clown sein müssen, aber das war nicht so. Diese Augen wirkten seltsam attraktiv. Und auch ihr schlich-

tes, liebes Gesicht. Sie trug einen Schleier, wenn sie ausging, doch Imogen hielt es für falsch, daß sie ihr Gesicht versteckte. Sie fand dieses Gesicht viel anziehender als das von Mama mit seiner hochnäsigen Eleganz.
»Übrigens«, fuhr Tante Clara fort, »dein Vater ist nicht besonders guter Laune. Er hat heute morgen um sieben Uhr an meine Tür getrommelt und sah vollkommen erledigt aus. Er sagte, er habe nur Rudi an seiner Wohnung abgesetzt und wolle ein paar Stunden schlafen, ehe er in die Bank gehe. Ich fragte ihn, was passiert sei, ob zwischen Österreich-Ungarn und England der Krieg ausgebrochen sei, aber er sagte nur, daß der noch bevorstehe. Glaubst du, er hätte mich aufgeklärt, bevor er zur Bank ging? Nein. Also mußt du mir die ganze Geschichte erzählen, wenn du dich erfrischt hast.«
Ein anderer Vorzug von Tante Clara war der, daß sie gut zuhören konnte. Sie hatte immer auch den lächerlichsten Geschichten der Kinder ihre ganze Aufmerksamkeit geschenkt. Diese Geschichte war nicht lächerlich. Aber sie hörte ohne Unterbrechung zu, bis Imogen geendet hatte.
Ihre erste Frage lautete: »Weiß deine Mutter das von Hillary?«
»Noch nicht. Wie sollen wir es ihr sagen?«
»Du sagst es ihr überhaupt nicht.«
»Aber weshalb soll Rudi der Prügelknabe sein?« fragte Imogen entrüstet.
»Warum hat er sich dazu gemacht, frage ich mich?«
»Weil er meiner Mutter Kummer ersparen wollte. Weil er ein wirklicher Gentleman ist. Im Gegensatz zu meinem feigen Bruder.«
»Feig? Hillary?«
»Ich weiß, es ist schwer zu glauben. Er war immer Sir Lancelot und Sir Galahad und St. Georg in einer Person. Aber wie würdest du ihn denn sonst nennen, nachdem er weggerannt ist? Was wird er im Angesicht des wirklichen Feindes tun?«

»Vielleicht betrachtet er deine Mutter als den wirklichen Feind«, sagte Tante Clara nachdenklich.
»Mama! Aber die beiden lieben einander leidenschaftlich. O nein, Tante Clara, er war einfach betrunken und wußte nicht mehr, was er tat. Vielleicht war es auch eine Wette.«
»Vielleicht. Weiß Rudi davon?«
»Genau das will ich jetzt herausfinden. Deshalb bin ich nach London gekommen. Ich gehe jetzt zu Papas Bank hinüber.«

Die mit Fliesen ausgelegte Halle der Bank, die polierten Mahagonitische und die Maschendrähte, das Klingeln des Geldes wie eine kleine, zwitschernde Unterhaltung, die ernsten Herren, die an diesem heißen Tag in ihren dunklen Stadtanzügen schwitzten und sich mit gedämpften Stimmen über die Schalter hinweg über ihre Geschäfte unterhielten, dies alles war Imogen vertraut. Sie durfte nur gelegentlich hierherkommen, das war eine Männerwelt und unpassend für ein junges Mädchen, hatte Mama entschieden.
Aber sie liebte die gediegene, wohlhabende Atmosphäre und das freundliche Lächeln der Bankangestellten. Einmal hatte sie weltvergessen angefangen, auf den schwarzen und weißen Fliesen herumzuhüpfen, und der Hauptkassier, ernst und bärtig wie Moses, war plötzlich zu einem menschlichen Wesen geworden und hatte ihr zugewinkt.
Anders als Lally hatte sie das Teilhaberzimmer niemals abgeschreckt. Sie klopfte einfach an die goldverzierte Tür und sagte: »Ich will meinen Papa sehen«, und dann marschierte sie hinein, gleichgültig, ob Papa in einer Konferenz saß oder nicht.
War die Konferenz sehr wichtig, wurde sie wieder hinausgeschickt, wenn nicht, sprang Papa auf und stellte sie seinem Kunden vor.
»Meine jüngste Tochter, Imogen. Ich glaube, sie ist ge-

kommen, um mich zum Lunch einzuladen. Sie müssen mich entschuldigen.«

Und sie gingen wirklich zum Lunch zu Kettner's in Soho oder zu Simpsons, und alle Kellner machten großes Theater um sie, was sie schrecklich gern hatte.

Heute würde Papa nicht in einer Konferenz sein, denn man hatte ihn nicht in der Bank erwartet. Außerdem war ihr Besuch bei ihm nur ein Vorwand. Sie wollte Rudi sehen. Er arbeitete in einem der Büros im oberen Stock, und man würde ihn holen müssen.

»Ich möchte Rudi sprechen«, sagte sie gebieterisch, obwohl sie sah, wie müde und traurig ihr Vater aussah. Er wirkte erschöpft.

»Rudi ist nicht da. Ich habe ihn in seine Wohnung gebracht und ihm gesagt, er soll sich ausschlafen. Ich könnte auch ein bißchen Schlaf vertragen.« Papa gähnte geräuschvoll. »Was für ein Geschäft! Und darf ich fragen, weshalb du in London bist? Warum hilfst du nicht deiner Mutter, die Sauerei von gestern aufzuräumen? Warum wischst du Gott Urgroßvater nicht die Tinte weg?«

»Weil Rudi sie nicht dorthin geworfen hat. Ich weiß es.«

»Ach, wirklich?« In Papas tiefliegenden Augen, eingesunken in Falten von schlaffem Fleisch, glitzerte schwach, aber unmißverständlich ein Funken von Spott.

»Und du weißt es auch!« rief Imogen aus.

»Nicht weil dein galanter Ritter Rudi es mir gesagt hat. Ich habe nur meine ziemlich unfehlbare Intuition spielen lassen.«

»Ich weiß, wer es war, Papa.«

»Ich habe eine ganz sichere Vermutung.«

Imogen seufzte vor Erleichterung.

»Dann verstehst du doch auch, wie ungeheuerlich das ist. Ich meine, daß Hillary Rudi dafür büßen läßt.«

»Ich kann mich nicht erinnern, zu jener Zeit den Generalmajor gesehen zu haben. Vielleicht wußte er nichts von Rudis galanter Tat, bis wir fort waren. Und dann hielt er den richtigen Augenblick – oder die Notwendigkeit – für ein Bekenntnis für verstrichen. Ich verstehe meinen ältesten Sohn nicht, Imogen. Alles, was ich verstehe, ist, daß er kein Teil von mir ist. Er ist ein ganzer Duncastle.«

»Mama hat ihn dazu gemacht.«

»Richtig. Aber denke an sein Aussehen. Wenn sie ihn mit ihren eigenen Händen modelliert hätte, die Ähnlichkeit mit all diesen verdammten – entschuldige, Liebes –, mit diesen Duncastles könnte nicht größer sein. Es ist wirklich ein bißchen unheimlich. Was meinst du? Sollten wir dieses bißchen häßliche Wahrheit nicht von ihr fernhalten?«

»Genau das sagt auch Tante Clara. Ich würde es gerne tun, aber nicht auf Rudis Kosten.«

»Ich fürchte, Rudi ist es gleichgültig.«

»Aber wenn Mama nicht die Wahrheit erfährt, darf er niemals wieder unser Haus betreten. Ob ihm auch das gleichgültig ist?« Imogens Augen beschworen ihren Vater, die richtige Antwort zu geben.

»Vor einer Woche wäre es ihm vielleicht nicht gleichgültig gewesen, aber jetzt schon. Ich muß es dir sagen, Kleines. Rudi wartet auf Nachricht von zu Hause. Er erwartet, daß man ihn nach Wien zurückruft. Wir haben die Nachricht erhalten, als wir heute morgen zurückkamen. Erzherzog Franz Ferdinand ist ermordet worden.«

»Der österreichische Thronfolger? Der dicke Prinz, der zu König Edwards Begräbnis kam?«

»Der dicke Prinz, der sich niemals wieder am guten Essen erfreuen wird. Irgendein verrückter Serbe war der Mörder. Obgleich er sich selbst zweifellos als Patriot bezeichnen wird. Aber immer sind es die Verrückten, die die Welt verändern.«

Kalte Angst griff nach Imogen.

»Wird Österreich-Ungarn den Krieg erklären?«

»Höchstwahrscheinlich. Wenn sie eine Seemacht wären wie England, könnten sie ein Kanonenboot schicken. Wie

die Dinge liegen, werden sie ein Ultimatum stellen und dann marschieren, zweifellos. Dann werden die Russen an der einen Seite der Grenze mobilisieren, und der Kaiser auf der anderen. Weißt du was, Imogen? Ich fürchte, der Mut unseres Generalmajors wird in kürzester Zeit auf eine harte Probe gestellt werden.«
»Du zweifelst doch nicht etwa an Hillarys Mut, Papa!«
»Jetzt regst du dich genauso auf, wie es deine Mutter tun würde. Nein, ich bezweifle ihn nicht, aber ebensowenig glaube ich daran. Ich kenne einfach meinen ältesten Sohn nicht. Meines Wissens ist er ein gutaussehender Körper in einer Uniform, aber ich habe keine Ahnung, welche Gesinnung dahintersteckt.«
»Wird es wirklich Krieg geben?« fragte Imogen ängstlich.
»Was hat Shakespeare gesagt? Irgend etwas von Windhunden, die an der Leine zerren. Diese grauen Ulanen, von denen Rudi sprach, all die Gewehre und Granaten, die Bajonette und Schlachtschiffe. Sie sind schließlich nicht für den Abfallhaufen bestimmt. Die Dinge rücken so in die richtige Perspektive. Das tintenbekleckste Gesicht des Helden der Krim ist nun nichts weiter als ein Schuljungenstreich, nicht wahr? Rudi wird nach Hause zurückkehren, und ich werde Richard heimkommen lassen.«
»O Papa!«
»In Anbetracht all dieser Ereignisse wollen wir Mama nichts sagen, hm? Es ist besser, wir lassen ihr die Unwissenheit. Und wenn du Rudi aufwecken und ihm auf Wiedersehen sagen willst, hier ist die Adresse seiner Wohnung. In der Bury Street, St. James. Du kannst dir einen Wagen nehmen. Es ist eine sehr respektable Gegend für eine junge Dame. Er ist ein feiner Kerl, der Rudi. Ich wollte, er wäre mein Sohn.«
»Aber dann wäre er mein Bruder, und das würde mir überhaupt nicht gefallen.«
Papa legte seine Hand auf Imogens Schulter.

»Nichts kann aus der jetzigen Situation heraus entstehen, verstehst du? Du glaubst vielleicht, du bist verliebt, aber du bist noch so jung. Ich weiß natürlich nicht, was Rudi fühlt, aber ich vermute fast, du hast ihn letzte Nacht herumgekriegt.«
»Wir hätten einander geküßt«, sagte Imogen wütend, »wenn nicht Mama . . .«
»Siehst du, da hast du es wieder. Hindernisse. Unüberwindliche. Du mußt bis nach dem Krieg warten. Falls es einen gibt. Und dann – wer weiß?«
Imogen warf sich ihrem Vater in die Arme.
»Papa, schau nicht so betrübt drein. Ich kann das nicht ertragen.«
»Entschuldige, Kleines. Ich habe an unsere Eisenbahn auf dem Balkan gedacht. Wir werden katastrophale Verluste erleiden. Denk um meinetwillen ein bißchen daran und störe ernsthafte Geschäftsleute nicht mit so nichtsnutzigen Dingen wie junger Liebe. Und jetzt lauf und gib Rudi diesen verspäteten Kuß.«
»Ich darf allein gehen? Mama würde sagen, mein guter Ruf sei für immer dahin.«
»Zur Hölle mit dem guten Ruf. Lebe, Mädchen, lebe!« Papa zwickte sie in die Wange, aber seine Augen waren freudlos. »Warte übrigens, bis du Rudis Vermieterin gesehen hast.«
Papas Warnung war berechtigt. Rudis Vermieterin war eine Dame, an der man nicht vorüber konnte. Eine kleine, geschwätzige Dame mit einem festen Haarknoten auf dem Kopf und durchdringenden schwarzen Augen starrte Imogen mißtrauisch und mißbilligend an.
»Mr. von Klein ist erst heute morgen zum Frühstück nach Hause gekommen. Ich nehme an, er schläft jetzt. Was sein Chef dazu sagt, daß er nicht an seinem Schreibtisch sitzt, weiß ich nicht. Aber er ist Deutscher, was kann man von denen schon anderes erwarten? Und die Hausordnung besagt, daß es jungen Damen nicht erlaubt ist, sich in den Zimmern junger Herren aufzuhalten.«

»Er ist kein Deutscher, sondern Österreicher«, sagte Imogen. »Außerdem ist sein Chef zufällig mein Vater, und der hat mich hierhergeschickt.«
»Um ihn aufzuwecken?« sagte die Frau mit einem bösen Blick. »Das kann ich auch für Sie besorgen.«
»Würden Sie es dann vielleicht auch tun? Ich muß ihn dringend sprechen. Wenn Sie mich nicht zu ihm hinaufgehen lassen, haben Sie vielleicht hier unten einen Raum, in dem wir uns unterhalten können?«
»Nun – ich glaube, Sie sehen wie eine anständige junge Dame aus. Sie warten besser im vorderen Wohnzimmer. Was ist los? Liebesgeschichten?«
»Ich muß ihn dringend sprechen. Bitte!«
Das vordere Wohnzimmer war wohl der ungeeignetste Ort für ein Stelldichein. Es war aufgeräumt und düster, Kissenschoner auf allen Stühlen, dunkelbraune Wände, Spitzenvorhänge vor den schmalen Fenstern, eine Sammlung von Porzellankätzchen und -hündchen auf dem Kaminsims. Niemand konnte hier auch nur ein normales Wort reden. Die sterile Atmosphäre würde alle Worte austrocknen, genau wie sie Imogens Zunge austrocknete und sie ganz kribbelig machte.
Sie konnte die Stimme der Hausfrau auf der Treppe hören.
»Eine junge Dame möchte Sie sprechen, Mr. von Klein. Wer? Ich habe sie nicht gefragt. Sie sieht anständig aus, sonst hätte ich sie schon weggeschickt. Sagt, Sie arbeiten für ihren Vater. Was? Ja, das habe ich mir gedacht, daß Sie das aufweckt. Ich sage ihr, daß Sie gleich runterkommen.«
Rudi konnte nicht geschlafen haben, denn er folgte seiner Vermieterin auf den Fersen. Er war vollkommen angekleidet, die einzigen Anzeichen von Unordnung waren sein etwas wirres Haar und die ein wenig verknitterte Krawatte.
»Imogen!« rief er. »Was machen Sie hier? Aber ich bin froh, daß Sie gekommen sind, das gibt mir die Gelegen-

heit, mich von Ihnen zu verabschieden. Ich bin im Begriff, nach Hause zu reisen. Vor einer Stunde bekam ich ein Telegramm meines Vaters. Haben Sie die entsetzlichen Nachrichten schon vernommen?«

»Über den Kronprinzen?«

»Ja, er ist ermordet worden. Dies ist eine historische Stunde für mein Land. Man kann die Ereignisse der letzten Nacht schwerlich als glücklichen Zufall bezeichnen, aber letzten Endes haben sie sich als solcher erwiesen, denn ich hätte in jedem Fall sofort nach London zurückkehren müssen, um meine Angelegenheiten zu ordnen.«

Er war so voller Erregung und Unrast, daß Imogen die Tränen der Wut unterdrücken mußte. So deutlich brauchte er es nun auch wieder nicht zu zeigen, wie sehr er sich freute, nach Wien zurückkehren zu können, um in einen bevorstehenden Krieg zu ziehen. Er war genauso schlimm wie Mama. Die beiden waren wie Schlachtrosse, die den Kopf in die Höhe warfen, wenn sie aus der Entfernung den Donner der Kanonen vernahmen.

»Dieses Zimmer riecht nach Mäusen«, sagte sie angewidert und völlig grundlos. Als Rudi sie erstaunt ansah, weil sie eine so alberne Bemerkung machte, fing sie an zu kichern. »Wirklich. Können wir nicht nach draußen gehen? Oder müssen Sie sofort einen Zug erreichen?«

»Nicht sofort. Aber ich muß in der Bank noch verschiedenes erledigen. Ich muß mich von allen verabschieden und packen.«

»Sie müssen sich auch von mir verabschieden. Sie können mir wenigstens eine halbe Stunde widmen. Weniger würde ich als schlechtes Benehmen bezeichnen.«

Er zog seine Brauen belustigt in die Höhe.

»Sie reden wie Ihre Mutter.«

»Ich bin nicht im geringsten wie meine Mutter. Sind Sie denn blind?«

»Nicht mehr.«

Imogen errötete unter seinem direkten Blick und ärgerte sich über sich selbst. Endlich hatte sie jetzt das, wonach sie sich so gesehnt hatte, seine ungeteilte Aufmerksamkeit, und sie wurde rot wie ein dämliches Schulmädchen.

Sie flüchtete sich in Strenge.

»Weshalb haben Sie letzte Nacht gelogen?«

»Gelogen?« fragte er leichthin.

»Sie wissen sehr gut, was ich meine. Es war Hillary, der die Tinte warf, nicht wahr? Ich weiß es, weil Lally es mir gesagt hat. Sie hat es gesehen.«

»Oje. Wie unangenehm.«

»Warum? Weil Sie ein Held oder ein Märtyrer oder so etwas sein wollen? Rudi, das ist doch kindisch. Wenn Hillary es getan hat, muß er auch die Strafe auf sich nehmen. Oder sind Sie so ein galanter Gentleman, daß Sie glauben, Sie müßten meiner Mutter schmerzliche Dinge ersparen?«

»Ich habe nicht Ihrer Mutter etwas erspart, sondern Hillary. Ich weiß, wir streiten und diskutieren, aber ich mag ihn sehr gern, und ich glaube, er mag auch mich, wissen Sie. Ich bitte Sie, mir zu verzeihen, was ich jetzt sage – niemand in Ihrer Familie versteht Hillary.«

»Wir wissen alle, daß er ungeheuren Gefallen an sich selbst hat.«

»Wirklich?«

»Aber natürlich. Von Geburt an. Zuerst war er Mamas Liebling – das ist er noch –, dann war er der gute kleine Schuljunge, der alle seine Examen glänzend bestanden hat, und später der hervorragende Kadett in Sandhurst, immer das, was man von ihm erwartete. Er ist der geborene Führer, er hat das gute Aussehen aller Mitglieder aus Mamas Familie, er wird von den hübschesten Mädchen verfolgt. Wie sollte er sich bei all diesen Erfolgen nicht selbst lieben?«

»Warum trinkt er dann zuviel?« fragte Rudi.

Imogen zögerte, sie war plötzlich nicht mehr so sicher,

als sie an Hillarys rotumränderte Augen, an sein kalkweißes Gesicht dachte.
»Das tun sie im Offizierskasino alle. Oder auf einer Party. Papa beklagt sich dauernd über Hillarys Rechnungen. Er sagt, sie scheinen in Champagner zu baden, und daß das Soldatenleben ein ödes Geschäft sei, weil man da niemals mit einem Profit herauskäme. Weshalb glauben Sie, daß er trinkt, Rudi?«
»Weil er Angst hat.«
»Hillary! Das kann ich nicht glauben!«
»Es ist trotzdem wahr. Trotz all dieser angeborenen Führernatur, wie Sie es nennen. Er kann den Gedanken an Blut, an den Lärm der Schlacht, an die Toten nicht ertragen. Sein Alptraum ist, daß er wegrennt, wenn er dem Feind gegenübersteht.«
Imogen erblaßte.
»Aber das ist Feigheit!«
»Und die steht Ihrem Bruder nicht zu?«
»Niemandem in meiner Familie. Ich meine, Mut gehört zu unserer Tradition. Wir hören es oft genug von Mama. Unser ganzes Leben lang mußten wir diese Porträts ansehen und uns die Geschichten über ihren Wert anhören. O Rudi! Hat Hillary deshalb die Tinte nach Urgroßvater geworfen? Weil er ihn haßt?«
»Es war ein glänzender Einfall«, sagte Rudi grinsend. »Er hat Hillary recht gutgetan. Er hat mir einmal gesagt, er habe das Gefühl, all seine tapferen Vorfahren säßen ihm auf dem Rücken. Er hasse sie alle. Schließlich hat er sogar *meinen* Urgroßvater, den Feldmarschall, in seinen Haß miteinbezogen.«
»Er muß sehr betrunken gewesen sein.«
»Er war es. Selbstverständlich habe ich ihn deshalb geschützt.«
»Wie entsetzlich!« flüsterte Imogen.
»Nein, nein, mir hat das nicht viel bedeutet.«
»Ich meine, wie entsetzlich, daß Hillary mit diesen geheimen Ängsten leben muß. Wie gräßlich für ihn, die

ganze Zeit Theater spielen zu müssen. Und Mama glaubt, er ist der einzige von uns, der unsere Kriegstrophäen zu schätzen weiß.«

»Spricht das nicht für sich selbst? Aber er ist tatsächlich sehr von der Geschichte der Duncastles und von den Gedenkstücken beeindruckt. Er liebt den Traum und fürchtet die Wirklichkeit. Er verfügt über eine zu große Vorstellungskraft. Aber sehen Sie nicht so besorgt drein. Soldaten, die ihre Ängste überwinden, sind die tapfersten.«

»Angenommen, er überwindet sie nicht? O nein, so etwas darf man nicht einmal denken. Es würde Mama töten, wenn irgend etwas Schmachvolles geschähe.«

»Nichts würde Ihre Mutter töten«, sagte Rudi leidenschaftlich. »Ja, sie wäre vielleicht verbittert, aber sie würde am Leben bleiben. Habe ich Sie jetzt gekränkt?«

Imogens Lippen zitterten zwischen Weinen und Lachen.

»Rudi, Sie sind so nett. Ich liebe Sie. Ist es unbescheiden, das zu sagen?«

Sie fand sein sanftes Lächeln hinreißend.

»Wissen Sie was, ich liebe Sie auch. Aber könnten wir diese gegenseitige Zuneigung nicht vielleicht außerhalb dieses nach Mäusen riechenden Zimmers im Park fortsetzen? Eine Stunde lang. Sechzig ganze Minuten.« Er nahm ihren Arm. »Ohne Ihre Mutter hätte ich Ihnen diese Erklärung schon letzte Nacht gemacht.«

»Ich hasse sie.«

»Ach. Das ist ein Jammer. Denn Menschen, die man haßt, leben ewig.«

Sie saßen auf einer Bank im St. James Park. Schwäne glitten lässig über das grüne Wasser. Die Sonne schien sehr heiß. Die meisten Leute hatten den Schatten gesucht, aber sie saßen in der prallen Sonne. Imogens kleiner Strohhut gab ihrem Gesicht nur halbwegs Schatten. Ru-

dis ungeschützte Haut war feucht und gebräunt und gesund. Seine braunen Locken waren wirr, er hatte sie sich seit seinem Vormittagsschlaf nicht gebürstet. Seine vollen Lippen sahen aus, als habe er mit uneingestandener Traurigkeit zu kämpfen.
»Haben Sie auch Angst, Rudi? Ich meine, wenn es tatsächlich zum Krieg kommt.« Imogen wußte, die Frage war unnötig. Dieser ruhige junge Mann hatte nichts von der verkrampften Rastlosigkeit ihres Bruders.
»Nein, nicht ein bißchen. Ich bin ein langweiliger Bursche. Ich kann keine Alpträume heraufbeschwören.«
»Sie möchten weg!« warf Imogen ihm vor.
Er nickte. »Aber ich möchte gleichzeitig auch hierbleiben. Das stürzt mich in ein Dilemma. Darf ich Ihre Hand halten?«
»Bitte.«
»Darf ich Sie küssen?«
»Bitte, ja!«

Nachher sagte er: »Du bist sehr süß. Sehr, sehr süß.« Seine Stimme verweilte bei den Worten, als wolle er sie kosten, als wären sie ein Teil der Erfahrung, die seine Lippen soeben gemacht hatten.
Dies alles war nicht, wie Imogen vorgehabt hatte, im Mondlicht am Ufer des Sees in »Sanctuary« geschehen, sondern am hellichten Tag in Gegenwart aller Spaziergänger. Ihr hätte es nichts ausgemacht, wenn es mitten auf dem Piccadilly Circus oder auch in Mrs. Consetts scheußlichem Wohnzimmer geschehen wäre. Seine Lippen wären die gleichen gewesen, das Reiben seiner Wange an der ihren hätte das gleiche erstaunlich angenehme Gefühl verursacht.
»Bin ich das erste englische Mädchen, das du küßt?«
»Nein. Aber das netteste.«
Sie seufzte. »Weshalb haben wir so lange damit gewartet?«
»Ich weiß, ich war ein Dummkopf. Wahrscheinlich habe

ich dich einfach nur als Bestandteil unserer beiden Familien betrachtet.«
»Nein, das ist es nicht, du hast mich einfach gar nicht angesehen.«
»Genau das sage ich ja.« Er glitt mit dem Zeigefinger über ihre Brauen, ihre Nase, ihre Lippen. »Letzte Nacht habe ich dich angesehen.«
»Aber es ist viel zu spät! Du gehst weg, und es gibt Krieg, wann werden wir uns je wiedersehen?«
»Wir können uns ja schreiben.«
»Nein, das können wir nicht. Die Briefe würden niemals ankommen. Diesmal würde nicht Mama sie zurückhalten, sondern eine gräßliche militärische Zensurstelle.«
»Nein, nein, Österreich führt ja nicht gegen England Krieg, nur höchstwahrscheinlich gegen Serbien.«
»Was reden denn alle dann? Krieg, Krieg, Krieg schreien sie alle. Wenn sie dauernd davon reden, kommt es dazu, daß er ausbricht.«
Die Sonne glitzerte auf dem künstlichen See, Wasservögel tauchten und kamen wieder hoch, schüttelten sich kristallene Tropfen aus den Federn, eine Kanadagans, gefolgt von einer Reihe schnatternder junger Gänse, durchstöberte das grüne Gras.
»Wird unsere Generation eine verlorene sein?« fragte Imogen aus einem Gefühl unangenehmer Vorahnung heraus.
»Deine Phantasie ist ja noch schlimmer als die deines Bruders. Hör auf, so traurig dreinzuschauen. Iß heute abend mit mir. Ich kenne ein stilles kleines Lokal in der Jermyn Street.«
»Aber du reist doch heute abend ab.«
»Ich habe mich plötzlich entschlossen, das erst morgen zu tun.«
»Doch nicht etwa, damit du mit mir zu Abend essen kannst?«
»Doch, genau.«
»O Rudi, wirklich?«

»Kannst du den wachsamen Drachen in deiner Familie entfliehen?«
»Tante Clara ist kein Drache. Und Papa auch nicht. Und Mama ist in ›Sanctuary‹ und repariert sicher den Urgroßvater.«
»Ausgezeichnet. Ich hole dich um sieben Uhr ab.«
Die Vollkommenheit des Augenblicks trieb Imogen die Tränen in die Augen.
»Ich habe dich wirklich schon immer geliebt. Seit ich sechs Jahre alt war. Stört dich das sehr?«
»Sehr. Aber heute habe ich die Kraft, das zu ertragen.«
Sie zwickte ihn in den Arm, rannte dann quer über den Rasen und verlor ihren Hut, was die kleinen Gänse störte. Sie plumpsten erschrocken ins Wasser. Rudi erreichte sie am Ufer, sie konnte ihrer beider Spiegelbild auf der glasklaren Wasseroberfläche sehen. Ein ineinanderfließender und sich wieder trennender Schimmer aus Helligkeit und Dunkelheit. Wir werden immer hier sein, dachte sie. Dies ist unsere Stelle.

Mama saß in Tante Claras Wohnzimmer.
Imogen stürzte herein, erhitzt, aufgeregt, ihren Hut an den Bändern hinter sich herziehend, bereit, Tante Clara zu erzählen, daß sie eine himmlische Zeit gehabt habe.
Und da war Mama, wie eine Herrscherin auf dem Thron, bereit, das Schwert zu erheben und dem Angeklagten eigenhändig den Kopf abzuschlagen. Sie trug ihr schwarzweißes Reisekostüm und hatte nicht einmal den Hut abgenommen, doch den Schleier zurückgeschlagen, so daß in Imogen keinerlei Zweifel über den grimmigen Zorn in ihren glitzernden grünen Augen aufkommen konnten.
Ich hasse sie, hatte sie zu Rudi gesagt. Jetzt erkannte sie in einem Augenblick erschreckender Ehrlichkeit, daß diese Worte der Wahrheit entsprachen. Nicht immer vielleicht, aber ganz gewiß jetzt, da ihre Freiheit und ihr Glück bedroht wurden.
»Du bist also auch nach London gekommen, Mama«,

sagte sie absichtlich schnippisch. »Die arme Tante Clara wird sich wundern, was diese Invasion zu bedeuten hat.«

»Allerdings«, sagte Mama mit ihrer eisigsten Stimme.

»Wo ist Lally? Ist sie auch mitgekommen?« (Wie sieht mein Gesicht aus? Verrät es all meine Geheimnisse? Ich muß Rudi heute abend treffen. Ich muß.)

»Lally ist mit Minnie in ›Sanctuary‹. Sie wartet auf unsere Rückkehr.«

»Morgen?« sagte Imogen leichthin. »Aber natürlich, Mama.«

»Ich meine heute abend. Um sieben Uhr fünfzehn geht ein Zug.«

»Aber Mama, du kannst doch diese lange Reise nicht zweimal an einem Tag machen. Das ist zu anstrengend.«

»Sehe ich etwa so altersschwach aus?«

»Natürlich nicht, aber bei dieser Hitze ...«

»Du bist es, die erschöpft aussieht. Du bist ja ganz rot im Gesicht. Hast du Fieber?«

Imogen griff sich mit den Händen an ihre heißen Wangen.

»Ich habe ein wenig Sonnenbrand, das ist alles.«

»Und wie hast du es fertiggebracht, in der City einen Sonnenbrand zu bekommen?«

»Mit diesem blödsinnigen Hut.« Imogen warf den steifen kleinen Strohhut verdrießlich auf einen Stuhl. »So eine idiotische Mode. Ich bin nur im Park spazierengegangen. Papa – hat es mir erlaubt.«

»Allein?« Niemand hatte eine so unnachgiebige Stimme wie Mama. Es war Zeitverschwendung und vergebene Mühe, ihr etwas vorzumachen. Ihr widersprechen, ja, aber lügen hatte niemals Erfolg.

Imogen sank müde in einen Sessel. »Mit Rudi zusammen. Wie du sehr gut weißt. Und ehrlich, Mama, du kannst mir keinen Vorwurf machen, denn ich hatte letzte Nacht keine Gelegenheit, mich von ihm zu verabschieden. Du hast ihn aus dem Haus gewiesen, erinnerst du dich nicht mehr?«

»Sprich nicht in dieser unverschämten Weise mit mir. Ich bin sehr ungehalten. Und überrascht. Es ist auf jeden Fall höchst unschicklich, einem jungen Mann nachzulaufen, daß du das aber ausgerechnet bei einem schlecht erzogenen, undisziplinierten Mann wie Rudi von Klein machst, übersteigt mein Verständnis. Ich verbiete dir, ihn je wiederzusehen.«

Plötzlich erstand vor Imogens innerem Auge ein kleines, verschwommenes Bild – Diamanten glitzerten in Mamas wunderschönem Haar, sie hielt den Kopf sehr aufrecht, unterdrückte bebend ihren Zorn, als Graf Paul von Klein sie sanft wegen ihres hoheitsvollen Gehabes neckte, es theatralisch und ein wenig lächerlich erscheinen ließ. Verständnis erfüllte sie, nicht Mitleid.

»Verzeihst du niemals, Mama?«

Mama, die von diesem kleinen Bild in Imogens Innerem nichts wissen konnte, sagte leidenschaftlich:

»Nicht rüpelhaften jungen Männern, welche die Gastfreundschaft mißachten. Aber schließlich ist Rudi ja Ausländer.«

Imogens Augenblick der Schwäche war vorüber. Sie setzte sich kerzengerade auf.

»Aber er hat zwei Arme und zwei Beine und zwei Augen und eine Nase und einen Mund und einen Magen und Lungen und ein Herz genau wie wir. Auch Ausländer sind menschliche Wesen, Mama.«

»Werde nicht hysterisch, Kind. Du redest Unsinn. Ich sage dir nur, daß ich dir als meiner Tochter jeglichen weiteren Umgang mit Rudi verbiete.«

»Ich bin aber auch Papas Tochter. Er verbietet es mir nicht.«

Mamas Gesicht verzerrte sich.

»Es ist meine Aufgabe, dich zu leiten, nicht die deines Vaters. Männer sind zu weich und empfindsam, was ihre Töchter anbelangt. Wir werden also heute abend nach

›Sanctuary‹ zurückfahren, und du erholst dich ein paar ruhige Tage lang von dieser dummen Geschichte.«

»Aber hast du nichts von dem österreichischen Erzherzog gehört, Mama? Weißt du nicht, daß wir kurz vor einer schrecklichen Katastrophe stehen?«

»Welch bombastische Worte für ein kleines Mädchen. Was gehen uns in England Österreichs innere Angelegenheiten an? Natürlich, wenn sich Deutschland einmischt und England den Krieg erklären muß, ist das etwas ganz anderes.«

»Aber Rudis Vater hat telegraphiert, daß er sofort nach Hause kommen soll. Wir müssen einander Lebewohl sagen. Es könnte für immer sein.«

Mamas Stimme blieb kühl und abweisend, ihre Augen dagegen schienen weicher geworden zu sein.

»Ist es dann nicht besser, die ganze Sache zu vergessen? Jetzt, ehe ihr beide zu sehr darin verwickelt seid? Du bist viel zu jung, mein Liebling. Außerdem, wenn es Krieg gibt, ist es deine Pflicht, mit ganzem Herzen in England zu sein und nicht mit dem Feind zu sympathisieren. Hast du nicht an Patriotismus gedacht?«

Imogens Lippen bebten vor Trostlosigkeit.

»Ich glaube, ich glaube wirklich, du liebst Opfer, Mama. Wenn Hillary in den Krieg ziehen muß, wirst du deinen Kopf hochhalten und vor Freude lächeln.«

»Vor Stolz. Was ein großer Unterschied ist. Ja, ich glaube daran, daß es einem möglich sein muß, willentlich Opfer für eine gerechte Sache zu bringen, für eine Sache, die das eigene Land betrifft. Das ist die Stärke der Briten. Meine Familie hat es immer und immer wieder bewiesen. Wenn es zum Krieg kommt, wird Hillarys Regiment eines der ersten sein, die unsere Küsten verlassen, und ich werde ihm ohne Tränen nachblicken. Tränen, meine liebe Imogen, zeugen von unerlaubter Schwäche. Du wirst es noch erfahren. So, und jetzt komm her, laß dir deine Augen trocknen. Dummes Baby.«

Sie war doch noch nicht ganz erwachsen. Mamas hypnotische Kraft hatte wieder einmal Erfolg gehabt. Sie konnte freundlich, mitfühlend, sogar liebevoll sein – wenn sie erreicht hatte, was sie wollte. Imogen wollte aufstehen und aus dem Zimmer rennen, bestürzt über ihre Bestechlichkeit – es war, als betrüge sie Rudi bereits –, aber eine seltsam wogende Dunkelheit umfing sie. Sie wankte und stolperte, und Mama mußte sie auffangen, sonst wäre sie gefallen.

»Imogen! Bist du krank? Clara! Komm rasch.«

Sie legte sie auf die Couch, und die beiden freundlichen Gesichter beugten sich über sie. Mama besorgt und mütterlich, Tante Clara verständnisvoll und wissend.

»Das wundert mich nicht, Mattie. Die ganze Nacht auf, in dieser Hitze herumgerannt, nichts gegessen. Achtzehn Jahre alte Mädchen sind verletzliche Geschöpfe. Ich bringe sie nach oben ins Bett. Sie kann bis zum Dinner schlafen, und du schlägst dir am besten alle Gedanken an eine Rückfahrt nach ›Sanctuary‹ heute abend aus dem Kopf.«

»Wie unangenehm!« sagte Mama. »Ja, ich denke, du hast recht, Clara. Aber kannst du mir auch ein Bett geben? Ich habe das Haus in Kensington abgeschlossen. Und ich muß ein Telegramm nach ›Sanctuary‹ schicken, sonst wird noch eine Tochter hysterisch. Es war sehr klug von dir, Clara, keine Töchter in die Welt zu setzen.«

»Oder Söhne?« fragte Clara hinterhältig.

»Ach, Söhne sind etwas völlig anderes. Sie lassen sich nicht von ihren Gefühlen hinreißen.«

13

»Tante Clara«, sagte Imogen hastig. Das Schwindelgefühl war vorüber, aber sie fühlte sich unendlich müde und war froh, daß sie in dem kleinen Schlafzimmer im Bett liegen konnte, das Tante Clara immer für sie und Lally bereithielt.

»Was ist denn, Liebes?«

»Rudi kommt heute abend hierher. Was soll ich tun?«

Tante Claras Gesicht zeigte weder Überraschung noch Entrüstung.

»Ihn wegschicken, nehme ich an.«

»Das kann ich nicht tun! Er wollte mich zum Dinner ausführen, nur wir beide allein. Es sollte ein Abschiedsessen sein, ich muß also gehen. Es ist meine letzte Gelegenheit im Leben, glücklich zu sein.«

»Hm. Mit achtzehn. Und bestimmt wirst du am Tisch im Restaurant ohnmächtig.«

»Ich werde nicht ohnmächtig, rede doch keinen Unsinn.«

»Man weiß nie, was impulsive Mädchen tun werden. Doch ich verstehe, darum geht es nicht. Es geht um das Problem, daß deine Mutter hier ist, nicht wahr?«

»Warum mußte sie auch kommen? Ich muß mich rausschleichen, während du sie irgendwie beschäftigst. Und dann mußt du sagen, ich sei fest eingeschlafen und könne nicht zum Dinner hinunterkommen.«

»Wieso kommst du auf die Idee, daß ich auf deiner Seite bin?«

»O liebe Tante Clara, das warst du doch immer.«

»Versuch ja nicht, mich zu erpressen. Was soll ich denn tun?«

»Dir wird schon etwas einfallen. Sprich mit Papa. Er soll Mama dazu bringen, verständnisvoller zu sein. Kann er sie nicht daran erinnern, wie sie als junges Mädchen war?«

»Ich bezweifle, ob das das Richtige wäre«, sagte Tante Clara trocken. »Deine Mutter wurde zu großem Pflichtbewußtsein erzogen. Wie alle victorianischen Mädchen.«

»Aber ich nehme nicht an, daß sie irgendwelche Versuchungen hatte. Keine wirklichen. Sie hat sich wahrscheinlich viel zu gut benommen.«

»Nun, meine liebe Imogen, jung und halsstarrig zu sein bewahrt noch lange nicht vor Dummheit. Morgen wird Rudi fort sein, und ob du willst oder nicht, du wirst deine Mutter als Freundin brauchen. Denke nur nicht, daß sie herzlos ist.«

»Nein, das denke ich nicht«, sagte Imogen widerstrebend und erinnerte sich wieder an jene lang zurückliegende Szene in Wien, als Mama offensichtlich heftige Gefühle unterdrückt und besiegt hatte.

Aber hätte sie diesen Gefühlen doch nachgegeben, hätte sie das vielleicht menschlicher, verständnisvoller, weniger diszipliniert, weniger ordentlich und weniger pflichtbewußt werden lassen.

Doch andererseits wäre Papa bis ins Herz getroffen gewesen. Und auch Rudis Mutter, die gemütliche, lustige, arglose Gräfin Amalie.

Man mußte immer beide Seiten einer Situation bedenken, man mußte gerecht sein.

»Tante Clara, ich werde Rudi heiraten.«

»Natürlich. Wenn der Krieg vorüber ist.«

»Es ist nicht unser Krieg. Er ist kein Feind.«

»Wir müssen erst einmal abwarten, nicht wahr? Aber gewiß, nach dem Krieg ist er sicherlich kein Feind mehr. Ich würde am liebsten die ganze Bagage von Feldmarschällen und Generälen und Kaisern und von Hindenburgs auf ein Pulverfaß setzen und in die Luft jagen, die ganze gefährliche Bande.«

»Tante Clara, wenn du so sprichst, wirst du mit Mama aneinandergeraten, und ihr werdet auflodern wie ein brennendes Haus.«

Tante Claras Gesicht war auf eine Weise ärgerlich und aggressiv, wie Imogen es noch nie gesehen hatte.

»Auch ich war eine victorianische junge Dame, mußt du bedenken. Uns wurde immer wieder gesagt, nicht an uns selbst zu denken. Ich liebe dich zärtlich, Kleines, das weißt du. Aber ich will nicht, daß du vor Selbstmitleid zerfließt. Also Kopf hoch, und wenn es zum Krieg kommt, wirst du stolz darauf sein, eine Engländerin zu sein.«

»Guter Gott, Tante Clara!« Imogen mußte unwillkürlich lachen.

»Aber ich nehme an, ich muß mir überlegen, was mit deinem Rudi geschehen soll. Und jetzt hör einmal damit auf, erwachsen zu sein. Sei wieder ein Kind und schlaf ein.«

Als Imogen erwachte, saß Rudi an ihrem Bett.

Sie konnte es nicht glauben.

Sie streckte die Hand aus, um ihn zu berühren, um festzustellen, ob es Wirklichkeit war, und er ergriff ihre Hand und hielt sie fest.

»Ich bin eingeschlafen. Ist es spät?«

»Ziemlich spät. Zu spät zum Dinner.«

»Oh!« Imogen blinzelte verschlafen nach der Uhr neben ihrem Bett. »Nein, es ist nicht zu spät. Erst acht Uhr. Könnten wir nicht . . .«

»Nein. Es tut mir leid.«

Hellwach und wütend setzte Imogen sich auf.

»Sie haben dich unten erwischt.«

Rudi nickte. »Was war auch schon anderes zu erwarten, da deine Mutter unten sitzt. Aber sie hat mir erlaubt,

heraufzukommen und mich zu verabschieden. Sehr kurz.«
»Sehr kurz, das kann ich mir vorstellen. Sie ist gegen Liebhaber.«
»Nur gegen die falschen vielleicht.«
»Aber wir sind nicht falsch, wir sind richtig!«
»Außer daß über meiner Geburtsstätte ein Adler thronte und ein Löwe und ein Einhorn über der deinen.«
»Die Sterne sind uns nicht hold«, sagte Imogen aus einem verlorenen Gefühl des Stolzes heraus. »Romeo und Julia. Unsere Familien befehden sich.«
»Deine Mutter war so großzügig, mich zu dir heraufkommen zu lassen. Deine Tante Clara ist eine wundervolle Frau, und natürlich habe ich den größten Respekt vor deinem Vater. Übrigens wird Richard auch nach Hause kommen. Er wird dich trösten.«
»Nein. Man wird ihn sofort in die Armee stecken, wenn ich Mama richtig kenne. Das ist die Gelegenheit, auf die sie schon so lange wartet.«
»Jedenfalls wird er in England sein. Ich muß jetzt gehen, Liebling.«
»Oh, ich mag es, wenn du mich Liebling nennst. Geh nicht. Bitte bleib!«
Rudi schüttelte den Kopf. Es war zu dunkel, um erkennen zu können, wie seine Augen aussahen.
»Das war eine Sondererlaubnis. Schließlich bin ich der Mann, der deinen Urgroßvater beschmutzt hat.«
»Rudi, du stehst da herum, als würdest du eine kranke Tante besuchen. Komm und küß mich.«
Er wich zur Tür zurück. »Nein, lieber nicht. Das macht alles nur schwerer. Du bist so weich vom Schlaf. So hübsch und rosig, wie eine zerknitterte Rose.« Jetzt im Dunkeln konnte sie seine Augen leuchten sehen. »Ich verspreche dir, ich komme zurück, sobald ich kann.«
Imogens Stimme bebte.
»Ich werde warten. Wenn du es willst.«
»Werde in drei Monaten nicht zu alt, hm?«

»Nur drei Monate?« sagte sie hoffnungsvoll. Aber sie wußte, es würde länger dauern. Viel länger.
»Daran glaube ich«, sagte er, drehte sich um und war weg, seine Schritte polterten die Treppe hinunter. Verängstigt entfloh er den Verlockungen dieses warmen, dämmrigen Schlafzimmers, traurig, daß er gehen mußte, aber begierig, die tödliche Erregung des Schlachtfelds zu erleben.

Ein wenig später kam Mama herauf und trug ein Tablett. Sie hatte ihr Reisekostüm ausgezogen und trug jetzt ihr olivfarbenes Nachmittagskleid. Sie mußte um Nachtsachen nach dem Haus am Kensington Square geschickt haben. Niemals hätte sie in ihren Unterröcken geschlafen oder gar in einem von Tante Clara ausgeliehenen Nachthemd. Nicht Mama. Sie war korrekt in allem. Außer, daß sie Rudi erlaubt hatte, Imogen allein in ihrem Schlafzimmer zu sehen. Ein schier unfaßbares Zugeständnis. Aber ungeachtet der Weichheit, die ihr das geraffte Nachmittagskleid verlieh, konnte sie das Glitzern in ihren Augen nicht verbergen. Es war der gleiche Blick, den Rudi gehabt hatte. Vorahnung, Erregung bei dem Gedanken und dem Wissen um den bevorstehenden Kampf. Entschlossenheit und Mut und Patriotismus und unendlicher Stolz.
Solche Menschen waren gefährlich, dachte Imogen verwirrt. Sie bildeten den Nährboden für die Kriegsmacher. Was immer ihnen bevorstehen mochte, selbst etwas so Schreckliches wie die Möglichkeit, daß Hillary in Unehren degradiert werden könnte, Mama würde niemals diese stolze Maske fallenlassen und ihr Leiden zeigen. Man mußte sie bewundern, sich aber auch vor ihr in acht nehmen. Sie konnte so trügerisch sanftmütig sein, wie eben jetzt, als sie eigenhändig das Tablett mit einem Teller dampfender Suppe und Streifen von gebuttertem Toast hereinbrachte. Aber sie war aus Eisen.
Rudi war nicht aus Eisen. Er war noch immer formbar.

Doch jetzt, da der Krieg ihn in seinen Klauen hatte, würde er verändert zurückkommen, wenn er überhaupt zurückkam.

Unvermittelt begann Imogen zu weinen. Vermutlich sehnte sie sich doch danach, sich in Mamas weiche, duftende Arme zu schmiegen. Es war die Rückkehr in die Kindheit. Ein Gefühl, das sie nicht steuern konnte. Aber noch während sie ihr Gesicht an Mamas Brust preßte, wußte sie, daß sie zwar durch Schicksal und andere Umstände dieses erste Scharmützel des Erwachsenenseins verloren hatte, daß sie es aber nicht zulassen würde, das nächste abermals zu verlieren. Auch sie konnte aus Eisen scin.

»Trockne deine Augen, Imogen. Hier ist mein Taschentuch. Und iß dein Abendessen. Du wärst überrascht, wie oft nur ein leerer Magen daran schuld ist, daß man meint, das Ende der Welt sei gekommen. Und Richard kehrt nach Hause zurück. Das freut dich doch, nicht wahr?«

»Nur u-um in die Armee zu gehen.« Sie stotterte wie Lally.

»Selbstverständlich. Falls der Krieg erklärt wird. Aber soweit ist es noch nicht. Wir werden alle zusammen in ›Sanctuary‹ bleiben. Du weißt doch, wie gerne Richard dort ist. Und Hillary wird vor Ende des Sommers auch Urlaub bekommen. Denk doch, es ist schon beinahe Juli. Die Pfirsiche werden bald reif.«

Die süßen Worte hatten überhaupt nichts zu bedeuten. Das Glitzern in Mamas Augen, wie Sonnenlicht auf Stahl, löschte sie aus.

Matilda

Jetzt erkannte die alte Dame, die soeben wieder erwachte, weshalb es so dunkel war. Man hatte wegen der Luftangriffe die Vorhänge zugezogen. Man wußte nie, wann sich diese ungeheure deutsche Erfindung, der Zeppelin, aus den Wolken herausschob und die zerstörerische Fahrt über London begann. Sie glaubte, das Knattern der Luftabwehrkanonen zu hören.
Sie mußte zu Lally, die wie gelähmt vor Angst war, wenn irgend etwas geschah, was sie nicht verstand. Oder dachte sie an Julia? Es war vielleicht ganz gut, daß Julia diesen Krieg nicht mehr erlebt hatte. Falls sie wirklich tot war, natürlich. Nach zwanzig Jahren mußte man das wohl annehmen. Nein, es war Lally, die sich in ihrem Zimmer einschloß, wenn die Zeppeline über sie hinwegrauschten. Lally, die nie mit ans Meer nach Sandwich oder Deal kam, denn wenn sie in der Entfernung den Donner der Kanonen in Frankreich hörte, begann sie zu weinen und weinte stundenlang. Sie denke an Hillary und Richard, sagte sie und hob ihr dauernd von Tränen benetztes Gesicht.
»Und an Rudi«, erinnerte Imogen sie.
Matilda hatte Imogen verboten, jemals Rudis Namen zu erwähnen, seit er an der Westfront kämpfte und britische Soldaten tötete. Imogens Gesicht hatte die runden, weichen Konturen der Kindheit verloren und sah scharf und irgendwie verhungert aus. Verhungert! dachte Matilda indigniert. Ihre Kinder! Es gab noch immer eine Menge zu essen. Die angedrohte U-Boot-Blockade hatte noch

nicht begonnen. Aber wieso wußte sie, daß die deutschen U-Boote im Atlantik lauerten, die Schiffahrt bedrohten und versuchten, Englands Lebensadern abzuschneiden, wenn die Blockade noch gar nicht begonnen hatte?

Unruhig bewegte sie sich in den Kissen. Sie fürchtete, schon wieder zu träumen, die Vergangenheit mit der Zukunft zu vermischen, sich an Schatten zu erinnern. Schatten waren sie jetzt alle – Hillary, der sie während seines letzten Urlaubs zum Tee ins *Ritz* geführt hatte, seinen Kuchen zerkrümelte, in halbfertigen Sätzen sprach, ganz außer sich war vor Begierde, in den Kampf ziehen zu können. Jedenfalls hatte sie seine fieberhafte Unruhe so verstanden.

»Ich habe mein Testament gemacht, Mama.«

»Dein Testament, mein lieber Junge?«

»Es ist nur Routine. Wir müssen alle unser Testament machen. Einige der Männer haben buchstäblich nichts zu hinterlassen, ihre Briefmarkensammlung oder ihren besten Sonntagsanzug. Einer hinterläßt seiner Freundin seinen Hund.«

Nein, nicht diese Stunden im *Ritz* hatte sie in lebhaftester Erinnerung, es war Hillarys Abreise auf dem Victoria-Bahnhof. Aufrecht, bleistiftgerade, stolz auf die Abzeichen seines soeben errungenen Ranges. Captain Hillary Duncastle zieht in den Krieg.

Nein, natürlich war er Captain Hillary Webb. Aber als Soldat in Uniform blieb er in ihren Augen für immer ein Duncastle.

»Imogen, meine liebe kleine Schwester, ich kann das Grauen dieses Krieges nicht beschreiben . . . Sag Mama nichts davon . . .«

Das war ein Brief, den sie nicht hätte sehen sollen und den sie so völlig vergessen hatte, daß ihr erst jetzt die sengenden Worte wieder vor die Augen sprangen.

»Meine liebe Mutter, nach der letzten Schlacht ist es jetzt fast wieder still, zumindest ruhig genug, um ein paar Vögel singen zu hören. In einem Obstgarten fanden wir ein paar vom Wind herabgeschüttelte Birnen, aber der frühe Frost hatte sie schon verdorben. Nachts wird es kalt ...«

Nachts wird es kalt ...

Die alte Dame im Bett fröstelte heftig, als schüttelten die frühen Fröste Flanderns ihren ausgezehrten Körper.

Mit ungeheurer Anstrengung löste sie sich aus den Schatten. Aber das unstete und abgehackte Dröhnen der Trommel hatte in ihrem Kopf begonnen. Natürlich war das der kleine Johnnie. Sie hatte ihm gezeigt, wie er mit seinen Babyfingern die Salamanca-Trommel schlagen konnte. Und Imogen war wütend geworden.

»Ich will nicht, daß mein Sohn verdorben wird.«

Verdorben? Was meinte sie bloß? Der kleine Junge liebte die Trommel. Er verlangte immer wieder auf seine unerbittliche Duncastle-Art danach.

»Ich gehe jetzt und spiele auf meiner Trommel, Granny.«

Meine Trommel. Ein Duncastle durch und durch, auch wenn Imogen diese Tatsache ärgerlich von der Hand wies. So ging das Leben immer weiter. Nichts war je vorüber.

Oder doch? Denn wer war jetzt da, um die Trommel zu schlagen? Außer den Gespenstern in ihrem Kopf.

»Mrs. Webb, Sie waren so weit weg. Haben Sie wieder geträumt?«

Diese verdammte Nurse mußte sich schon wieder einmischen.

»Ich bin auf einer von dunklen Bäumen bestandenen langen Straße gegangen. Diese dunklen, spitzen Bäume, wie schwarze Kerzen. Was sind das für Bäume? Sie müssen es wissen. Es gibt sie in Frankreich.«

»In Frankreich stehen meistens Platanen an den Straßen, Mrs. Webb. Sie denken vermutlich an die Bäume auf dem Friedhof, wo Ihr Mann begraben liegt. Zypressen.«

Nicht Zypressen! hätte sie am liebsten gerufen. Junge Bäume, Weiden mit frischen Blättern, blühender Weiß-

dorn, auch Pappeln, wenn Sie wollen, Linden. Nein, Linden waren in Wien.
Sie hatte bei Joshuas Beerdigung nicht geweint. Das war eine traurige Tatsache. Aber aus irgendeinem Grund hätte sie jetzt gerne geweint. Der Kinderstimmen wegen, der kleinen Hände wegen, die eifrig die Trommel schlugen.
»Johnnie wird sie aufarbeiten, Mama.« Imogen war immer so mißbilligend, so feindlich. »Gut so.«
»Ich habe Ihnen eine schöne Tasse Tee gebracht, Mrs. Webb. All diese Leute da unten sind bald wieder weg, und dann haben Sie wieder Frieden.«
Frieden? Sie?

14

Einmal im Spätsommer waren sie alle in »Sanctuary«, sogar Joshua. Richard war aus Wien zurück. Nachdem die Deutschen in Belgien einmarschiert waren und Großbritannien und Frankreich den Krieg erklärt hatten, hatte sich Richard als gemeiner Soldat anwerben lassen, obwohl man ihn dauernd drängte, Offizier zu werden. Welcher Duncastle wäre je ein Gemeiner gewesen!
»Aber ich bin ein Webb«, sagte er mit hartnäckigem Stolz, worauf Matilda die Lippen zusammenpreßte und Joshuas Augen naß wurden.
So hatte Joshua schließlich zwei Söhne in der Armee, den einen allerdings sozusagen nur leihweise. Gebe Gott, daß Richard überlebte, um seine Banklaufbahn zu vollenden, und nicht derart verrückte und unnötige Heldentaten vollbringen wollte, wie Hillary sie zweifellos anstrebte.
Matilda war von dem Augenblick der Kriegserklärung an emsig beschäftigt. Sie organisierte Komitees, bedrängte die Gleichgültigen oder die Dummen, die Hysterischen oder diejenigen, die schlicht und einfach Angst hatten. Sie glaubte, jede Frau sei viel glücklicher und viel sicherer, wenn sie beschäftigt war, ganz zu schweigen von dem Nutzen, den sie ihrem Land erweisen konnte. Es mußte so vieles getan werden, besonders dann, wenn der Krieg länger als ein Jahr dauern sollte. Und welcher gut Informierte, der die Stärke der Deutschen kannte, rechnete schon mit einem Sieg in kürzerer Zeit?
Noch niemals hatte sie sich so sehr danach gesehnt, ein Mann zu sein. Als Hillary sich nach Frankreich einge-

schifft hatte, wäre sie am liebsten jeden Schritt auf den langen, staubigen Straßen mit ihm gegangen, dem Donnern der Kanonen entgegen.
Da sie das nicht tun konnte, stürzte sie sich wie wild in die Arbeit und hatte sogar eine Audienz bei der Königin, um all die nützlichen und notwendigen Aufgaben zu besprechen, die die Frauen erfüllen konnten. Abgesehen von Notkrankenhäusern und Erholungsheimen (die riesigen Landhäuser der Reichen konnte man zu diesem Zweck benützen), von Krankenpflege und Truppenbetreuung gab es die Hinterbliebenen, die Mütter, die Witwen, die Kriegswaisen. Diesen Hinterbliebenen wollte sich Matilda besonders widmen. Schließlich wußte sie als Mitglied einer Soldatenfamilie um den Verlust. Es linderte den Schmerz einer Mutter sehr, wenn man ihr sagen konnte, daß ihr Sohn auf die ehrenvollste Weise gestorben war, die es gab, im Dienst für sein Land. Sie würde England zu einer Nation heldenhafter Frauen machen.
Aber während dieser Spätsommerwoche in »Sanctuary« entspannte sie sich ein wenig, trug blaßfarbige, fließende Kleider und sah, wie Imogen sagte, wie eine Rose aus, deren Blütenblätter an den Spitzen schon ein wenig braun wurden. »Mit einem Wurm dran«, fügte sie grausam hinzu. »Sie stellt eine Bedrohung dar mit ihrem überwältigenden Sinn für Patriotismus, sie ist wie ein Vampir, der auf frisches junges Blut wartete.«
»Sie kann nicht gleichzeitig eine verblühte Rose, ein Wurm und ein Vampir sein«, sagte Richard faul. »Und seit wann bist du so rachsüchtig, Mog?«
»Sie gehört zu den Menschen, die vor dem Krieg nicht zurückweichen«, sagte Hillary gepreßt. »Du solltest stolz auf sie sein.«
»Sie verherrlicht den Krieg und militärische Macht«, sagte Richard. »Das ist ungesund.«
»Rudi ist Soldat, und ihn verherrlicht sie nicht. Da ist sie ungerecht.« Imogen machte sich große Sorgen um Rudi

und hatte wieder einmal eine Phase, in der sie ihre Mutter erbittert haßte. Ihrer Meinung nach waren Menschen wie sie für die Kriege verantwortlich, genauso wie der deutsche Kaiser.
»Wir sollten den Kaiser und seine Untertanen schmähen und nicht unsere großartige, kluge, hübsche Fahnen schwingende Mutter. Sie gäbe tatsächlich eine ausgezeichnete Frau für den Kaiser ab«, sagte Richard.
Das nahm der Unterhaltung die Bitterkeit. Sie alle lachten, Hillary am lautesten. Er machte nichts anderes als nervöse, triviale Konversation und wirkte wie der Inbegriff des smarten jungen Offiziers ohne jegliche geistige Interessen. Alle drei lagen gelöst im sommerbraunen Gras, und ein wenig entfernt von ihnen saß Lally in einem Liegestuhl und zeichnete sie.
»Wie w-wir alle z-zusammen sind«, sagte sie und machte ihre komischen, krakeligen Porträts, die trotz ihrer Fahrigkeit eine unheimliche Ähnlichkeit mit den Porträtierten hatten.
Imogen dachte, daß sich ähnliche Szenen schon oft in »Sanctuary« abgespielt haben mochten. Die Familie vor dem letzten Lebewohl versammelt, ehe wieder ein Duncastle-Sohn nach Indien oder auf die Krim zog oder dem Duke of Wellington über die in der Hitze flirrenden Ebenen Spaniens folgte.
Die Deutschen überrannten Belgien, die makellosen Ulanen, mit Lanzen, Säbeln und Pistolen bewaffnet trotteten durch die Dorfstraßen, siegreich und todbringend, rissen die belgische Flagge herunter und hißten den schwarzen Adler des deutschen Kaiserreichs. Es gab Geschichten über vergewaltigte Frauen und Kinder, über Babys, die man auf Bajonette aufgespießt hatte.
Wo war Rudi?
Imogen hatte nur eine einzige Nachricht von ihm bekommen, ein komischer Satz, den er im Zug geschrieben und in Dover aufgegeben hatte: »Mein liebes kleines Gänsemädchen. Wenn Du Deine gefiederten Freunde im

Park besuchst, erinnerst Du Dich vielleicht an mich? Dein Rudi.«

Als ob sie es nötig hätte, im St. James Park Enten und Schwäne zu füttern, um sich an ihn zu erinnern. Er war überall, immer. Sie hatte vorgehabt, Hillary zur Rede zu stellen, weil er niemals seine Rolle bei der Tintengeschichte preisgegeben hatte. Aber der leere Fleck an der Wand war ihr ein bißchen unheimlich. Der Generalmajor befand sich zur Zeit außer Haus und wurde gesäubert und restauriert. Er machte sie ein bißchen abergläubisch. Angenommen, Hillary, der sich insgeheim vor der Schlacht fürchtete (falls man Lally und Rudi glauben konnte), hinterließ ebenfalls einen leeren Platz, dieser fröhliche junge Offizier, der herumblödelte, Champagner trank und vorgab, mutig genug zu sein, um Drachen zu töten. Nein, die Anschuldigungen mußten bis nach dem Krieg zurückgestellt werden. Im Augenblick mußte man Hillary helfen, sein Gesicht zu wahren. Mamas ruhiges und entschlossenes Gehabe war natürlich. Hillarys Fröhlichkeit war eine Fröhlichkeit, die Verzweiflung verbergen sollte. Wenn er sich unbeobachtet glaubte, sackte sein Gesicht zusammen und wurde aschfahl.

Jetzt wurde klar, weshalb Papa das Bankwesen so beruhigend fand. Er brauchte sich nur Sorgen zu machen über eingefrorene Bankguthaben in feindlichen Ländern, um die Vernichtung ausländischer Schuldscheine und Verbindungen. Nicht um Fleisch und Blut.

Und über kurz oder lang würde er Wege finden, die Industrie auf eine für seine Bank vorteilhafte Art zu finanzieren. Warum nicht? Irgend jemand mußte schließlich Nutzen aus diesem irrsinnigen Krieg ziehen.

»Ich höre, daß Rudi seine Weste beschmutzt hat«, sagte Richard zu Imogen. »Oder deutlicher ausgedrückt, Urgroßvaters Gesicht. Das klingt mir aber gar nicht nach dem guten alten Rudi. Er war doch immer der Inbegriff des guten Benehmens.«

»Stell jetzt keine Fragen«, antwortete Imogen. »Es ist – nun, etwas, worüber wir mit Mama nicht sprechen. Aber gib Rudi nicht die Schuld.«

»Aha – dürfte ich das Wichtigste erfahren?«

»Es spielt jetzt keine Rolle mehr.« Imogen redete bitter und verärgert. »Rudi ist jetzt angeblich unser Feind – als könnte er das je sein, ganz gleich, was Mama über Ausländer sagt –, und was in jener Nacht geschah, ist unbedeutend im Vergleich zu dem, was er jetzt durchzumachen hat.« Mit Überzeugung fügte sie hinzu: »Ich weiß, daß er das denken wird, denn ich weiß, wie er denkt.«

»Du und Rudi, ihr habt was miteinander angefangen, hm?« Richards Stimme war ebenso sanft, wie die von Papa sein konnte. Beide waren aggressive, aufrechte Männer, und der Umschwung in die Sanftheit war ihre ständige Waffe. Eines Tages würde eine Frau das an Richard entdecken, auch wenn Mama sich niemals hatte hinreißen lassen, Papa so zu erkennen. Aber Richard würde keine Frau wie Mama heiraten.

»Ich liebe ihn«, sagte Imogen, und Tränen traten ihr in die Augen. »Ja, du hast recht, für ihn war es gerade der Beginn, doch für mich war es schon immer so.«

»Es ist nicht besonders schlau, einer einzigen Liebe treu zu sein, Mog. Das Leben ist lang.«

»Warte ab, bis es dir selbst so geht.«

»Oh, ich bin nicht so. Ich kannte ein nettes kleines Mädchen aus Grinzing. Flachsblondes Haar, rosige Wangen, weich wie ein Kissen. Lottie. Sie weinte, als ich abreiste. Aber jetzt kann ich mich kaum noch daran erinnern, wie sie aussah. Abgesehen von einem hinreißenden Grübchen in einer Wange. Männer sind im allgemeinen recht niedere Wesen. Und weil wir gerade davon sprechen, müssen wir nicht unseren sehr tapferen Bruder schützen?«

»Richard, du weißt davon!«

»Ich bin einigermaßen intelligent. Schließlich bin ich nur ein Jahr jünger als Hillary. Ich habe mein ganzes Leben lang mit ihm gelebt. Sogar in der Schule hat er Theater gespielt. Übrigens sehr erfolgreich. Er hätte zur Bühne gehen sollen.«

»Ach, der arme Hillary.«

»Er läßt das Visier nicht runter. Das hat er nie getan. Er ertrug seine geheimen Alpträume und spielte mit seinen Spielzeugsoldaten. Das war gut und schön, solange der Krieg ein Spiel war. Er konnte fast alle berühmten Schlachten rekonstruieren, besonders natürlich jene, die wir gewonnen haben. Jeder sagte, er sei für eine berühmte Militärlaufbahn geradezu vorherbestimmt. Der arme Teufel.«

»Hast du auch Angst?«

»Natürlich. Niemand außer Narren und Lügnern kann sagen, daß er keine Angst hat. Aber ich bin nicht so gelähmt vor Angst, wie Hillary es sein kann. Ich habe gesehen, wie er in sein Glas Port starrte, wenn er schon ein bißchen viel davon hatte. Aber ich wette mit dir, er wird mit einem Orden nach Hause kommen, wahrscheinlich mit dem Victoria-Kreuz. Dann wird es natürlich vollkommen unmöglich sein, mit unserer feuerfressenden Mutter zusammen zu leben. Nun, Mog, was wirst du mit deinem Leben anfangen, wenn der Krieg vorüber ist? Oder noch während er andauert, denn du kannst ja nicht die ganze Zeit zu Hause herumsitzen und an Rudi denken.«

»Ich habe einen Plan.«

»Erzähl. Ist es ein Geheimnis?«

»Für Mama, ja. Sie wird nichts mehr von mir wissen wollen, wenn sie es erfährt. Sie meint, ich sollte wenigstens Hilfskrankenschwester werden oder Liebesgaben an die Tommys austeilen. Aber Papa verliert nach und nach all seine jungen Angestellten, weil sie einrücken müssen. Ich möchte in die Bank gehen.«

»Guter Gott! Kannst du denn überhaupt rechnen?«

»Natürlich kann ich rechnen. Ich kann auch schreiben, und ich würde sicher bald lernen, wie man ein Hauptbuch

führt. Wieso sollte ein Mädchen das nicht ebensogut können wie ein Mann?«
Richard grinste. »Mach mir keine Angst. Du redest wie eine von diesen absonderlichen Frauen, die für die Rechte der Frauen kämpfen.«
»Eine Suffragette? Weißt du was, ich glaube, Mama könnte dafür einige Sympathie aufbringen, wenn ich es im großen Stil machte. Aber du weißt ja, wie sie immer über Bankangestellte gedacht hat.«
»Sie war gezwungen, einen zu heiraten. Das mußt du bedenken.«
»Und ich war gezwungen, mich von einem zu trennen«, sagte Imogen bitter. »Also erwarte von mir nicht allzuviel Mitgefühl für Mama. Ich denke an Papa, und ich weiß, er wird sich freuen. Ich sage ihm, ich nehme deinen und Rudis Platz ein.«
»Ein weiblicher Tycoon, ein Industriemagnat?«
»Lieber Richard, hast du vor, auch ein großer Tycoon zu werden?«
»Ich hatte vor, mit dem Job wirklich etwas anzufangen. Ich liebe den Umgang mit Geld. Ich habe Papas Gene geerbt, aber da hast du's, ich werde gezwungen, in die Fußtapfen der Duncastles zu treten und ein Gewehr zu schultern. Ich glaube gar, Mama hat den Krieg angezettelt, um mich in die Armee zu bringen.«
Imogen runzelte ängstlich die Stirn.
»Es wird nicht für lange Zeit sein. Das sagen alle. Und im gleichen Augenblick, da der Krieg vorüber ist, bin ich unterwegs nach Wien. Ich werde jeden Penny von meinem Gehalt sparen.«
»Es gibt ein wunderbares Restaurant im Wienerwald. Sehr romantisch. Dahin soll Rudi dich ausführen.«
»O ja, und wir werden von dem jungen Wein trinken, von dem du erzählt hast.«
»Sei vorsichtig. Der kann recht stark sein. Wenn du dich betrinken willst, mach es auf Hillarys Weise. Mit Champagner.«

»Ich habe nicht Hillarys Stil.«
»Nein, aber du wirst überleben.«
»Woher willst du das wissen?«
»Du mußt auch überleben, bitte!«
»Glaubst du vielleicht, daß durch meine dicke Haut ein Geschoß der Deutschen dringt? Die ist so dick wie die Stahlkammer in einer Bank.«
Imogen nahm liebevoll seine Hand. Der liebe Richard, er brachte sie immer zum Lachen, sogar in ihrer jetzigen verzweifelten Lage. Sie betete, der Krieg möge ihm seine natürliche Fröhlichkeit nicht nehmen. Und die ihre auch nicht. Lachen war gegenwärtig wenig gefragt in ihrer Familie.

Das Dinner am letzten Abend von Hillarys Urlaub erinnerte Joshua an jenen Abend, an dem er zum erstenmal in »Sanctuary« gespeist hatte und ganz verrückt nach Matilda gewesen war. Er war damals nicht einmal mehr so jung gewesen, also konnte er seine Eheschließung nicht als Jugendfehler bezeichnen. Außerdem war sie im ganzen betrachtet kein Fehler gewesen. Aber es war auch wieder keine richtige Ehe, belastet durch diese idiotische Schwester und durch die Tragödie mit Lally, die seiner Meinung nach nur von dem unglückseligen Sturz herrührte. Er wußte, daß die Ärzte geteilter Meinung waren, daß sie von Genen sprachen, aber er beharrte darauf, daß man Julia in ein Heim für Fälle ihresgleichen hätte geben sollen. Dann wäre seine älteste Tochter vielleicht so vital und lebenslustig geworden wie Imogen.
Imogen und Richard repräsentierten die Habenseite seiner Ehe, die arme, nervöse Lally und sein seltsamer, verschlossener ältester Sohn die Sollseite. Auf dieser Sollseite stand auch das Versagen seiner Frau im Bett. Denn sie hatte ihn in jenen frühen Jahren nie betrogen, sie hatte ihm nie etwas vorgetäuscht, soviel er es sich damals auch einreden mochte, im Grunde hatte er es gewußt. Sie hatte ihn dazu benützt, Kinder zu bekommen, am liebsten

Söhne, und dann hatte sie zur beiderseitigen Erleichterung die ehelichen Beziehungen abgebrochen.

Was für ein Ausdruck – eheliche Beziehungen. Das konnte jede Romantik zerstören. Rosie und neuerdings Prudence, seine Favoritin (welch ein gräßlicher Name war dies für eine großherzige, warme, gutgelaunte Frau, die ihn immer willkommen hieß, immer lachte), lehnten derartige Ausdrücke ab und gebrauchten einfache Worte wie Freude und Liebe.

Trotzdem, er wußte, Matilda hätte ihn sein ganzes Leben lang verfolgt, wenn es ihm damals nicht gelungen wäre, sie zu heiraten. Ihr überzüchtetes, ungewöhnliches Aussehen übte einen magischen Reiz auf ihn aus. Er hatte sich eingebildet, der Besitz einer solchen Frau müsse ihn um Zentimeter wachsen lassen. Er war noch immer unendlich stolz auf sie, obwohl seine Ehe in zu vieler Beziehung eine Enttäuschung war. Sie hatten einander niemals verstanden, weder mit Worten noch körperlich. Prudence hatte ihm das klargemacht, aber gleichzeitig hatte sie seinem Versagen die Bitterkeit genommen, indem sie meinte, dieser junge Joshua Webb müsse ein schrecklich ehrgeiziger junger Draufgänger gewesen sein.

Jetzt, im geheimen von einer warmherzigen Frau umsorgt und geliebt, war es ihm möglich, Matildas Launenhaftigkeit geduldig zu ertragen. Sie tat ihm sogar ein wenig leid. Obgleich sie sich selbst weiß Gott nicht leid tat. Sie war die selbstsicherste Frau, die er je kannte. Obgleich sie intelligent genug war einzusehen, daß sie als Mann und Frau versagt hatten, verteidigte sie sich damit, daß man sie zu dieser Ehe gezwungen hatte und sie daher das Recht habe, Zurückhaltung zu üben. Sie sparte ihre Gefühle ganz für ihre Kinder auf. Selbst wenn diese ihr keine Freude machten. Richard, der immer wieder darauf bestand, der Sohn in der Firma Joshua Webb und Sohn zu sein, oder Imogen, das arme kleine Ding, das noch immer unter dieser totgeborenen Romanze mit Rudi von Klein litt. Doch für Hillary, der Matildas eigenartige langnasige Eleganz geerbt hatte und eine Soldatenmarionette geworden war (er würde dies in Joshuas Augen so lange bleiben, bis er eigene Aktivität entwickelte), legte sie eine schamlose Vorliebe an den Tag.

Hillary war ihr Liebling, ihr ganzer Stolz, ihre Freude, ihre Belohnung für das Opfer, das sie durch die Heirat mit Joshua gebracht hatte. Er repräsentierte all ihre Wünsche. Ein Wunder, daß aus ihm überhaupt ein Mann geworden war. Aber das war er wohl, denn Joshua wußte von einer Affäre mit einer gewissen jungen Frau in Pimlico und dankte Gott dafür. Matilda wäre es wohl lieber gewesen, er hätte eine von jenen puppengesichtigen Debütantinnen geheiratet und einen Erben gezeugt, einen weiteren blutrünstigen Duncastle, ehe er in den Krieg zog. Aber selbst sie konnte dem vorwärtsstürmenden Militarismus nicht Einhalt gebieten, um Hillary Zeit zum Heiraten zu geben. Sie hätte das auch gar nicht gewollt.

Ihr Blut kochte. Sie genoß diese Belastungsprobe für Patriotismus und Opferbereitschaft. Sie wollte den britischen Frauen ein Vorbild sein. Sie waren alle auf dem Weg zur Hölle, merkte das denn niemand? dachte Joshua, als er über den von Kerzen erhellten Tisch auf die frischen Gesichter seiner Kinder sah. Waren sie alle so naiv wie er selbst vor fünfundzwanzig Jahren, als er an eben diesem Tisch gesessen und sich nach der fremdartigen, kühlen Schönheit des rothaarigen Duncastle-Mädchens verzehrt hatte? Es machte ihn wütend, daß seine kämpferische Männlichkeit so wenig durchgeschlagen hatte.

»Papa, du siehst schrecklich ernst aus«, sagte Imogen.

»Diese Transsibirische-Eisenbahn-Geschichte?« mutmaßte Richard.

»Joshua, du denkst heute abend doch nicht etwa an Investitionen«, sagte Matilda streng.

»Ich wollte gerade allen noch Wein nachschenken«, sagte

Joshua, »da Simmons für längere Zeit abwesend zu sein scheint.«

»Er wurde heute nachmittag eingezogen«, sagte Matilda.

»Guter Gott! Er ist doch mittleren Alters.«

»Er wird einen Job bei der Verwaltung der Kriegsvorräte bekommen. Nicht wahr, Hillary?«

»Anzunehmen. Aber ganz bestimmt bekommt er keinen Château Lafitte zu trinken, der arme Teufel. Das ist ein bemerkenswert guter Wein, das muß ich sagen. Ich danke dir, Vater.«

»Von deinem Großvater eingekellert, nehme ich an«, sagte Joshua trocken. »Also bedanke dich nicht bei mir.«

»Mach das Beste daraus, solange es geht«, sagte Matilda. »Wir haben genug, um den Krieg zu überdauern, dank der Vorsorge deines Großvaters, aber danach mußt du neue Vorräte anlegen, Hillary.«

»Nach dem Krieg. Das klingt wie eine Litanei.« Hillary hob sein Glas und tat einen tiefen Zug. »Ich frage mich, ob Großvater das auch gesagt hat, als er nach Indien ging, um einen Aufstand niederzuschlagen, oder Urgroßvater, bevor er auf die Krim zog. ›Erinnert mich daran, daß ich die Keller wieder auffülle, wenn ich zurückkomme.‹ Als lebten sie ewig.«

»Du wirst die Vorräte auffüllen«, sagte Matilda.

»Aber sie standen nicht deutschen Kanonen gegenüber. Wann hatten die Briten zuletzt mit deutschen Gewehren zu tun? Nicht mal in Waterloo. Ich weiß, wir sind nicht gerade eine minderwertige Rasse, aber so überragend sind wir nun auch wieder nicht. Deshalb will ich im Augenblick das Schicksal nicht herausfordern und meine Kenntnisse über französische Weine auffrischen, die dazu geeignet wären, so um neunzehnhundertdreißig getrunken zu werden.«

»Liebling, du bist so amüsant«, sagte Matilda. Sie bewegte ihren Kopf, und die Diamanten in ihrem Haar funkelten im Kerzenlicht. Sie wollte, daß dieser Abend eine richtige Party wurde, und war entsprechend gekleidet.

»Findest du das wirklich amüsant?« fragte Richard und beugte sich vor. »Wirklich, Mama? Trink aus den roten süßen Wein der Jugend. Hast du denn deinen Rupert Brooke nicht gelesen?«

»Ich kann süßen Wein nicht ausstehen«, sagte Hillary schnippisch.

Matilda hob das Kinn.

»Was haben wir doch für witzige, kluge Söhne, Joshua.«

»Du hast auch eine kluge Tochter . . .« Imogen hatte viel mehr Wein getrunken, als ihr für gewöhnlich erlaubt war. Papa hatte ihr immer wieder das Glas gefüllt und ihr zugezwinkert. Er dachte, er könnte sie aufheitern. Gott segne ihn. »Weißt du, worin mein Kriegsdienst bestehen wird, Mama?«

»Nein, Liebling, aber in den Krankenhäusern braucht man kräftige junge Mädchen. Ich habe vor, mit Prinzessin Louise zu sprechen.«

»Du würdest nur deine Zeit verschwenden«, sagte Imogen. Sie legte ihre Hand auf die ihres Vaters und zwinkerte ihm zu. »Papa wird mir beibringen, wie man Hauptbücher führt. Er verliert alle seine Angestellten, weil sie einrücken. Daran ist dieses Plakat von Kitchener schuld. Dein Land braucht dich. Nun, Webbs Bank braucht mich, nicht wahr, Papa? Ich werde also Bankkaufmann.«

»Imogen! Du machst dich über mich lustig.«

»Nein, das tue ich nicht, Mama. Ich meine es todernst. Stimmt doch, Papa?«

»Ich nehme es an, Kleines.«

»Joshua!«

»Du kannst nicht alle in Uniformen stecken, Mattie«, sagte Joshua mild. »Irgend jemand muß zu Hause bleiben und zusehen, daß der Laden läuft.«

»Benütze nur nicht dieses Wort Tod, Imogen«, maulte

Hillary. »Verdammt morbid.« Er trank noch mehr Wein. »Aber verschiebt euren Streit auf morgen. Heute abend müssen wir uns vergnügen.«
Ich habe dieses Haus immer gehaßt, dachte Joshua plötzlich. Verdammtes Mausoleum.
Das Dinner endete jedoch letztlich in dröhnendem Gelächter, als Richard und Hillary unmögliche Geschichten zum besten gaben. Sogar Lally lachte, obwohl sie offensichtlich die Pointe nie begriff. Danach gingen alle außer Hillary etwas schläfrig ins Wohnzimmer. Sie hatten einem halben Dutzend Flaschen von dem 1887er Lafitte den Hals gebrochen. Sogar Mama war ungewöhnlich aufgelockert und nicht in der Stimmung, Imogens Herausforderung anzunehmen.
Nach einer Weile ging Imogen, nach Hillary zu sehen. Sie fand ihn in der Bibliothek über die Ordensammlung gebeugt, die er seit seiner Kindheit kannte. Sie schien ihn immer wieder zu faszinieren.
»Hallo«, sagte er. Eine Haarlocke hing ihm in die Stirn. Sonst verriet er durch nichts, daß er eine ganze und eine halbe Flasche Wein getrunken hatte. Die Armee hatte ihn sicherlich gelehrt, selbst in betrunkenem Zustand Haltung zu bewahren. Oder war das vielleicht auch ein besonderer Charakterzug der Duncastles?
»Schau.« Er hielt einen Orden hoch. »Das ist mein liebster. Er ist so bizarr. ›Kirkee und Poona‹. Wer hat je von diesem kleinen Scharmützel gehört? Schau, hier ist die ›Befreiung von Lucknow‹, ›Die Befreiung der Gesandtschaft in Peking‹, ›Coruña‹, ›Waterloo‹, ›Talavera‹, ›Nord-Kurdistan‹. Du meine Güte, unsere Vorfahren sind in der Welt herumgekommen. Und ich bringe nichts weiter fertig, als den Kanal zu überqueren.«
»Du und Richard, ihr werdet dieser Sammlung noch einiges hinzufügen«, sagte Imogen.
»O Gott, jetzt redest du wie Mama.«
»Das wollte ich nicht. Aber es ist doch Tatsache, oder?«
Hillary starrte sie aus eingefallenen Augen an. Rotum-

rändert waren sie, wie Lally sie beschrieben hatte. Angsterfüllt.

»Hillary . . .«

»Ja, ich habe Angst«, sagte er laut. »Aber sag das bloß nicht. Wag es nicht, diese Angst in Worte zu kleiden.«

»Ich sage es schon nicht. Ich glaube nur, es gibt zu viele Dinge, denen du gerecht zu werden versuchst. Nicht nur, daß du in den Krieg ziehst, auch diese Orden zum Beispiel, ganz zu schweigen von der Trommel von Salamanca.«

»Ich wollte, ich hätte jetzt diese Trommel hier. Ich würde auf sie einschlagen, bis sie in Stücke zerfällt.«

»Das würde auch nichts nützen. Mama würde deine Beweggründe ganz falsch interpretieren. Sie würde es für Prahlerei halten.«

»Das wäre es auch.«

»Du bist nicht der einzige, der Angst hat.«

»Rudi hat keine.«

»Ich weiß nicht. Vielleicht sieht er die Dinge einfach anders.«

Hillary sah sie scharf an.

»Du weißt von Rudi und mir, nicht wahr? Dieses Tintenfaß und – o mein Gott, es war einfach herrlich, als ich es tat.«

Spontan schlang Imogen ihre Arme um seine magere, angespannte Gestalt, hart wie Stahl und verwundbar wie sterbliches Fleisch und Blut.

»Rudi hat dich verstanden. Ich verstehe dich jetzt auch.«

»Wirklich, Mog?«

»Schreib mir und erzähl mir alles, was du willst. Heuchle nicht, wie du es Mama gegenüber tun mußt. Versprich mir das, Hillary.«

»All diese tapferen Vorfahren«, murmelte Hillary vorwurfsvoll, »sie haben mir zwar ihr Aussehen vermacht, aber den Geist haben sie vergessen.«

»Vielleicht hatten sie auch Angst. Dieser kleine Trommlerjunge, auf den alle zustürmten, Soldaten vor ihm, Soldaten hinter ihm. Du kannst mir nicht weismachen, daß er nicht gezittert hat wie ein Wackelpudding.«

»Trommlerjunge Hillary Richard Gordon Duncastle, fünfzehn Jahre alt. Der frühreife kleine Bengel ist schuld an diesem ganzen verfluchten Mythos über unsere tapfere Familie.«

Imogen starrte ihn überrascht an. Dann, weil es so schamlos war, die ganze Familie plötzlich mit ehrlichen Augen zu betrachten, begann sie lauthals zu lachen. Nach kurzem Zögern stimmte Hillary in ihr Lachen ein; in seinen Augen leuchtete eine halb irre Fröhlichkeit auf.

»Die komische Seite ist mir bisher noch nie aufgefallen. Weiß der arme, verfluchte Held, daß er gegen die Schrekken rebellischer Eingeborener, die Schrecken chinesischer Bauern, die Schrecken der Zulus ohne Gewehre, die Schrecken der notleidenden Iren, gegen den Emir, den Mahdi, den Maharadscha anzukämpfen hat, ganz zu schweigen von Napoleon Bonaparte?« Hillary hielt inne und atmete tief ein. »Zu Weihnachten haben wir alles hinter uns, Mog«, sagte er ruhig. »Und Rudi wird nach Hause kommen.«

15

Hillary lehnte sich an den verkrüppelten Birnbaum, unter dem er die abgefallenen und verfaulten Früchte im hohen Gras aufgesammelt hatte, und setzte den langen Brief an Imogen fort. Es wurde allmählich eine ganze Geschichte. Er schrieb schon tagelang daran. Nun mußte er zum Schluß kommen und den Brief abschicken.
Seltsam, er spürte, daß er mit Imogen besser reden konnte als mit irgend jemand sonst. Das war noch nicht lange so, vielleicht seit Rudis Abreise. Da hatte er gemerkt, daß seine kleine Schwester ihre erste Erfahrung mit dem Schmerz des Erwachsenwerdens gemacht hatte. Sie würde das Durcheinander der Gefühle verstehen, das sich über diese Blätter ergoß, obwohl Hillary bezweifelte, daß er sie jemals abschicken würde. Sie offenbarten allzu viel.

»Heute ist es sehr kalt. Überall Nebel, und der Frost hat noch nicht nachgelassen. Nach dem Regen der letzten Woche sind die Straßen in einem schrecklichen Zustand durch den dauernden Verkehr, die Kanonen, die Maultiere und die Kavallerie. Die armen Infanterietruppen stecken bis über die Knöchel im Schlamm. Heute morgen lag über den Pfützen eine sehr dünne Eisschicht. Sie schimmerte wie Mondstein. Jetzt, da die Blätter fallen, wirkt das Land unendlich verlassen, grau, schwarz, verblaßtes Braun, hin und wieder durch das Aufblitzen der Kanonenfeuer und explodierende Granaten unterbrochen. Wie ein entferntes und ziemlich harmloses Feuerwerk. Zweifellos werde ich meine Meinung über die Harmlosigkeit ändern, wenn wir morgen nachrücken. Ich verspreche, diesen Brief heute zu beenden, denn er könnte für eine Weile der letzte sein.

Ich schreibe auch an Ma und beruhige sie, was meine Sicherheit betrifft, obwohl ich mich frage, ob sie mich wirklich in Sicherheit haben will. Eine ernste, wenn auch nicht lebensgefährliche Verwundung vielleicht, da ich mir wirklich keinen Duncastle vorstellen kann, der unverwundet aus einer Schlacht zurückgekehrt ist. Das wäre ganz gegen die Regel.

Ich sitze auf dem feuchten Boden, eingehüllt in meinen Mantel, und denke, daß sicherlich alle unsere Vorfahren Schlachten in sengender Hitze geschlagen haben, in Spanien, in Indien, auf der Krim. Und hier bin ich, frierend bis auf die Knochen, mit Magenschmerzen von diesen wurmigen Birnen und zitternd wie ein nervöser Terrier. Das hier ist ein verhältnismäßig sicheres Quartier, wie mir mein Bursche erklärt, beinahe so sicher wie ein Haus, was eine große Ironie ist, denn die Häuser sind zerstört, ihre Dachsparren ragen in die Luft wie zerbrochene Gebeine. Das Dorf geriet in die Kampflinie, und Gott weiß, was mit den Bewohnern geschehen ist. Auf dem Weg hierher habe ich allerdings eine kleine Ahnung davon bekommen. Eine unbeerdigte, mehrere Wochen alte Leiche ist ein sehr häßliches Überbleibsel. Weshalb können wir nicht ordentlich verrotten wie alte Rüben oder Krautköpfe? Ich erwache von Alpträumen, in denen ich ganz von Würmern zerfressen bin. Nachdem ich über jene erste Leiche gestolpert bin, wäre ich am liebsten um mein Leben gelaufen. Der Mann hatte einen Bauernkittel an, er war nicht einmal am Kampf beteiligt. Aber wohin hätte ich rennen sollen? Hier gibt es nur diese verwüstete Landschaft – nichts, wo man sich verstecken könnte.

Gestern wurde ein Deserteur exekutiert. Ich hörte die Schüsse. Sie kamen von den Ruinen der Dorfkirche her, vielleicht hat auch Gott sie gehört. Und gesagt: ›Mein

Sohn, ich hätte dir mehr Mut geben sollen, als ich dich erschuf. Das war ein unverzeihlicher Fehler, für den ich mich entschuldige.‹

Ich kann meine Männer nicht im Stich lassen. Das wäre das Entsetzlichste, Unvorstellbarste. Aber werde ich durchhalten? Ich denke überhaupt nicht an den Ruhm, nur an die Scheußlichkeit verwesender Leichen. Die Burschen, die von der Front zurückkommen, sagen, daß der Lärm das schlimmste sei. In diesen Schlachten hätte man Kadett Hillary Duncastles Trommel nicht gehört. Aber selbst in jener überschaubaren Schlacht ist er gestorben, nicht wahr?

Ich nehme an, ich komme schon irgendwie zurück, aber wenn nicht, Mog, würdest Du etwas Privates für mich tun? Da ist ein Mädchen, Gwen Spark, sie wohnt in der Haven Road 11 in Pimlico. Ich möchte, daß sie meine goldene Uhr bekommt, die ich zu meinem einundzwanzigsten Geburtstag erhalten habe. Sie liegt in der obersten Schublade der Wellington-Kommode. Möglicherweise wird sie sie verkaufen, vielleicht aber auch nicht. Das macht nichts. Wenn sie nur weiß, daß sie mir etwas bedeutet hat. Vermutlich hätte ich sie nie geheiratet, sie ist das, was Ma gewöhnlich nennen würde, aber sie weiß, wie man liebt und zärtlich ist. Willst Du mir diesen Dienst selbst erweisen? Ich traue sonst niemandem.

Ich schreibe dies nur, weil das ein so trostloser Ort ist, für den Tod bestimmt. Oder empfinde nur ich diese Düsterkeit – die sterbenden Blätter, das hartgefrorene Gras, der tiefe, graue Himmel –, als habe sich eine vernichtende Hand auf alles gelegt. Das alles übt einen schrecklich niederdrückenden Einfluß auf mich aus, und ich glaube, ich bin auf dem besten Weg, melancholisch zu werden! Ich brauche den Bollinger 1900, den wir auf Deiner Party hatten.

Doch auch ohne ihn wird es mir gelingen, zu meinen Männern die erwarteten aufmunternden Worte zu sprechen. Und die ganze Zeit über verachte ich sie ob ihrer dummen grinsenden Leichtgläubigkeit. Heroismus, Patriotismus, Pflicht, das sind drei Worte, die ich aus der englischen Sprache streichen möchte. Sie bedeuten mir so wenig. Oder ich lasse nicht zu, daß sie mir etwas bedeuten, denn ich weiß, was sie beinhalten. Am meisten Angst habe ich davor, blind zu werden. Gestern habe ich ein paar arme Teufel gesehen. Sie stolperten hintereinander her, wie lahme Enten, einer klammerte sich an die Schulter des anderen. Ich fragte mich, wer sich wohl zu Hause um sie kümmern wird; wie sie den Rest ihres Lebens verbringen werden. Ich kann mir nicht vorstellen, daß irgendeine Frau den Rest ihres Lebens mit mir verbringen möchte, nicht einmal Gwen. Ich habe zuviel Selbstmitleid, ich bin zu sehr mit mir selbst beschäftigt, zu sehr in mich gekehrt. Wirklich schrecklich. Ich habe sogar Deinen netten Rudi im Stich gelassen. Mich verfolgt die Angst, wenn ich das nächste Mal jemanden im Stich lasse, geht es um viel mehr. Falls das geschehen sollte, kann ich nur zu Gott beten, Ma möge es nie erfahren. Ich glaube, ich würde lieber einem Exekutionskommando gegenüberstehen als ihr – ich meine, als sie so grausam zu enttäuschen. Denn ich liebe sie unendlich, und ich wußte nie, wie ich es ihr sagen sollte ...«

Es war beschämend, daß er die Feder beiseite legen mußte, um sich die Tränen von den Wangen zu wischen. Er war dankbar, daß er an diesem feuchten Ort allein war. Aber er fühlte sich durch diese Enthüllungen erleichtert und irgendwie leer. Er faltete die dünnen Blätter und steckte sie in eine schmale Ausgabe von Palgraves »Golden Treasury«, die er in seiner Brusttasche trug. Er hatte entschieden, daß ein solcher Brief niemals abgeschickt würde. Imogen war zu jung, als daß er ihr ein solches Bekenntnis aufbürden könnte. Das war wohl mehr etwas für einen Priester, fand er. Jedenfalls hatte er es hinter sich, und er fühlte sich ruhig, beinahe tapfer. In dieser Stimmung konnte er, ohne zu zaudern, auf der schlam-

migen Straße dem Donnern der Kanonen entgegenmarschieren. Das wichtigste war nicht, daß er den Feind tötete und Orden einheimste, sondern daß er das Bild aufrecht erhielt, das die Männer hoffentlich von ihm hatten. Tapfer, gutherzig, draufgängerisch, ein amüsanter Partybesucher, ein Künstler auf den ausrangierten alten Klavieren der französischen Bars, ein guter Offizier, ein todsicherer Schütze. Sie würden ihm bedenkenlos folgen. Solange er sie führte . . .
Jetzt, während er in dieser gehobenen Stimmung war, mußte er an seine Mutter schreiben und auch diese Pflicht hinter sich bringen. Diesen Brief würde er abschicken.

»Meine geliebte Mutter,
dies mag für eine kleine Weile die letzte Gelegenheit zum Schreiben sein. Ich kann Dir mitteilen, daß ich bei bester Gesundheit bin, abgesehen von einer kleinen Magenverstimmung, die davon herrührt, daß ich einige vom Wind herabgeschüttelte Birnen gegessen habe. Sie waren ein wenig wurmig. Mein Bursche ist ein großartiger Organisierer, und gestern hatten wir Kaninchenstew. Mach das Beste draus, meinte er, denn wenn dieser Krieg noch weitergeht, wird es bald keine kuscheligen kleinen Kaninchen mehr geben. Sie werden sich dann in Ratten verwandelt haben! Er hat ein noch längeres Gesicht als Tomkins, aber er ist ein patenter Kerl, und meine Unterkunft hier ist trocken und beinahe komfortabel.
Ich weiß nicht, wie der Krieg läuft. Wenn man mittendrin ist, sieht man den Wald vor lauter Bäumen nicht, aber die Männer sind guter Dinge. Wenn Du sie letzte Nacht bei strömendem Regen ›Pack up your troubles‹ hättest singen hören, wüßtest Du, was ich meine.
Ich hoffe, am Kensington Square ist alles in Ordnung (ich nehme an, Du hast ›Sanctuary‹ für den Winter abgeschlossen), und ich bin sicher, Du arbeitest fünfundzwanzig Stunden am Tag. Übernimm Dich nicht, Ma. Ich

möchte, daß Du fit und gesund bist, wenn ich nach Hause komme. Ich möchte mich jetzt gerne entschuldigen für die vielen Male, die ich mit Dir gestritten habe – das geschah aber wirklich nur, um meine männliche Überlegenheit zu beweisen, und Du mußt zugeben, daß Du eine sehr willensstarke Dame bist. Darf ich sentimental werden und Dir von einem Bild erzählen, das ich irgendwo im Hintergrund meines Herzens mit mir herumtrage? Du in jenem mandelgrünen Kleid, das Du in der Oper zu tragen pflegtest. Du hast mich und Richard mitgenommen und uns, wie Du sagtest, eine kulturelle Erziehung angedeihen lassen. Sonst ist mir über die Oper nichts mehr in Erinnerung, aber das Bild von Dir ist geblieben. Es ist kühl und grün und frühlingshaft an diesem öden, schlammigen Ort. Der Winter wird nicht sehr lustig werden. Nachts wird es kalt ...«

Noch ein anderes Bild lebte in seiner Erinnerung, das erwähnte er jedoch nicht. Seine eng an die Sperre im Victoria-Bahnhof gedrängte Familie an dem Tag, da sein letzter Urlaub zu Ende war und er zu seinem Regiment zurückfuhr, um sich nach Frankreich einzuschiffen. Lally schluchzte in ihrer bekannt hemmungslosen Weise, Imogens für gewöhnlich fröhliches Gesicht war blaß und tränenüberströmt, Papa in seinem Stadtanzug und mit dem Gesicht eines Fremden (Papa hatte man nie richtig kennengelernt, Mama erlaubte es nicht) war ernst und lächelte nicht, Minnie hatte gebeten, mitkommen und einen letzten Blick auf Master Hillary werfen zu dürfen, und hopste jetzt auf und ab, um über die Menschenmenge hinwegsehen zu können.

Doch Mama in ihrem pelzbesetzten dunkelbraunen Mantel, einen besonders neckischen kleinen Federhut auf ihrem leuchtenden Haar, war sehr aufrecht dagestanden, ohne Tränen und Stolz. Genau wie man es von ihr erwartete. O mein Gott, dieser Stolz. Es hatte ihn durchgeschüttelt, ihn in Tränen der Abwehr und der Dankbarkeit, der Liebe und des Hasses ausbrechen lassen. Wie konnte sie es wagen, ihm eine solche Bürde aufzuerlegen? Wie konnte er jemals der Held werden, den sie erwartete?

Er war gezwungen gewesen, sein verzerrtes Gesicht unter Kontrolle zu bringen, die Hand über seine beschämend nassen Augen zu legen und zu beten, daß seine Männer nichts bemerken würden. Und wenn, dann hätten sie diesen Verlust seiner Selbstbeherrschung der Tatsache zugeschrieben, daß er Abschied genommen hatte von einer geliebten Freundin.

Nicht nur von seiner Mutter. Das hätte niemand verstanden. Niemand hatte eine solche Mutter.

»Die Nächte werden kalt«, beendete er lahm seinen Brief und vergaß, daß er das bereits geschrieben hatte. Er hätte auch sagen können, die Tage werden kalt, denn bereits um vier Uhr nachmittags fror er heftig.

16

Weihnachten 1914. London war eine dunkle, gedrückte Stadt, die Lichter waren erloschen, die Verdunklungen herabgezogen aus Angst vor den Zeppelinangriffen, in den Straßen herrschte gedämpfte Stille. Das Geräusch tappender Schritte im Halbdunkel des baumbestandenen Kensington Square machte es ein wenig unheimlich, nach Einbruch der Dunkelheit auszugehen. London war voll von allen möglichen Leuten, Flüchtlinge strömten über den Kanal aus dem vom Krieg zerstörten Belgien, feindliche Ausländer suchten der Internierung zu entgehen, verstörte junge Soldaten hatten ihren letzten nächtlichen Ausgang, bevor sie sich nach Frankreich einschifften, Nachtschwärmer versuchten, die Gedanken an die bevorstehenden Prüfungen auszulöschen.

Matilda verbot Imogen und Lally, in der Dunkelheit auszugehen, außer in entsprechender Begleitung. Lally dachte nicht einmal im Traum daran, so etwas zu tun, aber Imogen lehnte sich dagegen auf und wollte sich wehren. Sie sei in größerer Gefahr, von einem unachtsamen Kutscher niedergefahren als von einer Bombe in die Luft gejagt zu werden, versuchte sie ihrem Wachhund Minnie klarzumachen (Minnie entwickelte eine krankhafte Furcht vor Zeppelinen).

Sie war noch immer entschlossen, ihren Vater dazu zu bringen, daß er sie mit in die Bank nahm, aber er zögerte. Nicht Mamas wegen, sondern weil er dachte, sie könnte durch die Arbeit an einem Schreibtisch eine krumme Haltung und Falten im Gesicht bekommen. Es war keine

Frauenarbeit. Er wollte, daß sie weich und weiblich war, wenn Rudi zurückkam. Falls Rudi zurückkam. Er schloß einen Kompromiß. Sie sollte bis zum nächsten Februar warten, bis sie neunzehn war. In der Zwischenzeit konnte sie ihre Mutter dadurch erfreuen, daß sie Socken und Handschuhe strickte, Lazarettzüge empfing, um blutverschmierte, magere, verstörte junge Soldaten mit Tee und ermutigenden Worten zu trösten, erschreckend stille Flüchtlingskinder aus Belgien zu Waisenhäuser begleitete. Das waren Dinge, die Matildas Meinung nach eine patriotische junge Frau in Kriegszeiten zu tun hatte.

Lally, deren Finger so geschickt mit Feder und Bleistift umzugehen wußten, stellte sich mit den Stricknadeln äußerst tolpatschig an. Trotzdem arbeitete sie und saß, bis es morgens zu kühl wurde, umgeben von ihren Skizzenbüchern und Bergen khakifarbener Wolle unter dem Maulbeerbaum im Garten.

Sie hatte eine hübsche Zeichnung gemacht von dem überfüllten Truppentransportzug, als er soeben den Victoria-Bahnhof verließ. Hillary beugte sich hinaus und winkte, seine Nase und seine Stirn waren nur zwei kräftige Striche und sahen nach gar nichts aus, und doch brachten sie auf sehr geschickte Weise Hillarys Wesen zum Ausdruck. Matilda hatte sich diese Zeichnung sehr lange angesehen und dann gesagt, sie würde sie gerne behalten, zusammen mit der Skizze von Imogen, Richard und Hillary im Gras in »Sanctuary«. Imogen hatte geglaubt, ihre Mutter wollte Lally nur aufmuntern, die über ihre allgemeine Unfähigkeit sehr bekümmert war. Aber diese Zeichnungen hatten etwas bemerkenswert Lebendiges und Lebensnahes. Sie schienen mehr zu erzählen als eine Fotografie. Jedenfalls war es nett, daß Mama bei Erinnerungsstücken auch sentimental werden konnte.

Joshua unternahm in seiner üblichen scharfsinnigen Art praktische Dinge in diesen Notzeiten. Bei Kriegsausbruch waren zuwenig Uniformen vorhanden gewesen,

die Rekruten hatten in allen möglichen unpassenden Kleidungsstücken exerziert, in blauen Hosen, roten Jakken, in allem, was nur eine entfernte Ähnlichkeit mit einer Uniform hatte. Aber die Fabriken hatten rasch mit der Herstellung von Soldatenkleidung begonnen, und Joshua Webb finanzierte Firmen mit gesundem Management. Der Umsatz an Armeestiefeln und -uniformen war ungeheuerlich, nicht weil sie sich so schnell abnutzten, sondern weil die Verluste so hoch waren. Sie stellten einen Posten dar, den man nur in Verbindung mit Rechnungsbüchern ertragen konnte, nicht im Zusammenhang mit menschlichem Leben. Man dachte nicht an all die khakifarbenen Jacken und Hosen, blutgetränkt und von Schrapnellen zerfetzt, auf Schlachtfeldern oder in rasch aufgeworfenen Gräbern dahinmodernd, verbrannt in den Öfen der Krankenhäuser. Man dachte daran, den lebenden britischen Tommy warm und gut auszustaffieren.
Viele schlugen Geld aus diesem Krieg, Joshua tat es, weil er Geschäftsmann war. Er wußte, er versah einen notwendigen Dienst besser als viele seiner Art. Der Profit war eine Zugabe, die er nicht eigens suchte. Vermutlich machte Paul von Klein in Wien genau das gleiche. Und ihre Frauen überreichten huldvoll Schenkungsurkunden an Kriegerwitwen, Genesungsheime und Kriegsbeschädigte. So schloß sich der Kreis in gewisser Weise wieder.
Sie beide hatten Söhne weggegeben, die für ihr Land kämpfen sollten. Im Krieg gab es keinen wirklichen Erfolg. Man schlüpfte auf seinen Platz wie ein Stück aus einem Puzzlespiel. Und machte weiter. Es war ein verdammt sinnloses, tragisches Geschäft.
Joshuas Augen hatten sich überraschenderweise mit Stolz und unterdrückten Tränen gefüllt, als er Hillary, seinen ältesten Sohn, hatte einrücken sehen. Aber als Richard an der Reihe war, kein so aufgeputzter Soldat wie Hillary, ein bißchen verlegen in der Uniform eines gemeinen Soldaten (weil er sich sehr wohl bewußt war, wie

sich seine Mutter schämte, daß ihr Sohn einen so niedrigen Rang bekleidete), da mußte Joshua sich abwenden und heftig die Nase schnauben. Er schwor sich, nie wieder zu einer öffentlichen Verabschiedung der Fronturlauber zu gehen.

Von da an verbrachte er sechzehn Stunden täglich in der Bank und jeden zweiten Abend bei Prudence in ihrer kleinen Wohnung in der Nähe der St.-Pauls-Kathedrale. Sein Heim war ein Ort, den er mied. Entweder drängten sich dort die Mitglieder von Matties Komitees, oder man hörte nichts als das deprimierende Klappern der Stricknadeln. Imogen, das arme einsame Mädchen, mußte unterstützt werden, aber sonst war seine Anwesenheit beinahe unbemerkt, ganz bestimmt aber unerwünscht.

Weihnachten sollte jedoch anders sein, denn Matilda hielt es für ihre Pflicht, eine belgische Flüchtlingsfamilie zum Dinner einzuladen. In England herrschte noch keine Lebensmittelknappheit, und diese armen Menschen waren vollständig auf die Mildtätigkeit der Engländer angewiesen. Die Eltern waren Bauern, kräftig, dunkel im Gesicht, verschreckt und mürrisch. Die beiden Kinder Pierre und Angelique waren sechs und sieben Jahre alt. Genau das richtige Alter, um sich an einem Weihnachtsbaum zu erfreuen.

Imogen mußte allen Zierat, Kerzen, Silbersterne, Bänder und Spielzeug, hervorholen, die man von anderen, glücklicheren Weihnachtsfesten her aufbewahrt hatte. Der Tannenbaum, den man bei dem alten Elija Hook gekauft hatte, der jedes Weihnachten am Square mit seinem Handkarren voller Tannenzweige die Runde machte, wurde in die Halle geschleppt.

Das wenigstens war lebendiger als das ewige Stricken. Und als die Dienstboten heraufkamen, um zu helfen, Minnie und die Köchin und sogar der alte Tomkins, der die Leiter festhalten mußte, wurden alle auf eine stille Art fröhlich.

Spielzeug für die Kinder, eine Puppe für Angelique, ein kleines Holzpferd und ein Wagen für Pierre. Man fragte sich, ob sie Englisch sprechen würden und wie es wohl gewesen sein mochte, als die deutschen Soldaten den Bauernhof niederwalzten, das Weizenfeld vernichteten, vielleicht das Vieh schlachteten. Vielleicht hatte der kleine Junge einen Lieblingshasen gehabt. Hillary hatte in seinem letzten Brief an Mama von Kaninchenstew geschrieben. Soldaten plünderten, um die eintönige Verpflegung aufzubessern, die aus Rindfleisch und Büchsenmarmelade und besonders aus verdorbenem (so schrieb Hillary) Kartoffelbrei in Dosen bestand.

Die Köchin hatte auf dem Markt einen Truthahn gekauft. Schon vor drei Wochen hatte sie den Plumpudding gekocht und auch zwei kleinere, die man in die Weihnachtspakete für Hillary und Richard getan hatte. Ob sie die allerdings rechtzeitig zum Fest erhalten würden, war ungewiß.

Imogen fragte sich, ob Rudis Eltern ihm auch einen Plumpudding geschickt hatten oder eine von diesen berühmten Wiener Sachertorten. Sie dachte immer über solche Sachen nach. Sie fragte sich, wann Rudi schlief, wann er aufwachte, ob ihn fror, ob er Hunger hatte oder Schmerzen. Sie stellte sich die gleichen Fragen im Hinblick auf ihre Brüder, aber sie dachte nicht so intensiv an sie. Sie konnte Hillarys und Richards Gesichter noch ganz klar vor sich sehen, aber Rudis Gesichtszüge, seine rauhen Wangen und fröhlichen braunen Augen, verschwanden im Nebel.

Als geschähe dies willentlich, um den Schmerz der Erinnerung zu lindern.

Am Kensington Square lebte man andererseits noch mit leichtem Herzen. Bis zum Weihnachtsabend. Bis das Telegramm vom Kriegsministerium kam.

Minnie hatte die Tür geöffnet, denn Polly war im Souterrain und half der Köchin, den Truthahn zu stopfen. Sie sah den gelben Umschlag fassungslos an, eine böse Vorahnung durchfuhr sie. Der Herr war noch nicht zu Hause. Also erlitt die arme gnädige Frau den ersten Schock. Welcher war es, Master Hillary oder Master Richard? Minnie klopfte an die Tür des Salons, wo sich die gnädige Frau vor dem Dinner noch kurz ausruhte. Sie war den ganzen Tag auf Wohltätigkeits-Weihnachtspartys gewesen.

»O Ma'am«, sagte Minnie und brach in Tränen aus. Nur weil sie plötzlich das Gefühl gehabt hatte, zwei kleine Buben, einer an jeder Seite, packten ihre Hände. Sie hätte schwören können, daß sie ihre warmen, ungeduldigen, ein wenig klebrigen Finger gespürt hatte.

»Nun, Minnie, was gibt's denn?« fragte Matilda etwas ungehalten. Sie hatte den ganzen Tag geredet. Dienstbotenprobleme waren wirklich das letzte, was sie jetzt gebrauchen konnte.

Dann erblickte sie den gelben Umschlag in Minnies Hand. Sie nahm ihn, bevor die Angst sie packen und lähmen konnte.

Hillary oder Richard?

Ihre Finger zitterten.

O mein Gott, Hillary. Gefallen im Kampf ... Bedauern zutiefst, Sie davon informieren zu müssen, daß Ihr Sohn Captain Hillary Webb ... Gefallen im Kampf ... *Gefallen* ... Das schreckliche Wort durchbohrte sie, als wäre es das Bajonett, das Hillarys schlanken Körper durchstieß. Oder war es eine Kugel gewesen, gnädig und rasch? Oder eine Granate – Teile von Fleisch überallhin verspritzt, ein Fuß noch mit dem Schuh daran, ein kleiner Finger, das so geliebte junge, hagere Gesicht ...

»Ma'am, geht es Ihnen nicht gut? Soll ich Ihnen ein wenig Brandy bringen? O Ma'am, es ist wegen der Jungen, nicht wahr? Welcher?«

Mit ungeheurer Anstrengung hob Matilda den Kopf.

»Mein ältester Sohn«, sagte sie ganz formell, als sei Minnie ein fremder Besucher. »Hillary. Er – ich habe noch einen Brief von ihm ...«

»Erst letzte Woche«, sagte Minnie. »O Ma'am.« Wieder begann der Raum zu verschwimmen.
»Minnie, du weißt, ich kann Tränen nicht ausstehen. Schenk mir ein wenig Brandy ein und hör auf, solch ekelerregende Laute auszustoßen. Dann wäre ich gerne für eine Weile allein. In Kürze werde ich nach den Mädchen läuten und nach meinem Mann.«
»Der Herr ist noch nicht zu Hause, Ma'am.«
»Dann, wenn er zurückkommt – laß es mich wissen.« Sie straffte sich mit sichtbarer Anstrengung. »Das Weihnachtsfest muß natürlich weitergehen. Wir dürfen diese Kinder nicht enttäuschen. Sie tragen schließlich keine Schuld an diesem Krieg.«
»Sie war wie Eis«, berichtete Minnie unten. »Keine Träne. Hat mich ausgeschimpft, weil ich wie ein Baby geheult hab. Sie hielt nur ihren Kopf hoch und sagte, wir dürften die fremden Kinder nicht enttäuschen. Sie ist eine große Dame, und wir müssen auch unseren Teil beitragen und dafür sorgen, daß dieser Truthahn auf den Tisch kommt und gegessen wird. Ich weiß, mir wird jeder Bissen im Hals steckenbleiben. Ach, mein armer lieber Master Hillary, mein tapferer kleiner Soldat.«
»Ich kann nichts dafür«, gestand die Köchin, »aber ich muß sagen, wenn es schon einer sein mußte, dann bin ich froh, daß es nicht Master Richard ist.«
»Sie sollten keine Lieblinge haben«, sagte Minnie unfreundlich. »Und er kommt bestimmt auch noch dran.«

Imogen wußte, diesen Weihnachtstag würde sie niemals vergessen. Nur dank Mamas Vorbild blieben alle ruhig, lächelten sogar. Das Lächeln war allerdings nur für die scheuen Kinder gedacht, die man einfach nicht dazu bringen konnte, auch nur ein Wort zu sagen. Essen konnten sie jedoch. Der Tisch nach dem Essen, sagte Papa, sehe aus, als sei ein Schwarm Heuschrecken darüber hinwegmarschiert. Und als die Ballons und Spielsachen vom

Christbaum abgenommen wurden, gaben sie sogar winzige Freudenschreie von sich.
Es war arrangiert worden, daß die kleine Familie für die Dauer des Krieges auf einer Farm in Norfolk leben sollte. Mama brachte es fertig, diese Mitteilung den Eltern verständlich zu machen. Mama war erschreckend aufrecht, erschreckend gefaßt. Sie trug ein elegantes graues Seidenkleid mit einer Diamantenbrosche am Hals. Sie schob ihr Essen von einer Seite des Tellers auf die andere, das jedoch war das einzige Zeichen ihres Kummers. Soviel Imogen wußte, hatte sie den ganzen Tag noch nichts gegessen und gestern abend auch nicht. Ganz sicherlich hatte sie auch nicht geschlafen, denn ihre Haut war wachsbleich, ihre Augen glitzerten. Und sie hatte nichts gesprochen, abgesehen von der knappen Mitteilung über Hillarys Tod, der sie noch hinzufügte, daß sie keinerlei Zurschaustellung von Trauer wünsche. Trotzdem hatte Imogen die halbe Nacht geweint, nicht so sehr Hillarys, sondern Rudis wegen. Sie hatte eine seltsame Ahnung von Hillarys Tod gehabt und betete jetzt nur, daß er im Angesicht des Feindes gestorben war. Aber die tragisch kurze Zeit, die er an der Front zugebracht hatte, ließ sie befürchten, daß auch Rudis Leben so kurz sein würde. Ebenso das von Richard. Wie schrecklich und hoffnungslos war das alles. Doch Mama sagte, man dürfe nur Stolz zeigen. Hillary sei auf die bevorzugteste Weise gestorben, im Dienst für sein Land.
Selbst Papa hatte geweint. Er hatte den Verlust eines Sohnes beweint, die irrsinnige Verschwendung der Jugend.
Der Krieg sollte nicht verherrlicht werden.
»Aber deine Mutter ist eine seltsame, stolze Frau«, sagte er zu Imogen. »Ihre Augen bleiben trocken, und sie bricht nicht zusammen, aber sie bezahlt auf andere Weise. Innerlich wird sie ein wenig sterben, und niemand ahnt etwas davon. Sei also lieb zu ihr, Kleines. Sie braucht dich mehr als sonst jemanden. Ich glaube, wir verschieben

deinen Eintritt in die Bank auf später, hm? Hilf deiner Mutter. Laß sie nicht allein.«
»Sie ist niemals allein!« brach es aus Imogen heraus. »Sie hat immer ihre Komitees und ihre Treffen.«
»Das ist ja keine wirkliche Gesellschaft, nicht?«
»Ich weiß, die langweilen mich fürchterlich. Ich kann nicht den ganzen Tag mit all diesen Frauen zusammenarbeiten.«
»Wie wär's, wenn du dich um die Jungen kümmerst, die von der Front zurückkommen?«
»Das ist etwas anderes. Ja, das ist etwas anderes, Papa. Die brauchen mich wirklich. Oder sonst jemand Lustigen.«
»Irgend jemand Lustigen. Das ist die Losung. Du machst sie glücklich und deine Mutter auch.«
»Und dich, Papa?«
»Ich komme schon zurecht.«
»All diese langen Nächte, in denen du arbeiten mußt.«
»Die tun mir gut«, sagte Papa ziemlich abrupt. »Dann denke ich nicht an Richard. Und auch nicht an Rudi. Mein Gott, Imogen, der Krieg ist etwas Schreckliches.«
»Ich weiß«, sagte Imogen und schluchzte in seiner Armbeuge.

Aber keiner von ihnen brach bei der Weihnachtsparty zusammen. Als alle Kerzen angezündet waren und im Kamin ein großes Feuer brannte, wirkte der Raum recht heiter. Unerwartet zeigte auch Lally eine spröde Fröhlichkeit. Es machte ihr Freude, den Kindern beim Auspacken der Geschenke zuzusehen, sie blies die Ballons auf und hüpfte auf eine kindische Art damit herum, die normalerweise Mama und Papa auf die Nerven gegangen wäre. Heute jedoch waren sie für das zurückgebliebene Verhalten ihrer ältesten Tochter dankbar. Die belgische Familie schien nichts Auffälliges daran zu finden, und die ganze Alberei half, die Stille zu überbrücken.
Imogen fand alles entsetzlich gekünstelt und pathetisch

und war erstaunt, als Mama sich von dem Lärm anstekken ließ und plötzlich auf die unerwartetste Weise zum Leben erwachte. Sie schnappte sich die beiden schwerfälligen belgischen Kinder und verkündete, sie würde sie jetzt mit hinauf ins Todeszimmer nehmen. Es sei jetzt der richtige Augenblick, um ihnen, deren Land vom Krieg zerstört wurde, die militärischen Erinnerungsstücke eines anderen Landes zu zeigen, eines Landes, das augenblicklich viel Blut vergoß, um sie zu retten.

»*Ah, non!*« schrie die Mutter, aber die Kinder dachten, sie hätten wieder ein spannendes Abenteuer in diesem reichen Haus vor sich, und fürchteten sich nicht.

Nachdem sie gegangen waren, wurde der warme, festliche Raum sehr still. Lally war enttäuscht, daß sie ihre Zuschauer verloren hatte, Imogen wußte, es würde irgend etwas Schreckliches passieren. Das Todeszimmer. Wie gut, daß diese Kinder kein Englisch verstanden.

Ein paar Minuten später drangen schrille Schreie herab, aber keine Angstschreie, sondern Gelächter. Und dann begann die Trommel zu dröhnen. Die Trommel von Salamanca. An diesem Weihnachtstag, ein Jahrhundert nach der Schlacht von Salamanca, sprach die kleine Trommel wieder. Ratatat, ratatat, ratatat . . . kühn und zuversichtlich, und die Kinder quietschten vor Lachen.

»*Les Boches!*« rief die belgische Frau erschrocken.

»Nein, Madame«, beruhigte Joshua sie. »Nur die Briten, die den Krieg auf ihre eigene, exzentrische Weise gewinnen.«

»Ich habe Mama noch niemals die Trommel schlagen hören«, sagte Imogen. »Soll ich hinaufgehen, Papa?«

»Nein, laß sie, laß sie. Es paßt zu ihrer Stimmung. Ich vermute, es ist etwas, was sie unbedingt tun muß.«

»Ratatat, ratatat, ratatat . . . Das Dröhnen dauerte noch weitere fünf Minuten und endete dann in einem rasenden Wirbel.

Ein wenig später kam das Trio ins Zimmer zurück, Mama schob die Kinder vor sich her, die jetzt aufgeregt

auf französisch miteinander plauderten. Mama selbst hatte ihren eingefrorenen Gesichtsausdruck verloren. Auf ihren Wangen blühten rote Flecken, ihre Augen glühten.
»Habe ich euch erschreckt?« fragte sie heiter. »Ich hatte plötzlich das dringende Bedürfnis zu trommeln. Das gleiche machte ich, als mein Bruder Hillary in Zululand getötet wurde. Es ist seltsam, dadurch löst sich etwas in mir. Ich glaube, ich weiß, weshalb Trommlerjungen so tapfer sind und warum die Truppen ihnen folgen. Das Geräusch ist irgendwie hypnotisierend, nicht wahr?«
»Schwarze Magie«, brummte Papa. »Sogar die afrikanischen Eingeborenen wissen das.«
»Ich habe Hillarys Totenklage gespielt«, sagte Mama leise. Sie seufzte tief. »Jetzt, glaube ich, kann ich schlafen. Joshua, sorge dafür, daß diese Leute eine Kutsche bekommen, wenn sie gehen möchten. Wir haben die Party doch recht gut überstanden, nicht wahr, wenn man alles bedenkt.«
Wenn man bedenkt, daß der älteste Sohn des Hauses sein Dach für immer verlassen hat. Ja, sie hatten es sehr gut überstanden. Joshua nickte kaum merklich. Er würde seine Frau niemals begreifen, aber gewiß hatte sie besondere Qualitäten, welche diese Ahnen vermutlich als den unbesiegbaren Geist Englands bezeichnen würden. Gedieh er auf dem Kummer? Wer weiß. Wenn nur Richard gesund wiederkam ...
Wenn es möglich gewesen wäre, hätte Matilda den Kopf noch höher getragen, als der Brief von Hillarys Regimentskommandant kam. Er teilte ihr mit, Hillary sei gefallen, als er einen deutschen Scharfschützen unschädlich machen wollte, der die britischen Linien mit tödlicher Sicherheit dezimierte. Hillary hatte einen weiten Bogen um den Mann gemacht, der sich in den Ruinen eines Bauernhauses versteckte, und kroch von hinten auf ihn zu. Aber beinahe im selben Augenblick geriet er in den Ku-

gelhagel der Deutschen. Er war sofort tot gewesen. Er wurde posthum für das Military Cross vorgeschlagen.
Also konnte man der Duncastle-Sammlung eine weitere Medaille hinzufügen, dachte Joshua ironisch. Allerdings zweifelte er insgeheim stark an dieser offiziellen Geschichte. Sie klang allzusehr nach der Art von Propaganda, mit der man das Land fütterte. Heroische junge Offiziere, tatkräftig und tapfer. Er glaubte nicht daran, daß dies in Hillary gesteckt hatte.
Aber Imogen glaubte es. Sie glaubte, daß Hillary in einem verzweifelten Versuch, seine Ängste zu überwinden, versucht hatte, etwas Verrücktes und Gefährliches zu tun. Und allein. So daß es keine Zeugen gab, falls er versagen sollte.
Unnötig zu sagen, daß Matilda niemals zweifelte und getröstet wurde durch diese einsame, verhängnisvolle mutige Tat. Sie würde das Wissen darum bis ans Ende ihres Lebens bewahren.
Es gab auch keinen Grund, weshalb sie die Geschichte nicht glauben sollte, denn man zeigte ihr den Brief nicht, der einige Wochen später für Imogen ankam. Ein sehr junger Unterleutnant brachte ihn. Man hatte ihn bei Hillary nach seinem Tod in einer Ausgabe von Palgraves »Golden Treasury« gefunden (ja, Imogen kannte das Buch, sie hatte es Hillary selbst geschenkt). Der Brief schien sehr privat zu sein, deshalb hatte der kommandierende Offizier beschlossen, ihn Unterleutnant Barrett mitzugeben, der auf Heimaturlaub fuhr.
Und so stand Imogen ein paar Tage später auf der Schwelle eines schäbigen Mietshauses in Pimlico. Sie hatte die goldene Uhr gefunden, wie Hillary es ihr beschrieben hatte, denn bisher hatte Mama noch nicht gewünscht, daß man Hillarys Sachen anrührte. Die Uhr lag jetzt in ihrer Handtasche und sollte Miß Spark ausgehändigt werden, die Imogens Brief beantwortet und geschrieben hatte, sie sei an diesem Nachmittag um fünf Uhr zu Hause.

Wer war sie, eine gerissene, berechnende Dirne oder eine mit einem Herzen aus Gold? Egal. Sie hatte Hillary etwas bedeutet, und seine Wünsche mußten erfüllt werden.

Das Mädchen, das die Tür im ersten Stockwerk dieses öden Hauses öffnete, war zart und jung, mit einer Menge wuscheligem, dunklem Haar um ein rundes, ein bißchen hilfloses Gesicht. Sie war ordentlich mit Rock und Bluse bekleidet. Sie sah aus, als wäre sie nicht älter als achtzehn. Und sie hatte geweint.

»Sie sind Miß Spark?« fragte Imogen ungläubig.

»Ja.«

»Ich bin Miß Webb. Ich glaube, Sie kannten meinen Bruder.«

»Das hab ich Ihnen in meinem Brief geschrieben«, sagte das Mädchen mit verlorener Würde.

»Ja, schon, ich dachte nur . . . Sie sehen – so jung aus.«

»Ich bin einundzwanzig. Und ich bin keine Dirne, wenn es das ist, was Sie dachten. Ich bin Verkäuferin, und ich lernte Hill – Ihren Bruder kennen, als er eine Bluse kaufte. Für seine Mutter, glaube ich. Ich sollte sie so vor mich hinhalten, damit er sehen konnte, ob sie paßte. Aber er lachte und sagte, ich sei nicht stattlich genug. Deshalb hat er mich angesehen, verstehen Sie? Er schien ziemliche Ehrfurcht vor seiner Mutter zu haben und war froh, daß ich ihr nicht ähnelte. Als ich an diesem Abend nach Hause ging, wartete er vor dem Laden und fragte, ob er mitkommen dürfe. Danach kam er immer, wenn er frei hatte. Wir – wir haben nichts Schlechtes getan, Miß Webb.«

»*Was* haben Sie getan?« fragte Imogen aus blanker Neugier. Sie konnte sich den eleganten Hillary einfach nicht mit dieser kleinen schwarzen Maus vorstellen.

»Wir sind nur in den Parks oder am Fluß spazierengegangen und haben geredet. Er schien mit mir reden zu können. Oh, entschuldigen Sie, Miß Webb. Ich lasse Sie so einfach draußen stehen. Möchten Sie nicht hereinkom-

men und eine Tasse Tee trinken? Ich meine, wenn es Ihnen nichts ausmacht.«
Sie war sich ihrer selbst so wenig sicher, so sanft, so leise, mit großen, lauschenden Augen, daß Imogen die seltsame Freundschaft zu verstehen begann. Wahrscheinlich hatte Hillary genau das gebraucht. Einen Menschen, der keine großen Erwartungen in ihn setzte, der ihm zuhörte, der keine Forderungen stellte.
»Wir hätten natürlich niemals heiraten können«, sagte sie und entspannte sich nach der ersten Tasse Tee ein wenig. »Aber es ist so wunderbar, seine Uhr zu haben. Daß er sich ausdrücklich an mich erinnert hat. Ich werde sie an einer Kette auf dem Körper tragen. Könnten Sie mir sagen, wie er gestorben ist?«
Sie weinte wieder, als Imogen die Heldengeschichte erzählte.
»Ich wußte, er würde etwas Derartiges tun«, sagte sie. »Er wollte mir immer weismachen, er hätte Angst, aber die hatte er nie, nicht wahr? Er hat es mir nur immer gesagt, damit ich ihm versichern sollte, ich glaubte kein Wort.« Imogens Kehle schmerzte.
»Er sagte, Sie seien ihm ein großer Trost gewesen.«
»Das hat er gesagt? Wirklich?«
Imogen ging den ganzen Weg zu Fuß nach Hause. Sie war hilflos ärgerlich und traurig. Miß Gwen Spark, eine Verkäuferin, würde für den Rest ihres Lebens eine goldene Uhr bewahren. Das war der Krieg. Alles hing mehr oder weniger von Zufällen ab. Miß Spark wenigstens hatte das Glück, die Wahrheit zu kennen, so schlimm sie auch war. Nichts konnte schlimmer sein als für immer in Unsicherheit zu leben, wie es ihr mit Rudi erging.
Ein paar Tage später sagte Mama mit der ernsten und gefaßten Stimme, mit der sie immer von Hillary sprach: »Ich habe Hillarys Sachen durchgesehen und kann seine Uhr nicht finden. Du weißt, die goldene, die wir ihm zu seinem einundzwanzigsten Geburtstag geschenkt haben.«

»Du kannst sie nicht finden?« fragte Imogen.
»Ich dachte, du wüßtest, ob er sie irgendwo hingelegt hat. Oder weggegeben.«
»Nein, Mama.«
»Wo kann sie dann sein? Ich muß sie finden.«
»Warum?«
»Natürlich weil ich sie aufbewahren will. Mit dem Military Cross und anderen Dingen.«
»In diesem gräßlichen Todeszimmer.«
»Wo immer ich mich an meinen Sohn erinnern werde«, sagte Mama streng. »Selbstverständlich werde ich in die Kirche von ›Sanctuary‹ ein Erinnerungsfenster einsetzen lassen. Aber was seine persönlichen Dinge anbelangt – wenn du es weißt, Imogen, so hoffe ich, du wirst es mir sagen.«
Imogen errötete sofort heftig. O Gott, sie brachte es einfach nicht fertig, zu lügen, ohne sich zu verraten. Hatte Mama das gemerkt? Wenn ja, so sagte sie jedenfalls nichts.
Aber an diesem Abend merkte Imogen, deren Sinne aufs äußerste geschärft waren, daß man ihre Schubladen durchsucht hatte. Sie hatte Hillarys Brief unter ihrem Notizpapier und einem Durcheinander anderer Korrespondenz in der obersten Schublade ihres Schreibtisches versteckt. Rasch überzeugte sie sich davon, daß er noch da war. Aber nicht in dem Gedichtband, wo er vorher gesteckt hatte. Daruntergeschoben. Von jemandem, der so außer sich gewesen war, daß er vergessen hatte, vorsichtig zu sein.
Sie hätte ihn geschickter verstecken sollen. Aber man konnte ja wirklich nicht annehmen, daß sich Mama so weit erniedrigen würde, ihre Schubladen nach der vermißten Uhr zu durchstöbern.
Also kannte Mama jetzt die Wahrheit über Hillary. Sie wußte, daß er doch nicht so löwenherzig gewesen war. Geschah ihr recht! Weshalb mußte sie herumschnüffeln? Arme, arme Mama.

Der amerikanische Botschafter, Mr. Walter Page, sprang hinter seinem Schreibtisch auf, als die große, schwarzgekleidete Frau in sein Zimmer trat. Wieder eine trauernde Mutter, dachte er, tränenlos, gefaßt und stolz, wie all diese Engländerinnen zu sein schienen. Er bewunderte sie so sehr und empfand großes Mitleid mit ihnen.
»Mrs. Webb?« sagte er und streckte ihr die Hand entgegen. »Ich glaube, Sie wollten mich sprechen. Kommen Sie, setzen Sie sich, und sagen Sie mir, was ich für Sie tun kann.«
»Was Sie hoffentlich für mich tun können, Exzellenz.«
Mr. Page deutete auf ihre Trauerkleidung.
»Ihr Sohn? Ist er vermißt? Manchmal können wir Kriegsgefangene durch die deutschen und österreichischen Botschaften ausfindig machen. Wie Sie wissen werden, vertreten wir diese und jene, als wären es unsere eigenen. Es ist eine beschwerliche und sehr traurige Aufgabe.« Er redete, um seiner Besucherin Zeit zur Entspannung zu geben. Sie saß steif wie ein Ladestock da und war offenbar entschlossen, keinerlei Gemütsbewegung zu zeigen. »Ich werde buchstäblich mit Hilferufen von Menschen bombardiert, die plötzlich feindliche Ausländer geworden sind. Sie möchten Nachrichten über ihre Familien, ihre Eltern oder Söhne haben. Ein Vorhang hat sich zwischen uns und Europa niedergesenkt.«
»Ich weiß«, sagte Mrs. Webb. »Deshalb bitte auch ich Sie, mir ein wenig von Ihrer Zeit zu schenken. Es handelt sich nicht um meinen Sohn. Er fiel vor kurzem an der Front. Es geht um einen jungen österreichischen Freund unserer Familie, einen besonderen Freund meiner Tochter. Wir glauben, daß er schon seit einiger Zeit im Feld ist. Sein Name ist Rudolf von Klein. Sein Vater ist Graf Paul von Klein, ein Bankier aus Wien.«
»Ah, eine angesehene Familie. Es dürfte nicht zu schwierig sein, etwas zu erfahren. Kennen Sie sein Regiment?«
»Natürlich nicht.«
»Hm, hm, ja, natürlich. Der Feind. Sie müssen mir einige

Tage Zeit lassen, damit ich Nachforschungen anstellen kann. Ich werde tun, was ich kann.«
»Ich bin Ihnen sehr dankbar, Exzellenz, nachdem Sie so viel zu tun haben.«
»Glauben Sie mir, wir würden gerne noch viel mehr tun. Es tut mir sehr leid wegen Ihres Sohnes.«
»Er starb für sein Land.«
Mr. Page beugte leicht den Kopf. Was sonst konnte er angesichts dieser Würde tun? Diese Frau wollte kein Mitgefühl. Es würde sie zerbrechen. Sie mußte sich an ihren schrecklichen Stolz klammern. Er bemerkte, daß sie verwirrende grüne Augen hatte, klar und scharf. Schwierig, mit einer solchen Frau zusammenzuleben, stellte er sich vor, aber das waren die Menschen, die England groß gemacht hatten. Sie würden diesen Krieg gewinnen, wie sie alle Kriege gewonnen hatten. Aber um welchen Preis? Und wollte ein Mann eine unverwundbare Frau? Wer war dieser Mr. Webb? Noch nichts mit ihm zu tun gehabt, dachte Mr. Page müde. Weiter mit der Arbeit.

Zwei Wochen später kam Imogen von einem besonders herzzerreißenden Nachmittag am Victoria-Bahnhof nach Hause. Ein Lazarettzug hatte einige Schwerverwundete gebracht. Sie fand Mama allein im Salon. Und müßig. Das war so ungewöhnlich, daß sie ausrief:
»Ist irgend etwas los? Bist du krank?«
»Nein, ich bin nicht krank.« Mama breitete die Arme aus. »Komm her, mein liebes Kind.«
Angst sprang in Imogens Kehle.
»Richard?«
»Nein, nicht Richard, Liebling. Rudi.«
»O – o nein!«
»Ich fürchte doch. Vor zwei Monaten an der russischen Front.«
Imogen riß sich los, ihre Augen glühten.
»Ich glaube es nicht. Du erfindest das, damit ich ihn vergessen soll.«

»Ich erfinde gar nichts, aber es stimmt, es würde mir das Herz brechen, wenn du nutzlose Jahre deiner Jugend damit zubringen würdest, dich um ihn zu sorgen und auf ihn zu warten. Nein, ich habe das nicht erfunden, Imogen. Hier ist der Brief vom amerikanischen Botschafter.«

»Wie kann er das wissen?«

»Ich bat ihn, einige Nachforschungen für mich anzustellen. Er hat Mittel und Wege, denn er ist der offizielle Beauftragte der österreichischen Botschaft. Er war sehr freundlich.«

Imogen griff nach dem Brief. Dann verzerrte sich ihr Gesicht vor Verzweiflung.

»Diese ganze Zeit stellte ich ihn mir lebend vor. Ich habe ihn am Leben erhalten.«

»Und es wäre tragisch gewesen, damit fortzufahren«, sagte Mama sehr sanft. »Es ist besser, die Wahrheit zu kennen. Wenn Hillary als vermißt gemeldet worden wäre, ich glaube, ich hätte die Ungewißheit nicht ertragen. Aber zu wissen . . .« Die Andeutung eines Zitterns zog über das harte Gesicht. »Es ist wirklich besser, mein Liebling. Ich war nicht grausam. Nur weise.«

»Auge um Auge, Zahn um Zahn!« schrie Imogen. »Das ist es, was du denkst. Rudi für Hillary.«

»Imogen! Ich werde dir nur deshalb verzeihen, weil du unter Schock stehst.«

»Aber du bist froh, daß ich ihn niemals wiedersehen werde.«

»Ich hätte nicht gewollt, daß du ihn heiratest, wenn du das meinst. Aber sei wütend auf mich. Schimpf mit mir. Das wird dir guttun. Dann können wir wieder Freunde sein.«

Tief in ihrem Innersten wußte Imogen, daß Mama zu ihrem Besten gehandelt hatte und daß es viel besser war, die Wahrheit zu kennen, als immer weiter von jemandem zu träumen, der schon lange ein Toter war. Aber die niederschmetternden Nachrichten, die sie soeben weitergeleitet hatte, ließen Mama wie einen Geier erscheinen. Keine Tränen, ihre Gefaßtheit – die Gefaßtheit, die sie auch von Imogen erwartete –, das war einfach unmenschlich. Zumindest schien es das in diesem schwarzen Augenblick zu sein. Vielleicht würde die Zeit diesen Alptraum verblassen lassen. Vielleicht würde sie Mama eines Tages sogar wieder lieben. Jetzt schien ihr das unmöglich. Es schien so gewiß zu sein, daß sie frohlockte über den Tod eines weiteren verhaßten Feindes.

17

April 1916 auf der Curragh in Irland. Samtenes Frühlingsgrün über den niederen Hügeln, glockenblumenblauer Himmel, etwas Nebel im Wind.
Richard war an diesem Morgen auf Trooper Morgans braunem Wallach ausgeritten, einem feurigen großen Pferd, das über den Boden dahinflog. Sein Oberschenkel schmerzte ein wenig, aber nicht zu sehr. Nach diesem vorübergehenden Aufenthalt auf dem Abstellgleis würde man ihn wieder für tauglich für den Dienst in Frankreich erklären. Es war schon ein etwas schlechter Scherz, daß man die halb genesenen oder mittelmäßigen Soldaten ins arme alte Irland schickte. Es war ebenfalls tragisch, daß hier überhaupt eine Armee unterhalten werden mußte, wo Englands Mittel in Frankreich, in Flandern und in den Dardanellen vollständig erschöpft wurden.
Aber in diesem unglücklichen Land gab es dauernd Unruhen. Es wurde gemunkelt, daß die Sinn Fein schon wieder eine Verschwörung anzettelten. Hörten sie jemals damit auf? Sie waren so in dieses ständige Spiel verliebt, die Briten aus dem Land zu vertreiben, daß sie, falls sie jemals siegen sollten, gar nichts mit diesem Sieg anzufangen wüßten. Keine geheimen Pläne mehr, die man sich in den Wirtschaften zuflüsterte, wo das Guinness genauso ungehindert floß wie die Rede, keine Zusammenkünfte mehr in Scheunen oder feuchten Löchern im ewigen Nieselregen. Was sollte ein Mann machen, wenn sein Adrenalin nicht mehr floß?
Doch trotz des trübseligen Wetters, abgesehen von ein

paar seltenen Frühlingstagen wie diesem, und obgleich man den Einwohnern nicht trauen konnte, war Richard froh über den Frieden und die Stille. Ihm graute vor der Rückkehr nach Frankreich. Die Gedanken an die Brutstätte des Schreckens konnten während des Tages zurückgedrängt werden, besonders unter diesen liebenswürdigen, unterhaltsamen Iren, die so dachten und anders redeten. Tat er nicht das gleiche, wenn er von den Schützengräben sprach und den Mut der Rekruten aufzumöbeln versuchte?

Arme Teufel waren es, Buben, kaum aus der Dorfschule entlassen, kaum alt genug, um Zeitungen auszuteilen oder die Milch zu holen.

Er hatte es schließlich doch nicht vermeiden können, daß er Offizier wurde. Man hatte ihn auf dem Schlachtfeld befördert. In diesem Krieg erfolgten die Beförderungen ziemlich rasch. Er war schnell vom Unterleutnant zum Oberleutnant aufgestiegen und dann zum Captain – nur deshalb, so hatte er seiner Mutter geschrieben, weil alle seine Vorgänger tot waren und man dringend nach weiteren dummen Tölpeln suchte, die bereit waren, für ihr Land zu sterben. Er hatte keine Lust zu sterben. Er wollte aus den simpelsten Gründen weiterleben. Um auf dem frisch gemähten Rasen in »Sanctuary« zu liegen und dem Gesang der Vögel zuzuhören, um saubere Erde zwischen den Fingern zu zerkrümeln, saubere, nicht diesen teuflischen Dreck Flanderns, diesen Hexenauswurf aus Schlamm und Blut und Rattenscheiße und Kloakenwasser und stinkenden Leichenteilen, die man bei den Massenbegräbnissen übersehen hatte.

»Hast du meine Hand gesehen? Hat irgend jemand meine Hand gesehen?« hatte er eine gepeinigte Stimme schreien hören. »Es ist die rechte. Am kleinen Finger ist ein goldener Siegelring. Und die Fingernägel sind leider – ziemlich – vernachlässigt . . .« Der Akzent war Christchurch, Oxford, die Stimme hoch vor Anstrengung, witzig zu sein, und vor unterdrückter Panik. Die Fragen gin-

gen weiter, schwächer und zittrig, bis die Tragbahre zwischen den Schützengräben verschwand.
»Wenn wir sie finden, Sir, werden wir ihr ein ordentliches Begräbnis zuteil werden lassen«, schrie jemand.
Schwarzes Theater, das einzig mögliche. Das war in Flandern. Man munkelte, daß eine große Offensive bevorstand, größer und verlustreicher als Ypern, schlimmer als Loos, schlimmer als die Tragödie von Verdun, wo Frankreich die Elite seiner Nation verloren hatte. Sie sollte an der Somme stattfinden, und es würde die größte, lauteste, unvorstellbarste Schlacht seit Menschengedenken werden.
Verglichen damit war ein bißchen Sinn-Fein-Feuerwerk in Irland direkt eine Erleichterung. Man mußte daran denken, daß die schlauen Teufel Jahrhunderte hindurch die Gewohnheit hatten, dem Engländer in den Rücken zu fallen und ihn dort zu treffen, wo er am verwundbarsten war. Aber die Irish Guards kämpften mit Anstand an der Westfront, und es gab eine Menge draufgängerischer und offensichtlich williger Rekruten, die dafür ausgebildet wurden, mit der britischen Armee in Übersee zu kämpfen.
Es war gut, wieder aktiv zu sein. Richard war froh, den Genesungsheimen und seinem Zuhause entkommen zu sein, das nun Kensington Square war, denn »Sanctuary« hatte man zu einem Krankenhaus für Leute mit Nervenerschütterung und für Schwerverletzte umgewandelt. Ihre Verzweiflung mußte die stöhnenden und jaulenden Geister der armen Tante Julia und der Großtante Tatjana vor Scham erbleichen lassen.
Aber das Heim am Kensington Square war auch nicht sehr viel fröhlicher. Mama führte ihren eigenen Privatkrieg mit ihrer kleinen Armee von Helfern, die Fonds gründeten, Krankenpflege leisteten, Krankenwagen fuhren. Imogen hatte Richards wegen versucht zu lächeln und lustig zu sein, aber die Umgebung und ihr eigener persönlicher Kummer um Rudi überwältigten sie. Das

Licht in ihren Augen war erloschen. Papa verschwand jeden Tag in die Zitadelle seiner Bank, sogar sonntags, und manchmal blieb er die ganze Nacht. Er hatte nur noch einen Stab von älteren und ganz alten und körperlich untauglichen Mitarbeitern. Nur Lally, die sich mehr als je zuvor in die Kindheit zu flüchten schien, und Tante Clara, die ruhig blieb, besonnen, liebevoll und ohne Ansprüche, sorgten für eine fröhliche Stimmung.
Es gab Zeppelinangriffe, und die Verdunkelung ließ die Stadt noch unheimlicher erscheinen. Brennmaterial wurde immer knapper und auch gewisse Nahrungsmittel. Schlechte Nachrichten über den Verlust von Schiffen durch deutsche U-Boote häuften sich. Am Piccadilly Circus und in den umliegenden Nachtlokalen herrschte ein trauriges Übergewicht von Khaki.
Ja, es war eine Erlösung gewesen, nach Irland zu kommen und sich nach dem langen Alptraum wieder ein wenig selbst zu finden. Möglicherweise würde für immer ein leichtes Hinken von der Oberschenkelverletzung zurückbleiben, aber vorausgesetzt, er hielt sich aus den Schwierigkeiten der Grünen Insel Irland heraus, konnte er bis zum Herbst wieder fit sein für den Dienst in Frankreich, hatte der Arzt scherzhaft gemeint. Manchmal fragte er sich, ob vielleicht Hillary der Glücklichere war, der arme alte Generalmajor, der nicht so im Kriegführen geschwelgt hatte, wie er sollte. Aber oft kamen ihm derartige Gedanken nicht. Er war zu sehr in die kleinen Dinge des Lebens verliebt. Er dachte, er würde mit sehr wenig zufrieden sein, wenn der Krieg erst vorüber war. Er wollte nicht einmal mehr einen Platz am Partnerschreibtisch in der Bank. Vielleicht änderte sich das eines Tages, aber er bezweifelte, daß Geld je wieder von irgendwelcher Bedeutung für ihn sein würde. Er wollte nur leben, Frauen haben, oder vorzugsweise eine einzige liebende Frau, im Garten herumbuddeln, einen Fuchs als Haustier halten oder einen Dachs, die entsetzliche Brutalität vergessen, die latent in der menschlichen Natur

schlummerte. Vielleicht würde Mama ihm »Sanctuary« geben. Sie mußte es wohl, da Hillary, der wahre Erbe, nicht mehr lebte. Oh, das wäre schön.
Aber jetzt war Ostermontag, und falls er am Abend freibekam, hatte er sich selbst ein Abendessen bei Jammet versprochen, wo es angeblich das beste Irish-Stew im ganzen Land gab. Heute war jeder, der nur irgend konnte, zum Fairyhouse-Rennen gegangen.
Fairyhouse, Feenhaus. Das war wieder einer von jenen wunderlichen irischen Namen. Sicherlich saßen Kobolde auf den Schultern der Jockeys. Bewaffnet mit altmodischen Büchsen, die in ein Museum gehörten, aber nichtsdestoweniger imstande waren, jeden zu töten, der eine britische Uniform trug. Wenn die Kobolde sich der Sache Irlands annahmen, dann würde England echte Schwierigkeiten bekommen. Das mußte er Imogen schreiben. Sie würde sicherlich darüber lachen.
Als um die Mittagszeit die neuesten Nachrichten hereinplatzten, nachdem ein aufgeregter Colonel Cowan im Dublin Castle zur Curragh durchgedrungen war (ehe die Telefonleitungen durchgeschnitten wurden, wie er ausdrücklich sagte), dachte Richard wirklich, daß die kleinen Kerle die Sache in die Hand genommen hatten. Niemand sonst konnte so verrückt sein. Außer den Iren natürlich.
Anscheinend war eine kleine, bunt zusammengewürfelte Schar kaum dem Teenalter entwachsener junger Männer mit Lee Enfields und deutschen Mausern bewaffnet und in der dunkelgrünen Uniform der Bürgerarmee ins Dublin Castle eingedrungen, hatte dann die Post in der Sackville Street besetzt und unverschämterweise die grüne irische Flagge gehißt. Jetzt fand in den Straßen eine wilde Schießerei statt, in Häuser und Läden wurde eingebrochen. Verwundete, Tote oder Sterbende lagen in Straßengräben oder Eingängen, und die unvermeidlichen flammenden Reden wurden von den eroberten Stellen aus gehalten.
Es klang alles wie eine besonders teuflische Art von iri-

schem Humor. Es konnte einfach nicht wahr sein. Man munkelte sogar, daß eine Frau, nichts weniger als eine Gräfin, sinnigerweise mit einer grünen Bluse und Kniehosen bekleidet, die Truppen nach St. Stephens Green geführt hatte und sie mit militärischem Drill kommandierte. Sie war selbst ein Meisterschütze. All die von Nannies (von englischen Nannies wahrscheinlich) behüteten Dreikäsehochs, die Alten, die sich in dem herrlichen Wetter sonnten, die Liebespärchen, sie alle mußten fluchtartig die Wiesen und die Parkbänke verlassen.

Noch immer fassungslos, brachte Richard seine Kompanie in Kampfstellung. Er hatte das überwältigende Gefühl des déjà vu, als habe er das alles schon einmal erlebt. Es hatte in Flandern herrliche Sonnentage wie diesen gegeben, die einem die Illusion des Friedens vorgaukelten. Dann hatten die großen Kanonen gedröhnt, die Granaten schlugen ein. Er wartete jetzt unwillkürlich auf das Donnern der Geschütze, darauf, daß am Horizont ungeheure Rauchwolken aufblühten, auf das Wimmern ankommender Granaten, das Rattern der Maschinengewehre, auf das ganze teuflische Orchester des Krieges.

Aber der Nachmittag blieb still und friedlich, es gab keinerlei Anzeichen irgendwelcher Schwierigkeiten außer einem ganz entfernten Dunst am blauen Himmel. Rauch? Feuer? Brandgeruch? Aus seinem Dinner bei Jammet wurde an diesem Abend wohl nichts. Es sei denn, dieser Aufstand konnte innerhalb einiger Stunden im Keim erstickt werden oder er erstarb aus Mangel an Willenskraft. In diesem Land zog man für gewöhnlich das Gerede dem Handeln vor. Aber sicherlich waren auch bewaffnete Männer mit Mordabsichten darunter. Mordlust verbarg sich oft unter dem Deckmantel des Patriotismus. Das würde keiner dieser Hitzköpfe (meine eigene Mutter mit inbegriffen, dachte Richard) zugeben.

Es wäre schon eine grausame Ironie gewesen, wenn er

den massiven Angriff der Deutschen überlebt hätte, um in einer Straße von Dublin zu sterben.

Drei Stunden später lag dies zu seinem Entsetzen durchaus im Bereich des Möglichen. Als er versuchte, in der Merrion Row, die zu St. Stephen's Green führte, wo der Unruheherd zu sein schien, das Kommando zu übernehmen, sah er sich unvermittelt in einen gefährlichen kleinen Guerillakrieg verwickelt, der sich wie immer mit verführerischen Rebellenliedern und Spruchbändern tarnte. In den gegenüberliegenden Gebäuden waren Scharfschützen versteckt, die mit tödlicher Sicherheit trafen. Zwei seiner Männer waren bereits getroffen worden, der eine getötet, der andere verwundet, er selbst konnte sich hinkend gerade noch in Sicherheit bringen. Der warme, sonnige Tag neigte sich seinem Ende entgegen, und obwohl britische Truppen zusammen mit den prächtig aufgeputzten Lanzenreitern zum Kampf angetreten waren, gab es keine Anzeichen dafür, daß der Aufstand in wenigen Stunden niedergeschlagen werden konnte.
Richard hatte den Eindruck, daß das die ganze Nacht, vielleicht sogar die ganze Woche, so weitergehen könnte, dem entschlossenen Feuer der Rebellen nach zu urteilen. Sie hatten sperrige Barrikaden errichtet, aus umgeworfenen Autos und Wagen, aus Möbeln und Matratzen, die man aus nahe gelegenen Häusern geschleppt und einfach quer über die Straße geworfen hatte.
Er war durstig, verstaubt, müde und wütend. Irland sollte ein Kuraufenthalt werden, kein weiterer Krieg. Geduckt kauerte er in einer Toreinfahrt und wartete auf den richtigen Augenblick, um seinen Männern das Signal zur Erstürmung der Barrikaden zu geben. Der Gedanke durchzuckte sein Gehirn, wie erbärmlich es wäre, bei dieser lächerlichen Unternehmung zu sterben, da traf ihn der dumpfe Schlag der Kugel. Er erinnerte sich nur an einen Stoß wie von einem Eisenhammer, dann an nichts mehr,

bis er die Augen in einem dämmrigen, stillen Zimmer öffnete. Die untergehende Sonne fiel schräg durch hohe Fenster, an den Wänden hingen dunkle Bilder, die Decke über ihm war reich geschnitzt. Er schien auf einer Couch zu liegen. Unter seinem Kopf steckte ein Kissen, ein gelber Schimmer, den seine umflorten Augen nach und nach wahrnahmen, entpuppte sich als eine Schale mit gelben Tulpen auf einem Tisch neben ihm.
Zivilisation! War dieses sinnlose Wüten in den Straßen nichts weiter gewesen als ein Alptraum? War er ins Schloß von Dublin gelangt? Er konnte nicht klar denken. Sein Gehirn blieb umnebelt, und wenn er sich aufzusetzen versuchte, schoß ein wahnsinniger Schmerz durch seinen rechten Arm.
O Gott, nicht auch noch sein Arm. Er würde doch kein Krüppel werden! Dann war es doch besser, Hillarys Weg zu gehen, sauber und endgültig. Er sah jetzt, daß sein Ärmel bis zur Schulter aufgeschlitzt und um seinen Oberarm eine Aderpresse angelegt war. Er konnte die Hand nicht heben.
Ganz in der Ferne, wie in der Welt eines Alptraums, konnte er Schüsse und Detonationen hören, splitterndes Glas und wilde Schreie. Ein bißchen mehr Erinnerung sickerte in seine Gedanken. Die verrückten Iren. Die Rebellion, die aufgelodert war wie ein Freudenfeuer im Herbst. Diese verrückten Idioten zerstörten diesen sanften Frühlingstag.
Was, so fragte er sich plötzlich in verzweifelter Angst, war mit seinen Männern geschehen? Was tat er hier?
»Ich würde Ihnen raten, stillzuhalten«, ertönte eine weibliche Stimme aus dem Dämmer hinter ihm. »Sie haben ziemlich geblutet, und ich bin nicht sicher, ob ich das Ding da fest genug angelegt habe.«
Die Stimme war sanft und musikalisch. Mit einem leichten irischen Akzent. Dieses Zimmer, die weiche Couch, der Garten im grünen Zwielicht hinter den Fenstern – all das bedeutete, daß sie eine Irin der Oberschicht sein

mußte. Vielleicht sogar eine britische Sympathisantin, obgleich das nach diesem Nachmittag kaum zu glauben war. Ganz Dublin schien in einem einzigen Aufruhr begriffen.

»Könnten Sie nicht dahin kommen, wo ich Sie sehen kann?« gelang es ihm zu sagen.

»Wenn ich Sie wäre, würde ich mich mehr dafür interessieren, ob ich meinen Arm verliere oder nicht.«

Der Schmerz ließ nicht mehr nach, Richard spürte, wie er selbst immer schwächer wurde.

»Steht es so schlimm?«

»Schlimm genug. Ihr Briten könnt vielleicht bluten! Patrick Pearse und seine Freunde werden sich freuen, wenn sie erfahren, daß ihr ein paar verwundbare Stellen habt. Ich bin selber froh darüber, das können Sie ruhig wissen.«

Sie war in seinen Gesichtskreis getreten, aber seine Augen waren zu schwach. Er sah nur eine Menge von weichem dunklem Haar, eine Gestalt mit schmaler Taille. Groß. Das Haar fiel ihr ins Gesicht, als wäre sie im Kampf gewesen.

»Sind Sie – eine von denen?«

»Eine Sympathisantin, ja. Oh, gewiß, ich schieße nicht. Ich marschiere auch nicht auf St. Stephen's Green herum wie diese feuerspeiende Gräfin. Na, wenn Sie der vor die Flinte kommen, haben Sie keine Zeit mehr, bis drei zu zählen, das kann ich Ihnen versichern. Aber ich halte nichts davon, sich so zu verkleiden, bis man wie ein Mann aussieht, und meine Mutter und mein Vater würden mich verstoßen, wenn ich es täte. Gleichgültig, ob ich euch britische Schweine getötet hätte.«

»Dann – sind Sie wie alle – eine Schwätzerin.«

Er spürte ihr wütendes Erröten mehr, als daß er es sah.

»Ist das alles, was man da draußen jetzt spricht? Verspotten Sie mich nicht, Captain, oder ich nehme diese Aderpresse da von Ihrem Arm weg, und Sie können verbluten.«

Erstaunlicherweise fühlte Richard sich allmählich wieder kräftiger. Die Sanftheit der Stimme, zu der die feindseligen Worte überhaupt nicht paßten, erregte ihn.
»Wenn Sie so empfinden, weshalb haben Sie mich dann hier hereingebracht? Ich nehme zumindest an, daß Sie das waren.«
»Nicht ohne Hilfe. Sie sind ein großer Kerl.«
»Aber weshalb? Wollten Sie auf Ihrer schönen Schwelle keine Leiche haben?«
»Um ehrlich zu sein, weil Sie recht nett aussahen. Ich wollte die Farbe Ihrer Augen sehen.«
Während sie redete, drehte sie das Licht an, und das ganze Zimmer und die junge Frau selbst nahmen Gestalt an. Richard interessierte sich nicht für die getäfelten Wände, den Kamin aus Marmor, die dunklen Porträts, nicht für die ganze Ausstattung und Möblierung eines Hauses im georgianischen Stil. Er sah nur das Mädchen an, ihr blasses, dreieckiges Gesicht (eine Katzenrasse, vielleicht ein Luchs, klar und grausam), ihre rauchgrauen, von ungewöhnlich dichten schwarzen Wimpern umrahmten Augen und die Fülle des gelösten schwarzen Haares. Eine Schönheit, nichts weniger. Außer seine Urteilskraft war durch die unendliche Müdigkeit getrübt.
»Nun?« sagte er.
Sie betrachtete aufmerksam seine Augen. »Nicht grau, nicht braun. Eine Zwischenfarbe.« Es klang, als sei sie enttäuscht.
»Wir nennen das Haselnuß. Ich habe die gleichen Augen wie mein Vater. Die Augen meiner Mutter sind grün.«
»Ist sie eine große Schönheit?«
»Nein, sie ist – ein heiliger Schrecken.« Er hörte seine Stimme wie aus großer Entfernung. Das Mädchen kniete plötzlich neben ihm.
»Na, jetzt werden Sie bloß nicht ohnmächtig. Ich gebe Ihnen einen Schluck Brandy. Mein Vater wird jetzt gleich kommen.«

»Wird er –« die Worte waren sehr schwer auszusprechen – »mir den Gnadenstoß geben?«

Das leise Gurren ihres Lachens gefiel ihm und erweckte ihn wieder ein bißchen zum Leben.

»Ich hoffe doch nicht. Er ist Doktor Brendan O'Connor, höchst geachtet in seinem Beruf. Ich bin seine einzige Tochter, Deirdre. Und täuschen Sie sich in mir nur nicht. Ich hasse die Briten. Ich habe vor, Sie hier rauszuwerfen, sobald der Arm ordentlich verbunden ist. Es ist Ihr Kampfarm, Gott sei Dank, Sie werden ihn also nicht mehr gegen uns erheben.«

Und nicht gegen die Deutschen, dachte Richard wirr. Hatte ihn dieser Zwischenfall in einer Straße von Dublin vor den Greueln der Schützengräben bewahrt? Vor Ypern und der Somme?

»Nun, nur ein winziges Schlückchen Brandy.«

Der Arm, der seinen Kopf stützte, war weich und sanft wie eine Kleewiese. Er schlief ein und dachte, er könnte den frischen Duft des Sommers riechen. Oder vielleicht verlor er auch das Bewußtsein wie da, als sich der bärtige Mann über ihn beugte und ihm den Verband abriß, was ihm unerträgliche Schmerzen bereitete.

Lange danach, als er in der Nacht erwachte – er merkte, daß er in einem bequemen Bett lag –, fragte er sich, ob er sich die Worte nur eingebildet hatte, die er zu hören glaubte.

»Glatter Durchschuß, aber es wird ein dauernder Schaden zurückbleiben, der Arm wird vielleicht verkümmern, armer junger Bursche.«

In jener Nacht schlief er nicht wieder ein, teils vor Schmerzen, teils weil immer wieder Gefechtslärm die Stille zerriß. Bei Tagesanbruch war heftiges Gewehrfeuer zu hören, es krachte und roch nach Brand.

Schrecklich. Er mußte hier raus und sich um seine Männer kümmern, von seiner Verwundung Meldung machen und schwören, daß er nicht freiwillig Zuflucht beim Feind gesucht hatte.

Aber als er aus dem Bett aufstand, verschwamm der Raum im Dunkel und er stürzte zu Boden.
»Blutverlust«, hörte er jemand sagen. »Der Bursche muß ein oder zwei Tage ruhen. Bring ihm was zum Frühstück.«
»Wollen wir ihn beherbergen, Vater?« Die Stimme des Mädchens klang ungläubig.
»Was hast du denn gedacht, als du ihn hier hereinbrachtest?«
»Ich wollte ihn nur nicht vor unserer Haustür verbluten lassen. Das erschien mir zu barbarisch.«
»Genau das wäre es auch gewesen. Ich rette meine Patienten lieber, als daß ich sie umbringe. Was der Bursche jetzt braucht, ist ein Topf Tee und etwas von Bridgets frischem Brot. Schick Bridget damit herauf, wenn du glaubst, daß dir dadurch eine Perle aus der Krone fällt.«
»Nein, ich bringe es ihm. Je weniger Leute wissen, daß er hier ist um so besser. Mutter braucht nichts zu wissen.«
»Verdammt schwachsinnige Komödie, das Ganze«, brummelte der Arzt. »Diese irren Sinn Fein töten mehr von unseren eigenen Leuten als Briten. Unschuldige Iren sterben auf den Straßen. Kriege sollten in anderen Ländern ausgetragen werden, nicht im eigenen.«
»Wir dürften uns ja inzwischen daran gewöhnt haben«, sagte das Mädchen bitter. »Meinst du etwa, wir sollten es wagen, an der englischen Küste zu landen?«
»Das wäre vielleicht sinnvoller als Dublin niederzubrennen. Wir werden für diese Schweinerei noch ein Jahrhundert lang zu zahlen haben.«
»Schande über dich, Vater, die Briten werden bezahlen. Also gut, ich werde die Bestie füttern, und wenn auch nur, um sie stark genug zu machen, damit wir sie hier rauswerfen können.« Ein leicht amüsierter Ton stahl sich in ihre Stimme. »Aber er ist eine ziemlich gutaussehende Bestie, nicht wahr?«

»Allerdings. Vielleicht kannst du ihm die Zeit dadurch vertreiben, daß du ihm die ›Green Flag‹ vorsingst?«
Richard, der unbeweglich dieser höchst ergötzlichen Unterhaltung gelauscht hatte, öffnete die Augen weit, als Deirdre mit dem Tablett wieder ins Zimmer trat. Sie mußte ihm helfen, sich aufzusetzen. Sein Arm schmerzte sehr. Aber er war auch halb verhungert. Sicherlich würden ihn der heiße, starke Tee und das Brot, noch warm vom Ofen und herrlich knusprig, so weit wieder beleben, daß er aus diesem Haus hinaus konnte. Der schrägen Decke nach zu urteilen, befand er sich in einem Mansardenzimmer, vermutlich außer Sicht- und Hörweite für den ganzen übrigen Haushalt.
»Das ist schrecklich nett von Ihnen«, sagte er.
Jetzt konnte er klarer sehen, außerdem war es inzwischen heller Tag geworden.
Seine Vermutung vom vergangenen Abend bestätigte sich, das Mädchen war eine Schönheit, eine von jenen feinknochigen leidenschaftlichen jungen Frauen, die die Iren hin und wieder hervorbringen. Lieblich und wild und vielleicht ein bißchen teuflisch. Bereit, für ihren Glauben zu sterben, ob es sich jetzt um ihre Religion oder um ihr Land handelte.
Wenn es darum ging, war seine Mutter ebenso, aber er bezweifelte, ob sie selbst in der Jugend dieses innere Feuer besessen hatte, das er in den rauchigen, dunklen Augen des Mädchens sehen konnte. Mama war gefaßt und ordentlich und unerbittlich. Deirdre O'Connor, so vermutete er, würde sich ändern wie das Licht auf den Wicklow-Hügeln von Stunde zu Stunde. Sie fesselte ihn sehr. Obgleich er fast vor Hunger umkam, mußte er sie erst ausgiebig betrachten. Nachher konnte er essen.
»Bedanken Sie sich nicht«, sagte sie. »Ich hoffe nur, Sie soweit zu stärken, daß ich Sie möglichst bald loswerden kann. Vater meint, Sie sollten einen Tag hierbleiben, aber das ist zu gefährlich. Für Sie und für mich. Sie können zur Hintertür hinaus und durch den Garten. Ihre

Freunde werden Sie bald auflesen. Die Straßen sind voller Patrouillen.«
»Nehmen Sie denn kein Risiko auf sich, angenommen, einer *Ihrer* Freunde sieht mich hier rauskommen?«
»Sie werden mich töten, wenn sie Sie hier finden«, sagte sie schlicht.
»Die blutrünstige Gräfin?«
»Machen Sie sich nicht lustig über mich, Captain.«
»Aber sie ist doch blutrünstig, oder?«
»Das sind andere auch. Und wir werden gewinnen. Das kann ich Ihnen verraten.«
»Für wie lange?«
Sie flog herum, ihr langes dunkles Haar wippte. »Ach, zur Hölle mit Ihnen, Sie eingebildeter Engländer! Wir wissen sehr gut, daß dieser Aufstand keinen Sarg zimmern kann, der groß genug wäre, um die ganze britische Armee darin zu begraben, aber er gibt immerhin einen recht guten Nagel dafür ab. Und jetzt essen Sie Ihr Frühstück und machen Sie sich fertig. Ich komme in einer Stunde zurück und helfe Ihnen beim Anziehen.«
Jetzt war er steif und würdevoll.
»Ich komme sehr gut allein zurecht.«
»Wir werden ja sehen.«

Er war doch gezwungen, sich von ihr helfen zu lassen. Er konnte sich die Hosen anziehen, aber als die Reihe an das zerrissene und blutgetränkte Jackett kam, mußte er sich den Kopf mit der Hand halten, bis der Schmerz in seinem Oberarm verebbte. Sollte der Arm wirklich absterben, wie der Arzt gesagt hatte? O Gott, bewahre ihn davor. Bewahre alle, selbst die Verrückten, die ihre großartige Proklamation auf den Stufen des General Post Office verlesen hatten: Iren und Irinnen! Im Namen Gottes und der toten Generationen, durch die Irland die alte Tradition der Selbständigkeit ererbt hat, versammelt unser Land durch uns seine Kinder unter den Flaggen und kämpft für die Freiheit . . .

Das Mädchen hatte ihm diese Proklamation vorgetragen, während es ihm teilnahmslos, aber geschickt und vorsichtig in das verdammte Jackett half. Seine Wickelgamaschen waren etwas, womit sie beide nicht fertig wurden. Er mußte sie eben zurücklassen.

»Ich werde sie verbrennen«, sagte sie. Ihre Augen blickten wieder spöttisch. »Werden Sie degradiert, weil Sie nicht korrekt gekleidet sind? Einige unserer Jungen kämpfen in Hemdsärmeln, und es würde mich nicht überraschen, wenn manche sogar bloßfüßig wären. Die unwissenden Bauern, verstehen Sie.«

»Hören Sie auf!« sagte er ärgerlich. »Das ist recht billig.«

»Oh, gut. Wir kämpfen eben mit allen Waffen, die wir bekommen können.«

»Soviel ich herausgefunden habe, sind das größtenteils Worte.«

»Dann war das ein ganz besonders gefährliches Wort, das Ihren Arm verletzt hat. Ein wirklich ganz abscheuliches Wort. Können Sie die Treppe hinuntersteigen, wenn Sie sich am Geländer festhalten? Können Sie aufpassen, daß Sie keinen Lärm machen?«

»Haben sich Patrick Pearse und die anderen hinter den Tapeten versteckt?«

Er hätte schwören können, daß sie beinahe vor Lachen herausgeplatzt wäre. Aber sofort war sie wieder ein Eisblock.

»Es ist wegen meiner Mutter. Sie ist nicht sehr gesund, und diese ganze Schießerei hat sie sehr aufgeregt. Wenn sie wüßte, daß ein britischer Soldat im Haus war, würde sie vermutlich sterben.«

Angeführt von ihrer zarten Gestalt – sie trug eine weiße Bluse und einen einfachen grauen Rock –, schaffte er es irgendwie, die drei Stockwerke hinunterzusteigen, ohne erneut ohnmächtig zu werden. Unten war er allerdings nahe daran, aber das Mädchen schien so etwas geahnt zu haben. Auf einem Tisch in einem kleinen Seitengang

standen eine Flasche Brandy und ein Glas. Rasch schenkte sie eine große Portion ein und zwang ihn, auszutrinken. Als er ihr danken wollte, zischte sie:
»Um Gottes willen, glauben Sie nur nicht, ich tue das für Sie. Ich rette meine eigene Haut. Jetzt werde ich diese Tür öffnen, die in den Seitengarten führt. Wenn Sie den Pfad zwischen den Fliederbüschen entlanggehen, werden Sie ein Tor finden, das auf die Straße hinausgeht. Ich glaube nicht, daß es unter Beschuß steht, aber ich bin nicht sicher. Sie müssen das Risiko eben auf sich nehmen.«
»Ich muß Ihnen danken ...«
»Ich will keinen Dank, das habe ich schon mal gesagt. Gehen Sie bloß weg von hier.«
»Und Gott sei mit Ihnen«, beendete er den Satz für sie. Mit der Zärtlichkeit, die er eigentlich von ihr erwartet hätte. Wenn sie Freunde gewesen wären ...

18

Matilda und Joshua warteten auf Richards Rückkehr von der Sanitätsbehörde. Deshalb verbrachte Joshua einen seltenen Sonntagnachmittag zu Hause. Für gewöhnlich ging er zur Bank, um seinen Schreibtisch für den Montag aufzuräumen, sagte er. Gelegentlich zog er saloppere Kleidung an und verschwand zu einem langen Spaziergang und kehrte bei seiner Schwester Clara zum Tee ein. Kensington Square, das Heim, auf das er so stolz gewesen war, als er Matilda als Braut hierherbrachte, schien ihn nicht mehr zu interessieren. Er tat so, als sei es nur ein Ort, um zu schlafen (knappe vier oder fünf Stunden jede Nacht), oder ein Ort, an dem er seinen Geschäftsfreunden ein Dinner geben konnte, so gut es unter den herrschenden Umständen eben möglich war.

Diese Freunde waren nicht mehr österreichische Grafen oder Schweizer Bankiers. Sie gehörten vielmehr der Regierung an und hatten mit der Ausstattung der Kampftruppen zu tun und mit der Wirtschaft des Landes. Es gab Gerüchte, wonach Joshua nach Beendigung des Krieges geadelt werden sollte. Nicht dafür, daß er reich geworden war, sondern dafür, daß er mit seinem scharfen Verstand seinem Land geholfen hatte. Dies in Verbindung mit dem außergewöhnlichen Beitrag seiner Frau zum Kriegsdienst der Frauen und nicht zuletzt der Verlust seiner Söhne, tot der eine, der andere kriegsbeschädigt, zählten als Pluspunkte für ihn. Er war ein Mann von Ansehen und Einfluß geworden.

Matilda überraschte dies nicht. Sie hatte seine Fähigkeiten schon entdeckt, ehe sie ihn heiratete. Schade, daß die Finanzwelt, die Räder hinter den Kulissen, sie langweilte und sie keinerlei Interesse daran hatte, Lady Webb zu werden. Nun, da Hillary nicht mehr lebte und Richard mit ziemlicher Sicherheit von der Sanitätsbehörde abgewiesen werden würde, begann ihr Geist sich in der Vergangenheit aufzuhalten. Sie verbrachte zuviel Zeit im Todeszimmer, betastete die Orden und Medaillen einschließlich des posthum verliehenen Military Cross', blätterte in alten Fotoalben, strich gelegentlich über die zerschlissenen und farblosen Regimentsfahnen, wiegte die kleine Trommel in ihrem Schoß, als verberge sich ein lebendes Wesen darin. Weshalb hatte sie nicht sechs Söhne gehabt? Dann müßte sie nicht all ihren tiefen, schmerzenden Kummer auf Hillary konzentrieren.

Sie hatte absichtlich den Brief gelesen, den Imogen allzu sorglos versteckte. Sie kannte ihn auswendig. Sie glaubte kein Wort von Hillarys darin bekundeter unglücklicher Stimmung und von seiner Angst. Er war nur etwas überreizt, der junge Held, der nervös auf seine Feuertaufe wartete. Er spielte wieder einmal Theater, wie er es so oft als Kind getan hatte. Nervosität war verständlich. Angst nicht.

Sie bewahrte seine Worte am Ende des Briefes in ihren Gedanken wie einen Schatz, die brennende Süße nach der vorangegangenen Bitterkeit.

»Ich liebe sie unendlich, und ich wußte nie, wie ich es ihr sagen sollte.«

Diese Worte trafen sie so tief, daß sie nicht weinen konnte. Sie hatte noch nie um ihn geweint.

Sie wußte von dem lächerlichen kleinen Ladenmädchen, dessen er sich angenommen hatte – er war ein liebenswürdiger und mitfühlender junger Mann gewesen –, und hatte Vorkehrungen getroffen, daß man ihr gelegentlich kleinere Geldgeschenke übermittelte, anonym selbstverständlich. Das Mädchen verdiente das, denn es schien in ziemlicher Armut zu leben. Aber Hillarys goldene Uhr

verdiente sie nicht. Die mußte eines Tages zurückgegeben werden. Wenn der Krieg vorüber war.
Anfangs war alles noch zu ertragen gewesen, solange Richard nicht verwundet war. Sie hatte noch immer einen Sohn, der die Familientradition hochhielt, der Waffen für sein Land trug, der für Auszeichnungen in Frage kam. Vielleicht nicht für die Auszeichnungen, die Hillary erhalten hätte, denn er hatte ja keine Militärakademie besucht, aber gewiß die Beförderung zum Colonel, vielleicht sogar zum Brigadier.
Aber jetzt waren auch all diese Hoffnungen zerstört. Dieses niederträchtige, verräterische Gemetzel in Irland hatte ihn für immer zum Krüppel gemacht. Sie war wütend und unversöhnlich. Sie frohlockte, als die irischen Verräter exekutiert wurden. Manche Leute sprachen über die Unmenschlichkeit dieser Exekution, über den schmutzigen Exekutionshof, über die Jungen mit ihren kalkweißen Gesichtern, in einer Reihe an der Wand aufgestellt, noch immer kämpferisch, noch immer betend für Mutter Irland. Aber Matilda sagte ruhig, dies sei eine gerechte Strafe, der Preis für den Verrat, die Spielregeln des Krieges. Außerdem hatten diese Männer – Jungen, also gut – nicht nur ihren eigenen überlebenden Sohn ernsthaft verwundet, sie waren absichtlich und bösartig England im Augenblick seiner größten Krise in den Rükken gefallen, als die U-Boote die Flotte dezimierten und sich Gallipoli als tragischer Fehlschlag erwiesen und die kostspielige und monströse Schlacht an der Somme begonnen hatte. O nein, sie würde den Iren niemals verzeihen.
»Wo sind meine Töchter?« nörgelte Joshua. Es langweilte ihn bereits, zu Hause sitzen zu müssen. »Dieses Haus wirkt neuerdings immer wie ein Grab.«
»Imogen ist im Krankenhaus«, sagte Matilda. »Lally ist irgendwo oben. Seit die Zeppeline angreifen, fühlt sie sich in der Mansarde sicherer, ich weiß auch nicht warum. Ich nehme an, es ist die Kleinheit des Raumes,

die niedere Decke oder so etwas. Vermutlich würde ein Psychoanalytiker sagen, es sei der Wunsch, wieder zurück in den Mutterleib zu kriechen.« Matilda redete, um die schreckliche Stille zu vermeiden, die nur zu oft zwischen ihr und Joshua entstand. »Julia war genauso. Als Kind hat sie sich in Schubladen versteckt.«
Sie hielt ein, innerlich schalt sie sich selbst. Sogar nach all diesen Jahren haßte Joshua jede Erwähnung von Julias Namen und der Ereignisse um ihr mysteriöses Verschwinden. Als fürchte er, eines Tages ihren armen, zusammengekrümmten kleinen Körper in einer Schublade zu finden. Er runzelte die Stirn und sagte ungehalten:
»Ich wollte, Lally wäre kein solcher Feigling.«
»Sie kann nichts dafür, Joshua. Sie ist nicht imstande, ihre Ängste zu steuern. Sie gibt sich doch alle Mühe.«
»Vermutlich. Ist es nicht an der Zeit, daß Richard nach Hause kommt?«
»Ich denke, er wird bald dasein. Man kann nicht sagen, wie lange er auf die Ärzte warten muß.«
»Wie lahme Vögel, diese jungen Männer«, murmelte Joshua. »Von einem ungeheuerlichen Entenjäger in die Flügel getroffen. Ich sag dir eins, Mattie, ich lasse ihn nicht wieder nach Frankreich zurück.«
»Das hängt wohl kaum von dir ab, mein Lieber.«
Mein Lieber. Wie lange war es her, seit sie ihn so genannt hatte? Hing es damit zusammen, daß er älter und niedergeschlagen aussah und daß sie den tiefen Schmerz verstand, den er Richards wegen empfand? Sie wußte, dieser Schmerz war sehr groß, aber doch nichts im Vergleich zu dem, was sie wegen Hillary gelitten hatte. Nur eine Mutter konnte so abgrundtief leiden.
Sie fürchtete, wenn Richard dienstuntauglich geschrieben wurde und immer bei ihnen blieb, ein wenig hinkend, seinen leblosen Arm quer über der Brust haltend, aber doch lebend, würde sie anfangen, ihm das sehr übelzunehmen. Und Joshua auch, der das Glück hatte, daß

sein Lieblingssohn am Leben geblieben war. Das war so ungerecht.
»Ich werde ihn an seinem Schreibtisch in der Bank bei mir haben«, sagte Joshua. »Möglicherweise wird er nicht in der Lage sein, einen Federhalter zu benützen, aber er kann seinen Geist benützen. Er hat ein gutes Gespür für die Finanzwelt, der Junge. Ich werde ihn sofort zum Partner machen. Joshua Webb und Sohn. He, Mattie, davon habe ich doch immer geredet.«
Matilda erhob sich mit einem Rascheln ihres steifen Seidenkleides.
»Du redest, als sei der Krieg vorüber, als sei alles wieder normal. Weshalb solltest du so viel Glück haben, während andere . . .«
Die Stimme versagte ihr, und sie starrte ihn aus bösen Augen an. Sie wußte, er hatte niemals sehr unter Hillarys Tod gelitten. Einmal hatte er gesagt, er sei sich in Hillarys Gegenwart immer wie ein Bauernlümmel vorgekommen, immer in Verteidigungsstellung, als sei er überhaupt kein Teil von ihm. Jetzt erwähnte er Hillarys Namen nie mehr.
»Alles normal, wenn der Junge vielleicht bis an sein Lebensende mit einem nutzlosen Arm herumläuft!« explodierte Joshua und war wieder ganz der alte. »Schon gut, Mattie.« Der Ärger in seiner Stimme erstarb. »Ich weiß, du vermißt Hillary schrecklich. Du solltest ein bißchen darüber reden. Können wir einander denn nicht trösten?«
Sie legte ihre Hand auf seinen Arm. Für einen unbewachten kurzen Augenblick überkam sie die Einsamkeit. Aber sein Gesichtsausdruck wurde sofort unsicher, beinahe verwirrt, als habe er sie niemals richtig gekannt, und jetzt war sie eine Frau geworden, die ihn erschreckte.
Sie verharrte in diesem isolierten Zustand der Einsamkeit, selbst als Richard nach Hause kam und ihr beinahe entschuldigend die Wange küßte und sagte: »Nun, ihr könnt mich behalten. Ich hoffe, du freust dich, Mutter.«

Aber er sah sie gar nicht an. Sein mageres junges Gesicht wandte sich hoffnungsvoll seinem Vater zu.

»Wer war das Mädchen?« fragte Imogen mit brennendem Interesse. »Du sagst, sie haßte die Briten, und trotzdem hat sie sich die Mühe gemacht, dir das Leben zu retten.«

»Nun, sie hat gesagt, sie wollte nur nicht, daß ich auf ihrer Schwelle verblute. Es war eine sehr hübsche Schwelle. Und das Mädchen wußte, wie man eine Aderpresse anlegt.«

»Sie muß recht erfahren sein.«

»Als Tochter des Arztes, ja. In anderer Beziehung nicht. Sie wollte sich diesen Rebellen anschließen. Sie hielt die Gräfin Markievicz für eine Heldin.«

»Schade, daß sie nicht auf unserer Seite steht«, sagte Imogen trocken. »Zusammen mit ihr und Mama hätten wir den Krieg im Handumdrehen gewonnen.«

»Soll ich ihr schreiben?« sagte Richard vorsichtig. »Es wäre doch nur höflich, oder? An jenem Morgen, als sie mich hinauswarf, war überhaupt keine Zeit, ihr zu danken. Außerdem hätte sie überhaupt nicht zugehört. Sie hatte es zu eilig, mich loszuwerden.«

Imogen sah ihn besorgt und traurig an, diesen veränderten Richard mit seinem mageren Gesicht und den gequälten Augen. Es paßte gar nicht zu ihm, unentschlossen und unsicher zu sein. Würde er jemals wieder der alte lebhafte und fröhliche Richard sein? Man sagt, die Jugend habe die Kraft, sich sehr rasch wieder zu erholen, aber sie hatte in Genesungsheimen zu viele von ihnen gesehen, teilnahmslos und abgestumpft, als lebten sie in einem endlosen Alptraum. Noch nie waren Männer dazu verdammt gewesen, wochen- und monatelang unter der Erde zu hausen, von Platzangst befallen, von Ekel, Furcht und körperlichem Unwohlsein. Richard hatte sich von seiner Beinwunde sehr gut erholt, aber jetzt, da sein Arm unter fortschreitender Lähmung und Muskelschwund litt, sah er einem Leben als Krüppel entgegen. Imogen

wußte, er fragte sich, ob ihn je ein Mädchen, abgesehen von dieser halsstarrigen irischen Schönheit, mit einem gelähmten rechten Arm würde lieben können.
»Ich glaube, du hast dich verliebt«, sagte sie.
»In diese Giftschlange? Die mich haßt wie die Pest?«
»Du warst als britischer Soldat gekleidet. Als sie dir deine Uniformjacke ausgezogen hatte, wurde sie da nicht ein bißchen freundlicher?«
»Sie sagte etwas davon, daß ich nett aussehe. Ich glaube eher, sie hat sich über mich lustig gemacht. Mich wie einen kleinen Jungen behandelt.«
»Ja, ich würde an sie schreiben«, sagte Imogen.
»Ja?«
»Wenn ich du wäre. Natürlich, Richard. Selbst wenn es im Nichts endet – nun, Rudi und ich hatten zwei Stunden eines heißen Sommertages, und das ist etwas so Leuchtendes, an das ich mich immer erinnern kann. Wenn ich mich niemals mehr verliebe, dann bleibt es doch hier, in mir drinnen. Du hast Glück, denn deine Deirdre ist keine solche Feindin, wie Rudi ein Feind werden mußte. Dieser Sinn-Fein-Aufstand ist vorüber, und ich glaube, wir werden bald wieder gut Freund sein mit den Iren. Auch mit den ganz wilden. Sie müssen einsehen, daß es keinen Zweck hat, dauernd die Briten umzubringen.«
»Deirdre – sie will mich ja vielleicht nicht direkt umbringen, aber ich glaube, wir würden streiten, daß die Fetzen fliegen.«
In Richards Augen dämmerte Munterkeit, ein wenig von dem alten, starrköpfigen, lebhaften Bruder, den sie so gerne wieder zurückhaben wollte. Ach, laß ihn wieder zu leben anfangen. Laß uns beide zu leben anfangen.
Sie beugte sich vor.
»Wenn du mir versprichst, an Deirdre zu schreiben, werde ich dir ein Geheimnis anvertrauen.«
»Du hast ein Geheimnis, Mog? Ein Mann?«
»Gewissermaßen. Ja, ich glaube schon. Ich bin nicht in ihn verliebt, aber er ist nett. Scheu und klug. Er arbeitet

in einem der Krankenhäuser, in die ich gehe, als Wärter. Eigentlich will er aber Bücher schreiben.« Sie sah Richard direkt und herausfordernd an. »Er ist Kriegsdienstverweigerer.«
»Guter Gott! Weiß Mama das?«
»Himmel, nein.«
Richard brach plötzlich in schallendes Lachen aus. Es klang ganz wie Papa.
»Ich mit einer irischen Rebellin, du mit einem Kriegsdienstverweigerer. O je, was wird bloß aus dieser Familie!«
Imogen verzog die Lippen. »Es ist gar nicht komisch. Nun, eigentlich doch.« Sie konnte das Kichern nicht mehr zurückhalten. »Ich weiß nicht, ob es mir mit Desmond ernst ist, und du erreichst bei deiner Deirdre vielleicht auch nichts, aber denk bloß an Mamas Gesicht. Nein, das ist gar nicht komisch. Nur kann ich mir keine Sorgen um Mama machen. Sie erwartet so ungeheure Opfer, und ich bin einfach nicht dazu fähig, nach ihren Maßstäben zu leben. Ich bin nur ein ganz gewöhnliches menschliches Wesen.«
»Ich möchte in ›Sanctuary‹ leben«, sagte Richard. »Glaubst du, Mama wird es mir geben, wenn ich eine Sinn Fein heirate?«
»Sie muß. Du bist jetzt der Erbe, nachdem Hillary tot ist. Außerdem wirst du es ohnehin mehr lieben, als Hillary es je geliebt hätte.«
»Mama ist so undurchschaubar. Aber ich glaube schon, daß sie uns liebt, Mog. Eben mit den Gefühlen, die von Hillary her noch übriggeblieben sind.«
»Und ihren Regeln gemäß.«
»Vermutlich. Wo willst du mit Desmond leben?«
»Hampstead. Dort sind alle seine Freunde. Ich meine, Menschen, die denken wie er. Daß man nicht tötet. Das hat nichts mit Feigheit zu tun, Richard. Man tötet ganz einfach nicht.«
»Ich würde ihn gerne kennenlernen.«

»Wirklich? Er würde in dir nicht den verwundeten Helden sehen, sondern nur einen verdammten Idioten, der in die Schußlinie geraten ist.«
»Vielleicht hat er recht.«
»Ach, liebster Richard, Gott sei Dank, daß wir einander haben.«
»Und Papa.«
»Und Tante Clara. Sie ist immer auf unserer Seite.«
»Aber Mama . . .«
»Wir sind nicht Hillary«, sagte Imogen eifrig. »Sie wird an unserem Tun niemals solchen Anteil nehmen, wie sie es bei ihm getan hätte. Tatsächlich, ich glaube, sie ist in gewisser Weise fast froh, daß er starb. Sie hat für immer ihren jungen Helden. Ist es schlimm, so etwas zu sagen?«
»Ich vermute, es könnte wahr sein. Ich glaube, gegenwärtig gibt es eine Menge Engländerinnen wie Mama. Es ist eine Art Selbstverteidigung, sonst könnten sie vermutlich die Dinge nicht ertragen. Sie würden zerbrechen und England mit ihnen, und dann wäre es möglich, daß wir den Krieg verlieren.«
»Weinen deutsche Mütter?«
»Große, dicke Ozeane von Tränen, denke ich. Einige ihrer Söhne auch. Ich habe schluchzende Kriegsgefangene gesehen. Nicht ihrer Wunden oder derartiger Dinge wegen, sondern wenn sie die Fotografien ihrer Geliebten und ihrer Kinder betrachteten. Sie können kämpfen wie die Löwen und innerlich ganz zerstört sein. Vielleicht ist dieser Gegensatz der Grund, weshalb sie immer Sieger sein möchten.«
»Und die Iren?«
»Die sind die geborenen Opfer, die armen Teufel. Ich weiß nicht, was sie ohne ihre Klagen wären. Sie tragen sie wie ihre Kleider.« Plötzlich blitzte ein Funken von Humor in Richards Augen auf. »Meine Güte, woran denke ich denn? Wenn ich jemals Miß Deirdre O'Connor dazu bringe, nach ›Sanctuary‹ zu kommen, was wird sie

nur mit Urgroßvater und all seinen Verwandten anfangen? Sie haßt britische Rotröcke. Sie würde sie im Nu von den Wänden reißen.«
»Das glaube ich nicht«, sagte Imogen langsam. »Sie bewundert Mut, nicht wahr? Möglicherweise findet sie heraus, daß unser Urgroßvater Seite an Seite mit dem ihren in Balaclava gekämpft hat. Ich wette, sie hat einen Vorfahren, der einer von den ›Wild Geese‹ in Fontenoy war.«
Richard legte seinen gesunden linken Arm um Imogen und drückte sie fest an sich.
»Geliebte Mog, du bist einfach eine Wucht.«
»Du auch, Bruder. Ach, laß uns wieder zu leben anfangen.«

Aber kein Brief kam für Richard aus Dublin. Sein Gesicht wurde immer finsterer. Er hatte es sich angewöhnt, seinen teilweise unbrauchbaren Arm quer über die Brust zu legen. Er war viel zu dünn. Joshua sagte, es sei für einen jungen Mann unendlich schwer, sich mit einer Behinderung abzufinden und sich wieder ins Geschäftsleben einzugliedern. Aber Richard hatte eine Menge gesunden Menschenverstand. Er würde ausgezeichnet zurechtkommen, wenn er sich erst einmal eingewöhnt hatte. Vielleicht mußte er nur etwas Wildes unternehmen.
Allerdings hatte nicht einmal Joshua dieses Ausmaß von Wildheit erwartet. Richard erklärte, er beabsichtige, das Wochenende in Dublin zu verbringen. Um seiner Krim einen Besuch abzustatten, sagte er leichthin. Er wollte unbedingt diese schicksalhafte Türschwelle in der Merrion Row wiedersehen. Und natürlich auch einer gewissen jungen Dame, Miß Deirdre O'Connor, seinen Dank abstatten, daß sie sein Leben gerettet hatte.
»Wer ist sie?« fragte Matilda scharf.
»Die Tochter eines Dubliner Arztes, Mutter. Sie hat keine Angst vor Blut, und sie versteht es, eine Aderpresse anzulegen.«

Matilda gähnte etwas.
»Welch ein Glück, daß sie keine Rebellin war.«
»Aber sie war eine. So hat sie wenigstens gesagt. Sie hat es bedauert, nicht in St. Stephen's Green zu sein und neben der Gräfin Markevicz einherzumarschieren.«
»Diese entsetzliche Frau!«
»Sie hat nur getan, was du unter den gleichen Umständen ebenfalls getan hättest.«
»Rede keinen Unsinn, Richard. Ich habe in meinem ganzen Leben noch kein Gewehr abgefeuert.«
»Aber du hast die Trommel geschlagen. Gib es zu. Betrachte es doch einmal von einem anderen Gesichtspunkt aus.«
Matildas Gesicht wurde spitz und hochnäsig.
»Was die Iren anbelangt, gibt es keinen anderen Gesichtspunkt. Und wenn du bedenkst, was sie mit deinem Arm gemacht haben, dann begreife ich nicht, wie du auch nur die entfernteste Sympathie für sie aufbringen kannst.«
»Ich liebe sie ja nicht als Angehörige eines bestimmten Volkes.«
»Nur diese junge Frau, nehme ich an.«
»Ich habe nur davon gesprochen, ihr zu danken, nicht sie zu lieben.«
»Richard, du denkst doch nicht etwa im Ernst daran, ein Mitglied dieser illegalen Vereinigung, der Sinn Fein, in mein Haus zu bringen?«
»Ich würde schon daran denken, aber ich bezweifle, ob ich Erfolg habe. Miß O'Connor kann ebenso glühend hassen wie du, Mutter. Sie war nicht gerade das Musterbeispiel eines Schutzengels. Das gefiel mir so an ihr. Ich war während der letzten Monate zu vielen Schutzengeln auf Gnade und Barmherzigkeit ausgeliefert. Gott segne ihre reinen Herzen.«
»Richard, bist du verrückt!«
»Mattie!« unterbrach Joshua sie. »Halt den Mund!« Als Matilda sich entrüstet zu ihm umwandte, fuhr er fort:

»Wenn dieses Mädchen es fertigbringt, daß Richard so lebhaft aussieht wie eben jetzt, dann ist es mir gleichgültig, wenn sie den Heerscharen des Teufels angehört. Laß sie doch in Ruhe. Laß die beiden ihren eigenen Weg finden.«

Es war ein weicher Tag, wie die Iren diese Art von Wetter nannten, mit warmem, nebelträchtigem Wind, dem Geruch von nassen grünen Blättern und frischem Gras. Richard kannte den Weg zur Merrion Row, wenn auch nicht genau das Haus, auf dessen Türschwelle er bewußtlos gelegen hatte. Die meisten Spuren des Kampfes waren beseitigt worden, aber es gab noch immer ausgebrannte Häuser und zerbrochene Fensterscheiben. Wunden, die zu beseitigen die Rebellen keinerlei Eile hatten, denn sie sollten die Iren stets an die unterschwellige Bitterkeit der Friedenserklärung erinnern.

Es war jedoch keine schwierige Aufgabe, das Haus zu finden, denn am Hauseingang mit dem eleganten Fächerfenster befand sich ein kleines Messingschild mit dem Namen von Dr. Brendan O'Connor und den Sprechstunden.

Richard hatte ganz blödsinniges Herzklopfen, als er an der Tür läutete. Was machte Deirdre O'Connor, wenn sie nicht gegen die Briten kämpfte? Im Garten sitzen und nähen? Wohl kaum.

Er hatte keine Zeit mehr für weitere Überlegungen, denn die Tür wurde von einem rotwangigen Mädchen geöffnet, das sein Häubchen ganz schief auf dem Kopf hatte, ihn ansah und freundlich lächelte.

»Wollen Sie zum Doktor, Herr?«

Das hätte sehr gut sein können, da er seinen Arm fest an die Brust gepreßt hielt. Seine Zivilkleidung ließ keine Rückschlüsse auf seine Nationalität zu.

»Ich wollte Miß O'Connor sprechen. Ist sie da?«

»Miß Deirdre? Nein, Herr. Wollen Sie dann die Mistreß sprechen?« Die Tür wurde weiter geöffnet. »Sie ist im hinteren Wohnzimmer, wenn Sie bitte so freundlich sein wollen und hereinkommen. Haben Sie diese Verwundung an der Front bekommen, Herr?«

»So könnte man es nennen.« Er erinnerte sich an Deirdres Worte, daß ihre Mutter nichts von seiner Anwesenheit im Haus wissen durfte. Ja, er empfand das große Verlangen, diese Dame zu sehen, die zweifellos ebenso feindselig war wie ihre Tochter. Er folgte dem dicklichen Mädchen in die Halle. Der Geruch von Bohnerwachs und Rosen brachte seine Nerven zum Vibrieren. Er gehörte zu dem Dämmer des Salons, in dem er auf der Couch gelegen hatte. »Ja, ich würde gerne Ihre Mistreß sprechen, wenn ich darf.«

»Sie wird sich über Ihre Gesellschaft freuen, Herr. Seit Sean ist sie schrecklich allein. Wen darf ich melden, Herr?«

»Mr. Webb. Mr. Richard Webb.«

Das hintere Wohnzimmer war hell und freundlich; an einer Blumentapete hingen viele kleine Bilder. Eine Couch stand halbwegs vor einem Fenster, das auf einen langen, schmalen Garten hinausführte. Auf dieser Couch lag eine zerbrechlich aussehende Dame mit ungeheuer großen, tragischen blauen Augen, die sich mit müdem Interesse Richard zuwandten.

»Verzeihen Sie, daß ich nicht aufstehe, Mr. Webb. Mir geht es nicht besonders gut. Ich glaube nicht, daß ich Sie kenne.« Sie bemerkte seinen Arm. »Kommen Sie von der Front? Wollen Sie mir von Sean berichten?«

»Sean?«

»Mein Sohn, Major Sean O'Connor. Er fiel an der Somme. Die Irish Guards wurden schwer angegriffen und dann eingeschlossen. Aber sie hielten die Stellung bis zum letzten Mann. Sie sagen, das Blutbad unter den Pferden sei so schrecklich. Deshalb wollte Sean nicht zur Kavallerie. Das ist kein Krieg für Pferde, nicht wahr, Mr. Webb? Man kann keine Kanonen laden, ohne ein fürchterliches Gemetzel anzurichten. Deirdre ist da ganz meiner Mei-

nung. Sie reitet mit den Galway Blazers, wenn sie bei Freunden in Connemara ist. Aber während des Krieges finden keine Jagden statt. Natürlich nimmt sich Deirdre den Tod ihres Bruders sehr zu Herzen.«
Was war mit dem anderen Krieg, direkt vor ihrer Haustür? fragte sich Richard neugierig. Hatten wohlige Schauer diese zarte, gesprächige Dame überrieselt, als die irischen Rebellen ihre Gewehre abfeuerten?
Als beantworte sie seine Frage, fuhr die leise Stimme im Flüsterton fort, wie Wind, der durchs Sommergras raschelt: »Aber wenigstens lenkt das ihre Gedanken von dieser schändlichen Geschichte ab, die zu Ostern in dieser Stadt passiert ist. Ich nehme an, Sie haben in Frankreich davon gehört. Sean schrieb uns und fragte, ob wir alle unseren Verstand verloren hätten. War Irland im Begriff, sich selbst zu vernichten? Ich fragte Deirdre, was sie davon hielt, aber sie tat recht geheimnisvoll. Ich weiß wirklich nicht, was das Mädchen vorhat. Wissen Sie's? Sind Sie ein Freund von ihr? Ich befürchte ein wenig, daß sie unpassende Freunde hat. Oh, Entschuldigung, Sie meinte ich damit nicht. Bitte, setzen Sie sich doch, Mr. Webb. Ich sehe so wenig Menschen, daß mir meine Zunge einfach davonläuft, wenn ich Besuch habe. Natürlich ist auch mein Mann äußerst erschüttert wegen Sean. Das sind wir alle. Erzählen Sie mir von ihm. Haben Sie keine Angst. Ich kann es schon ertragen. Man schirmt mich in diesem Haus viel zu sehr ab. Ich bin noch immer sehr am Leben, wissen Sie.«
»Sie irren sich, Mrs. O'Connor. Ich habe Ihren Sohn nicht gekannt. Aber es tut mir leid zu hören, daß er tot ist. Mein eigener Bruder wurde ebenfalls getötet, gleich zu Beginn des Krieges.«
»Und Ihr Arm? Wo sind Sie verwundet worden? An dieser scheußlichen Somme?«
»Direkt hier in Dublin, Ma'am«, sagte Richard geradeheraus.
Mrs. O'Connor fuhr hoch.

»Während des Osteraufstandes? Sie waren doch nicht etwa einer der Rebellen?«

»Es tut mir leid, wenn Sie mich dafür halten. Ich bin Brite. Ich habe gegen Ihre Rebellen gekämpft.«

»Nicht *meine* Rebellen«, sagte Mrs. O'Connor gereizt. »Ich will nichts mit diesem wilden Pöbel zu tun haben. Und die haben das mit Ihrem Arm gemacht? Diese Teufel!«

»Soldiers are we
Whose lives are pledged to Ireland . . .«

Die mit tiefer, spöttischer Stimme gesungenen Worte ließen Richard herumfahren.

»Nun, wen haben wir denn da?« fragte Deirdre O'Connor. Ihr Gesicht war im Rahmen ihres weichen, dunklen Haares blaß wie eine Kerze. »Sind Sie das, Captain? Sie haben sich verändert. Sie sind erstens mal ordentlicher. Sauberer. Und ohne Uniform, Gott sei Dank. Aber, o je –« Ein ehrlich erschütterter Ausdruck überschattete ihr Gesicht. »Ihr Arm. Dann war es also tatsächlich eine schlimme Verwundung.«

»Unsere Landsleute haben diesem netten jungen Mann das angetan, Deirdre«, rief Mrs. O'Connor. »Sie sollten sich schämen! Und du singst noch dieses Rebellenlied.«

»Dann meinst du also, ich sollte mich auch schämen, Mutter? Aber das tue ich nicht. Und wenn ich Captain Webb beleidigt habe, so denke ich trotzdem nicht daran, mich zu entschuldigen, denn er war ja schließlich nicht ausdrücklich eingeladen.«

»Ich bin nicht mehr Captain Webb. Ich bin ein einfacher Mister«, sagte Richard sanft.

»Sind Sie als dienstuntauglich aus der Armee entlassen worden? Na ja, wenigstens einer von euch weniger.«

»Deirdre, warum bist du so grob zu Mr. Webb? Kennst du ihn denn?«

»Sie hat mir das Leben gerettet, Mrs. O'Connor«, sagte Richard. »Ich bin zurückgekommen, um ihr zu danken. Da sie in der Beantwortung von Briefen etwas weniger

geübt zu sein scheint als im Anlegen von Aderpressen.«
»Das hast du getan, Deirdre? Warum hat man mir nichts davon gesagt?«
»Weil wir dir nicht trauen konnten, Mutter.«
»Wir?«
»Daddy und ich. Wenn du den Leuten erzählt hättest, daß wir einen britischen Soldaten beherbergen, hätte man uns höchstwahrscheinlich das Haus niedergebrannt.«
»Ich verstehe dich nicht, Deirdre«, beklagte sich Mrs. O'Connor. »In einem Atemzug singst du Rebellenlieder, und im nächsten beherbergst du einen britischen Soldaten. Na also, Mr. Webb, da haben Sie das Rätsel des irischen Temperaments.«
»Nun, steckt nicht auch Mr. Webb voller Gegensätze, daß er uns in der einen Minute niederschießen will und uns in der nächsten dankt?«
Mrs. O'Connors blaue Augen blickten plötzlich sehr vielsagend von einem zum anderen.
»Ich vermute, das hat alles eine viel tiefere Ursache. Nicht wahr, Mr. Webb? Weshalb Sie allerdings meine rüpelhafte Tochter noch einmal sehen wollten, übersteigt mein Verständnis. Deirdre, läute nach einem Tablett mit Tee. Weißt du, daß Mr. Webb Sean kennt? Nein, jetzt bringe ich wieder alles durcheinander. Als ich seinen verwundeten Arm sah, dachte ich, er sei von der Front gekommen, um uns von Sean zu berichten.«
»Ja, mein Bruder starb, als er in einem britischen Krieg mitkämpfte«, sagte Deirdre zornig. »Finden Sie das nicht widersinnig?«
»Und heldenhaft«, sagte Richard.
»Und unnötig.«
»Wenn er hiergeblieben wäre, hätte er beim Osteraufstand ums Leben kommen können.«
»Aber dort an der Somme unter Millionen anderer Toten wird er niemals ein Märtyrer sein. Hier«, Deirdres Stimme klang sehnsüchtig, »hätten wir ihn zu einem unserer Sinn-Fein-Toten gemacht.«

»Deirdre!« Ihre Mutter sprach scharf. »Hör mit diesem gefährlichen Unsinn auf. Eine Nation auf den Gräbern von Märtyrern aufzubauen! Das ist ungesund, gelinde ausgedrückt. Und du bist die Tochter eines Arztes.«
In Deirdres Augen leuchtete es auf.
»Du bist auch eine von den verrückten Irinnen, Mutter. Dir fehlt vollkommen das Gefühl für Zusammengehörigkeit. Aber schön, geben wir dem englischen Eroberer seinen Tee.«

Der heiße, starke Tee weckte Erinnerungen, das frische braune Brot war glücklicherweise bereits geschnitten und mit Butter bestrichen, so daß er nicht seine schwache rechte Hand bemühen mußte. Er hätte gern gewußt, ob Deirdre das wohl so angeordnet hatte, denn sie sagte:
»Haben Sie ein ordentliches medizinisches Gutachten wegen dieses Arms erstellen lassen?«
»Ja, damals, als es passierte. Durch Ihren Vater.«
Sie nickte langsam. »Ja, er ist ein großartiger Diagnostiker. Aber ich hoffte, er hätte sich geirrt.«
»Sie hofften?«
»Niemand will, daß ein netter junger Kerl verkrüppelt ist. Ich bin kein Ungeheuer, Captain.«
»Mister.«
»Mister Webb. Und was sind Sie, wenn Sie kein Angehöriger der Streitkräfte Seiner Majestät sind?«
»Bankier. Mein Vater hat mich soeben zum Partner in seiner Bank gemacht, obwohl ich noch eine Menge zu lernen habe. Er wollte mir Mut machen, verstehen Sie? Ich bin kein vollwertiger Mensch mehr, und ich habe nichts getan, um irgendwelche militärischen Auszeichnungen zu erringen wie mein Bruder – da bin ich also ›und Sohn‹ geworden. Was halten Sie davon?«
»Ich denke nicht besonders darüber nach«, sagte Deirdre.
Mrs. O'Connor erhob sich und flatterte mit ihrem Shetland-Schal davon wie ein taumeliger Schmetterling.

»Deirdre, Liebes, ich glaube, ich muß mich ausruhen.«
»Am Vormittag, Mutter?«
»Ja, ich fühle mich recht müde und erschöpft. Sie entschuldigen mich, Mr. Webb? Meine Tochter kümmert sich um Sie. Sieh zu, daß er zum Lunch bleibt, Deirdre. Daddy würde ihn sicher gern kennenlernen.«
»Daddy hat ihn bereits kennengelernt.«
»Aber noch einmal, in einer friedlicheren Zeit. Wir können dann alle über Sean sprechen.«
»Mr. Webb hat nichts mit meinem Bruder zu tun«, sagte Deirdre gereizt.
»Aber sie haben beide in Frankreich in der gleichen Schlacht gekämpft, oder nicht? War es nicht Shakespeare, der etwas über die Bande der Brüder geschrieben hat? Ich muß das nachschlagen.«
»Mutter!«
»Ich bin schon fort, Liebes. Ein kurzes Nickerchen, und dann bin ich zum Lunch wieder eine tadellose Gesellschafterin. Ich erfreue mich keiner guten Gesundheit, Mr. Webb. Aber jetzt kommt mein geliebter Sean zu mir, wenn ich meine Augen schließe.«
Als sie aus dem Zimmer ging, brach Deirdre in Tränen aus.
Richard trat zu ihr. Sie stieß ihn fort.
»Nein, lassen Sie mich in Ruhe. Es regt mich immer auf, wenn über Sean gesprochen wird. Und Mutter macht sich natürlich aus dem Staub. Es tut mir leid, ich bin nun mal so. Ich bin eine Heulsuse.«
Er legte seinen Arm sanft um ihre Schultern. Unter ihrem Wollkleid konnte er ihre zarten Knochen fühlen. Sie zitterte ein bißchen, wurde aber ruhiger. Diesmal stieß sie ihn nicht von sich.
»Ich bin froh, daß Sie eine Heulsuse sind. All diese heldenhaften, tränenlosen Frauen in England schüchtern einen ja ein. Meine Mutter ist so eine. Ihre Augen bleiben trocken und glitzern wie Glas. Ihre sind – lassen Sie mich sehen.« Er legte die Finger unter ihr Kinn und hob ihr Ge-

sicht sanft empor. »Ja, wie ich dachte. Stürmisches Wetter über der Irischen See.«
Sie drehte den Kopf zur Seite.
»Du meine Güte, reden viele Engländer solch blumige Prosa?«
»Wenn sie dazu inspiriert werden. Weinen Sie um Ihren Bruder, Deirdre. Es ist das Beste. Weinen Sie auch um mich, wenn Sie wollen, denn ich hege diese verrückte Hoffnung, daß sich eines Tages ein nettes Mädchen bereit erklären wird, mich zu lieben, trotz meines nutzlosen Arms.«
»Möchten Sie denn ein nettes Mädchen haben, Captain – Mr. Webb?« Sie sah ihn unter ihren dichten, feuchten Wimpern an.
»Richard«, erinnerte er sie.
»Nein, für Vornamen ist es noch zu früh.«
»Können Sie nicht aufhören, in mir den britischen Soldaten zu sehen? Können Sie denn nicht daran denken, daß Ihr Bruder und ich auf derselben Seite gestanden haben?«
»Er nur aus Dummheit. Und versuchen Sie es bei mir bloß nicht mit diesem Gejammer über Ihren nutzlosen Arm und daß kein Mädchen Sie lieben wird. Sie mit Ihren Löwenaugen.«
Ein mächtiges Gefühl der Freude durchströmte ihn. »Sie können also auch in blumiger Prosa sprechen.«
»Oh, gelegentlich. Aber ich bin keine Engländerin. Für mich ist das etwas ganz Natürliches.«
»Für mich nicht?«
Ihre Lippen kräuselten sich. »Na ja, Sie sind nicht gerade schlecht. Aber ich denke, aus Ihrer Banksprache sollten Sie so was lieber raushalten.«
»Das wird mir sehr leichtfallen, denn ich habe ja nicht vor, meine Kunden zu lieben.«
Ihre Wangen röteten sich lebhaft. Er starrte auf die Verwandlung von blassem Creme in Geranienrot. Er war entzückt.

»Dieser Arm scheint Sie nicht sehr zu behindern. Sie werden ziemlich frech.«
»Bin ich zum Lunch eingeladen?«
»Sieht ganz danach aus, nicht wahr? Ich werde lieber Bridget Bescheid sagen.«

19

Imogen, die sich ihrer Gefühle für Desmond Morrison, den dunklen, stillen jungen Mann, noch immer nicht ganz sicher war, sah sich unversehens einer durch ihre Mutter herbeigeführten Krise gegenüber.
Der Neffe von Freunden in Kensington, von Sir Henry und Lady Falconer, war auf Heimaturlaub aus Frankreich gekommen. Er war von der Schlacht ein wenig geschockt und sollte abgelenkt und unterhalten werden. Deshalb gaben seine Tante und sein Onkel eine Dinnerparty für ihn. Sie brauchten dazu einige passende junge Leute, dazu ein ungebundenes junges Mädchen. Imogen Webb natürlich. Hübsch, lebhaft, gut erzogen, voller Verständnis für die stillen, in sich gekehrten jungen Männer, die aus den Schützengräben zurückkehrten, aber nicht ernsthaft an jemanden gebunden. Es gab da so eine Geschichte, daß sie gleich zu Beginn des Krieges jemand verloren hatte, den sie mochte.
Sie und Ian Falconer hatten sicherlich vieles gemeinsam.
Mittelalterliche und ganz alte Damen waren geradezu davon besessen, das Leben anderer zu arrangieren, erzählte Imogen Desmond. Vermutlich kam das daher, weil sie selbst im viktorianischen Zeitalter aufgewachsen waren und sich starren Regeln beugen mußten. Aber sie war eine Rebellin. Sie hatte Desmond noch nie etwas von Rudi gesagt. Nun tat sie es. Als sie das Verständnis in seinen dunklen, ernsten Augen sah, schlug ihre warme, tiefe Freundschaft für ihn in Liebe um. Das

glaubte sie jedenfalls, als sie sich erleichtert noch einmal an Rudi erinnerte und dann seinen gesunden, lebendigen jungen Körper für immer begrub.

»Es war nicht nur eine Liebelei, wie meine Mutter es mir einzureden versuchte. Es hätte gedauert, wenn Rudi und ich jemals eine Chance gehabt hätten. Aber jetzt möchte ich etwas Sicheres haben.«

»Würdest du das nicht ein bißchen langweilig finden?«

Er war zu klug, sie mußte seine Vermutung schleunigst widerlegen.

Impulsiv beugte sie sich vor und küßte ihn. Sie wollte seine Lippen spüren und kosten, um zu sehen, ob Rudis Geist sich einmischte. Sie hatten einander noch nie geküßt.

Der Ort war wohl der ungeeignetste, sie saßen im oberen Teil des Omnibusses und fuhren durch Westminster zum St.-Thomas-Krankenhaus. Obgleich der Kuß aus einer Augenblickslaune heraus erfolgte, genoß sie es, sich frei und verrucht vorzukommen. Die Leute starrten sie an, und sie war begeistert. Sie dachte daran, daß es unter anderen Umständen vielleicht nicht so aufregend gewesen wäre, Desmond zu küssen, und es war höchst wichtig, daß es das erste Mal zündete.

Sie wurde erwachsen, denn das war kein ungeschickter Jungen- und Mädchenkuß mehr. Sie konnte den Hunger in seinen Lippen erahnen und spürte, wie seine schmalen Hände ihre Taille umklammerten. Das gefiel ihr. Erregung erwachte in ihr. Nun war sie sicher, daß sie liebte.

Es war an der Zeit, Mama und Papa davon zu erzählen, und der unglückliche Leutnant Falconer mußte an die Front zurück, ohne von einem netten englischen Mädchen aufgeheitert worden zu sein.

Sie begann zu kichern, und Desmond, noch immer ein wenig verwirrt, daß er seine Hand nun um die bis vor kurzem noch streng verbotene Taille legen durfte, fragte, was denn so komisch sei.

»Knutschen und küssen in einem Omnibus. Mama

würde sagen, das ist entsetzlich ordinär. Liebst du mich, Desmond?«

Er preßte sein Gesicht in die Mulde zwischen ihrem Nakken und ihrer Schulter. Sie konnte seine Leidenschaft spüren.

»Sehr, sehr.«

»Genug, um mich zu heiraten?«

Durch das Rattern des Omnibusses hindurch hörte sie sein Flüstern: »Bitte!«

»Bist du tapfer genug, um es mit meiner Mutter aufzunehmen? Sie kann ziemlich vernichtend sein.«

Jetzt hatte sie ihn verloren, oder ihre verliebte Stimmung war verflogen. Er straffte sich, rückte von ihr ab, sein Gesicht war schmal und grimmig.

»Du hältst mich also für einen Feigling.«

»Nein, Desmond, das tue ich nicht. Das habe ich nie getan. Ich finde, du bist ungeheuer tapfer. Du bist für deinen Glauben ins Gefängnis gegangen, und das war entsetzlich, besonders für jemand wie dich. Ich stimme absolut in allem mit dir überein. Ich hasse, hasse, *hasse* das Töten!«

Ein paar Augenblicke verharrte sie ernst und nachdenklich, ballte die Fäuste, das ungebetene Bild von Rudi stahl sich wieder in ihre Gedanken. Jetzt trug es die bleichen Gesichtszüge des Todes.

»Fahrkarten, bitte«, ertönte plötzlich die Stimme der Schaffnerin, und Desmond mußte in seiner Tasche nach dem nötigen Kleingeld wühlen. Die unangenehme kleine Spannung zwischen ihnen war zerbrochen. Imogen schob ihre Hand wieder in die seine.

»Geldgieriges Pack«, sagte sie. »Aber es ist so angenehm alltäglich. Papa sagt, er fühlt sich nur wirklich wohl, wenn er Geld zählt. Mach dir nichts draus, ich glaube, er übertreibt. Ich habe eine Idee, Desmond. Wir fangen bei Tante Clara und Papa und Richard an. Dann sind wir nach drei kleinen Lektionen reif genug für Mama. Und für Lally natürlich.«

»Natürlich. Lally darf nicht vergessen werden.« Das war das Nette an Desmond, sein Mitgefühl für die Schwachen, die Unterdrückten. Er war jetzt weich, der Augenblick des Zorns, ein kleines wildes Tier in seinem Inneren, war vorüber.
»Ich sollte dir noch sagen«, fuhr Imogen fort, »daß in unserer Familie immer wieder eine Lally auftaucht. Wir hatten eine Tante Julia, die verschwand, bevor ich zur Welt kam, und vor ihr eine seltsame Großtante. Du mußt das wissen, denn ich will Kinder haben.«
»Wir werden Kinder haben, keine Angst.«
Imogen drückte seinen Arm. »Du siehst, wie tapfer du bist, daß du mich und eine unbekannte Anzahl leicht vertrottelter Töchter auf dich nimmst.«
Er lachte nicht, er lachte selten, aber er lächelte ungläubig.
»Du bist die letzte Frau, die ich mir mit einer vertrottelten Tochter vorstellen kann.«
Sie nickte. »Danke, daß du das sagst. Lally ist sowieso nur so, wie sie ist, weil man sie als Baby hat auf den Kopf fallen lassen. Sie ist auf ihre eigene stille Weise sehr glücklich. Sie wird entsetzlich davon beeindruckt sein, einen Schwager zu haben, der Bücher schreibt.«
»Halt die Luft an, ich habe noch nicht einmal eines veröffentlicht.«
»Aber du wirst, und ich werde sehr stolz sein. Bin ich denn überhaupt würdig, die Frau eines Schriftstellers zu sein?«
»Zuerst muß ich herausfinden, ob ich überhaupt etwas zu sagen habe.« Verdrießlich sah er zum Fenster des Busses hinaus. »Ich bezweifle, ob irgendein anderer Schriftsteller so hin und her gerissen ist wie ich.«
»Warum?« Imogen war durch seine Heftigkeit ein wenig erschreckt, ihr Glücksgefühl geriet ins Wanken. Das schien ja wirklich nicht so einfach zu sein, die Frau eines Schriftstellers zu sein.
»Weil ich mich dafür rechtfertigen muß, daß ich am Le-

ben geblieben bin, nicht wahr? Möglicherweise war ich vom Schicksal dazu ausersehen, in einem fauligen, stinkenden Schützengraben zu sterben.«

»Niemand kann seiner Bestimmung entgehen.«

»Ich habe es getan, indem ich den Kriegsdienst verweigerte. Und weshalb sollte ich es verdienen zu leben, wo so viele tot sind?«

Diese Frage würde ihn wohl immer quälen, vermutete sie. Aber sie antwortete leichthin:

»Ich fürchte, genau das wird auch meine Mutter sagen. Und ich kann dir auch gleich verraten, daß wir sie niemals von deinem Standpunkt überzeugen werden.«

»Wir?« sagte er vorsichtig.

»Von jetzt an sind das wir beide, du und ich. Ich werde immer auf deiner Seite sein, Desmond. Wirklich«, Imogen lächelte flüchtig, »ich werde die erste Duncastle sein, die eine Lanze für den Frieden bricht.«

»Hast du Duncastle gesagt?«

»Das ist die Familie meiner Mutter. Sie hat sich selbst eigentlich nie wirklich als etwas anderes gesehen, nicht einmal nach dreißig Jahren Ehe mit dem armen Papa. Sie ist eine sehr starke Persönlichkeit, meine Mutter. Sie wird allmählich Ausschau halten nach einem Erben für all die militärischen Familienheiligtümer. Aber das ist Richards Angelegenheit, nicht die unsere. Ich hoffe nur, er heiratet das richtige Mädchen.«

20

In ihren mittleren Jahren war Tante Claras Gesicht von eigenartigem Reiz. Ihre schielenden Augen verstärkten noch den Ausdruck seltsamer Würde. Sie war sehr dünn und aufrecht, adrett gekleidet wie immer, ihr graues Haar war zu einem kleinen Knoten aufgesteckt. An diesem Morgen strahlte sie eine Autorität aus, die selbst Matilda in den Schatten stellte.
»Also, Mattie, ich bin gekommen, um über die Zukunft der Kinder zu sprechen. Ich werde Imogen und Desmond mein Haus geben, und du wirst natürlich Richard und Deirdre ›Sanctuary‹ geben. Oh, ich weiß, du kannst selbstverständlich die pflegebedürftigen Soldaten nicht hinauswerfen, aber der Krieg kann bestimmt nicht mehr sehr lange dauern. Und was mich anbelangt, ich werde ohnehin sehr bald aus Cheapside verschwinden.«
Es war ihr gelungen, Matilda von dem etwas schwierigen Hauptthema abzulenken.
»Wie meinst du das, Clara?«
»Es tut mir leid, daß das wie ein Schock für dich sein wird, aber ich habe nicht mehr sehr lange zu leben. Ein Karzinom im linken Lungenflügel. Ich weiß es schon seit einiger Zeit. Es ist nichts mehr zu machen.«
»Clara, meine Liebe . . .«
»Ich will dein Mitgefühl nicht haben, Mattie. Du bist eine sehr gefühllose Frau, Mattie, und ich will nicht, daß du deine winzigen Reserven von dieser Mangelware an mich verschwendest. Bewahre sie für deine Kinder auf. Stell dich ihnen nicht dauernd und absichtlich in den

Weg. Du machst ein gefühlloses Monster aus dir, und ich glaube nicht, daß du so schlimm bist.«
Matildas Gesicht wurde scharf und hart.
»Herzlichen Dank für dieses kleine Zugeständnis, Clara. Aber du bist wie Joshua, du willst einfach nicht begreifen, wie wichtig Tradition für meine Familie ist, für meine *stolze* Familie. Imogen und Richard treten diese Tradition mit Füßen, mit ihren feigen Kriegsdienstverweigerern, irischen Rebellen und diesem Gesindel von Freunden. Was mein Vater dazu sagen würde, kann ich mir überhaupt nicht vorstellen.«
»Dein Vater ist nicht da, um irgend etwas zu sagen, Mattie. Und ich muß aufs heftigste widersprechen, wenn man Desmond einen Feigling nennt. Er hat immerhin sechs Monate in den Schützengräben verbracht, ehe er den ungeheuren Mut aufbrachte, zu seinen Prinzipien zu stehen und sich zu weigern, je wieder eine Waffe in die Hand zu nehmen. Daraufhin hat er sechs fürchterliche Monate im Gefängnis durchgestanden, und seitdem hat er die ganze Zeit als Pfleger in einem stark belegten Krankenhaus gearbeitet und dort die niedrigsten und unangenehmsten Arbeiten getan. Wenn je ein junger Mann ein bißchen Glück verdient, dann er.«
»Er hat seine eigene Haut gerettet, nicht wahr? Er lebt, während mein Sohn tot ist.«
»Und wenn er am Leben bleibt, kommt Hillary trotzdem nicht zurück. Und auch Rudi nicht, den du vergessen zu haben scheinst. Außerdem, kannst du nicht auch an Imogens Glück denken?«
»Ich werde nie wieder imstande sein, meinen Kopf zu erheben.« – »Was hat das alles mit *deinem* Kopf zu tun? Ein wahres Wunder wäre es, wenn du ihn vielleicht einmal ein wenig beugen würdest.«
Matildas Kinn bebte vor Wut.
»Du verstehst wirklich nicht, Clara. Ich denke an Richard und Imogen, ob du es glaubst oder nicht. Aber ich denke auch daran, wer meine Enkelkinder sein werden. Es gibt

Traditionen, die fortgeführt werden müssen. Hat dieser Krieg das nicht gezeigt? England ist in seinem Inseldasein nicht mehr sicher genug. Es muß unter allen Umständen verteidigt werden. Wir brauchen eine neue Generation tapferer Männer. Aber meine Enkelkinder werden von einem jungen Mann erzogen werden, der sich weigert, für sein Land zu kämpfen, und von einer dreckigen kleinen irischen Verräterin.«

Tante Clara lachte laut auf.

»Sprichst du etwa von Deirdre? Von diesem wunderschönen Mädchen? Um ehrlich zu sein, Mattie, ich glaube, in ihr hast du deinen Meister gefunden.«

»Niemals! Ich lehne sie entschieden als Schwiegertochter ab, weil man ihr niemals wird trauen können. Ihre Sympathien werden immer diesen bösartigen Sinn Fein gelten. Und was ihre Schönheit anbelangt, ich kann sie nicht finden. Sie sieht in meinen Augen aus wie ein knochiges Gassenkind.«

»Du nimmst wohl an, sie hat bisher ausschließlich von Kartoffeln gelebt?« fragte Tante Clara ironisch. »Und hast du nicht vielleicht zufällig bemerkt, wie Richard wieder ins Leben zurückgekehrt ist? Oder spielt das für dich keine Rolle, du dummes Weib?«

Matildas Augen versprühten eisige Kälte.

»Nenn mich kein dummes Weib, Clara. Du weißt, daß ich das nicht bin. Und Richard wäre mit der Zeit ohnehin wieder zum Leben erwacht.«

»Mattie, ich glaube wirklich, du widersprichst nur um des Widerspruchs willen. Das Glück deiner Kinder kann dir doch nicht so gleichgültig sein.«

»Es ist einfach so ungerecht«, rief Matilda in tiefer Verbitterung.

»Der ganze Krieg ist ungerecht, oder? Ich hätte gedacht, daß gerade du mit deiner Familiengeschichte das am besten wissen solltest. War das gerecht, daß dieser kleine Schuljunge sterben mußte, als er seine Trommel auf der Ebene von Salamanca schlug? Natürlich nicht, ganz egal,

welch unsterblichen Mythos man darum aufgebaut hat. Auch die Iren haben ihre Mythen über Märtyrer. Ihr müßt lernen, etwas toleranter gegeneinander zu sein, du und Deirdre. Und Desmond auch. Gibt es in der Welt denn nicht schon genug Streit?«
»Joshua hat dich dazu aufgestachelt«, warf Matilda ihr vor.
»Nein, das hat er nicht. Aber ich gebe zu, er hat das von mir erwartet. Und nun, im Hinblick auf meine angegriffene Gesundheit, würde ich gerne einen Wunsch äußern. Ich möchte, daß beide Hochzeiten so bald wie möglich stattfinden. Denn ich möchte mich daran freuen, solange ich noch kann. Ich möchte bei dem Fest nicht wie ein Skelett aussehen.«
Sie lächelte ein kleines, wehes, triumphierendes Lächeln, denn sie wußte, sie hatte ihre Trumpfkarte ausgespielt. Matilda steckte in der Klemme. Ihre Gefühle schwankten zwischen Mitleid mit dieser Frau, der sie immer gutgesinnt war, und tiefem Groll darüber, daß sie sie überlistet hatte. Clara spielte ihr einen üblen Streich. Und sollte sie etwa allein in diesem Haus zurückbleiben, nur in Gesellschaft von Lally? Der Kreis hatte sich beinahe geschlossen. Matilda und die arme Julia allein in die kalte Welt hinausgestoßen. Joshua hatte sich nicht die Mühe gemacht, seine Freude über Imogens und Richards unglückselige Verbindungen zu verbergen. Und jetzt kam Clara mit dieser Herausforderung. Würde sie einer Sterbenden ihren letzten Wunsch versagen?
Ja, sie würde, tausendmal – wenn sie könnte. Aber diesmal konnte sie nicht, das wußte sie. Die Duncastles waren vorübergehend in der Minderheit. Sie mußte ein großmütiger Verlierer sein. Die Hochzeiten würden stattfinden. Aber sie sollten sich bloß nicht einbilden, sie hätten ihren Geist zerschlagen, denn Hillary würde auf der einen Seite stehen und ihre Hand halten und Papa auf der anderen. Und sie würden ihr sagen, im Angesicht des Feindes durchzuhalten. Aber sie würde sich niemals von

dieser verräterischen irischen Wildkatze mit der sanften Stimme unterkriegen lassen. Das schwor sie sich.
Es bestand ja noch immer die Möglichkeit – doch diesen Gedanken würde sie keiner Seele offenbaren –, daß Deirdre, von der englischen Atmosphäre in »Sanctuary« angesteckt, kämpferische, loyale britische Söhne hervorbrachte. Im Augenblick aber mußte man sich um Clara kümmern. Man durfte ihr die grausamen Dinge, die sie gesagt hatte, nicht vorhalten, denn ihr Geist war sicherlich durch die Krankheit bereits umnebelt. Armes Ding. Man mußte lieb und freundlich zu ihr sein.
»Ich denke über das nach, was du gesagt hast, Clara. Ich bin nicht so unvernünftig, wie du glaubst.«
»Du weißt eben, daß du geschlagen bist«, sagte Clara.
»Ich bin weit davon entfernt. Ich muß mir nur eine neue Strategie zurechtlegen.« Matilda verzog ihr Gesicht zu dem charmanten Lächeln, das sie einst ihren Kindern gegenüber angewendet hatte, wenn sie sie zu etwas zwingen wollte.
»Solltest du dich jetzt nicht ausruhen, mein Liebes? Ich werde läuten und Tee bestellen. Oder möchtest du lieber etwas heiße Bouillon? Dann werde ich dir einen Wagen rufen lassen. Wenn du anfängst, zu sehr zu leiden, meine arme Clara, willst du dann hierherkommen, um dich pflegen zu lassen? Ich kann Pflegerinnen besorgen. Ich weiß, sie sind heutzutage Mangelware, nachdem dauernd so viele Verwundete ankommen, aber mit meinen Verbindungen zu Krankenhäusern kann ich schon irgend etwas tun.«
»Du willst mich wohl herumkriegen, Matilda? Nein, ich bleibe in meinem eigenen Haus. Joshua trifft schon Vorbereitungen. Er hat auch Freunde, mußt du wissen. Aber trotzdem, danke. Und ich will dir die Wahrheit sagen: Ich habe dich immer bewundert, selbst wenn ich dich nicht mochte. Das ist ein Jammer, nicht wahr?«

Matilda

Die Schatten werden allmählich länger . . .
Wo hatte sie diese Worte gehört?
Vermutlich bei einem Cricket-Match der Lords. Die maßvolle Stimme des Kommentators, vollkommen unparteiisch wie immer, hatte durchs Radio getönt, und sie hatte an einem Sommernachmittag zu Hause gesessen und sich die Schatten vorgestellt, dunkel und in die Länge gezogen, wie sie die sonnigen Flecken auslöschten, langsam das Spiel verschluckten. England hatte gewonnen, dachte sie. Oder verloren?
Seit neuestem war England auf dem besten Wege, zu verlieren, und nicht nur Cricket-Matches. Von Schicksalsschlägen getroffen, nahezu bankrott nach den ungeheuren Kosten zweier Weltkriege, beherrscht von dummen, selbstsüchtigen Politikern, die Länder des Commonwealth wurden aufsässig, Südafrika, sogar Indien, das Juwel der Victorianer. Würde Afrika als nächstes kommen, angefeuert von Ehrgeiz, Hysterie und Dummheit?
Nach zwei so ausgedehnten und schrecklichen Kriegen, in denen der Sieg teurer bezahlt wurde als die Niederlage – war da der Kampfgeist der Spieler vorübergehend erlahmt? Wie bei ihr selbst, obwohl sie sich große Mühe gab, die Tatsache zu verbergen.
O ja, sie war müde. Todmüde. Und die Frau mit diesem weißen Etwas auf dem Kopf ging immer und immer wieder durch ihren Gesichtskreis. Sicherlich war das kein Brautschleier, den sie da trug.

»Nun, Mrs. Webb, Zeit für Ihren Tee. Ich werde Sie mit einem weiteren Kissen stützen.«
Die Frau war ja doch keine Braut, sondern eine Nurse. Die, die sie damals für Clara besorgt hatte, trotz deren Protest. Wenigstens war es Clara dadurch möglich gewesen, in ihrem eigenen Haus zu sterben, wie sie es gewollt hatte. Armes Ding, war am Ende nichts mehr als ein keuchendes, elfenbeinernes Gerippe. Und nach ihrem Tod hatten Imogen und Desmond überlegt, wie sie das schmale Haus mit den kleinen Zimmern umgestalten könnten. Mit einem Kinderzimmer im obersten Stock, denn ein Baby wurde erwartet.
Imogen war eine sehr hübsche Braut gewesen, wenn auch keine – das mußte man zugeben – sehr strahlende. In ihren Augen war ein Schatten gewesen, den nur sie, Matilda, ihre Mutter, richtig zu deuten verstand. Die Erinnerung an ihre verlorene Liebe, armes romantisches Mädchen. Nun, sie wollte diesen dunklen, verdrießlichen jungen Mann haben, und sie hatte ihn bekommen. Jetzt hätte sie wenigstens die Güte haben können, für ihn zu strahlen.
Es war ein bißchen unangenehm, sich daran zu erinnern, daß die irische Braut am meisten bewundert wurde. Deirdre mit ihrer spröden, fremdartigen Schönheit. Ja, Clara hatte recht gehabt, sie war eine Schönheit, und zeitweise eine recht feurige. Richard würde kein sehr ruhiges Leben haben mit einer Frau, die sich dauernd schuldig fühlte, weil sie ihr Land und ihren revolutionären Glauben ihrer Liebe zu einem Engländer wegen verraten hatte. Aber die Iren wuchsen an Konflikten, und Richard wollte möglicherweise gar kein ruhiges Leben. Er war vernarrt in das Mädchen und sie offensichtlich in ihn.
Dauerten solche Gefühle an? Matilda stellte diese Frage in einen luftleeren Raum hinein, denn sie selbst würde es niemals wissen. Sie war nie blind verliebt, außer in Hillary und in ihre anderen Kinder, aber das war nun einmal eine andere Art von Liebe. Die allerdings ebenso

schmerzlich sein konnte. Und in die Kleinen natürlich. Johnnie, Patrick, die kleine Mab.
Ach, Johnnie . . .
»Mutter, Desmond sagt, Johnnie darf nicht mehr bei dir bleiben, weil du seinen Kopf mit gefährlichen Ideen vollstopfst.«
»Gefährliche Ideen! Was meinst du damit, Imogen?«
»Ideen über Patriotismus, über den Heldenmut, für sein Land zu kämpfen und zu sterben.«
»Das ›gefährliche Ideen‹ zu nennen ist ein verräterischer Standpunkt.«
»Nein, das ist es nicht. Du mußt doch wissen, wie leicht beeinflußbar Kinder sind, wie diese durch und durch romantischen Bemerkungen Wurzeln schlagen. Johnnie ist unser einziges Kind, und es bekümmert Desmond sehr, daß du ihn dazu ermutigst, an nichts anderes zu denken als daran, eine Trommel zu schlagen. Desmond sagt, wenn es sein muß, wird er die Trommel von Salamanca kaputtmachen und mit ihr alles übrige in diesem morbiden Todeszimmer.«
Welch eine leere Drohung. Desmond war nicht zu einer Gewalttat fähig, wie er es schamlos während des Krieges bewiesen hatte. Die Trommel war also im Todeszimmer völlig sicher, trommelte fröhlich, ertränkte das entfernte Stimmengemurmel und das gelegentliche Scharren von Füßen auf dem Korridor, als spioniere ihr jemand nach . . .
Ratatat, ratatat, ratatat . . .
Sie hatte schon lange gewußt, daß es Hillary gewesen sein mußte, der das Tintenfaß nach Urgroßvater geworfen hatte. Aber nicht aus Bosheit natürlich, nur aus jugendlichem Überschwang. Er hätte es eines Tages noch gestanden, wenn er lange genug gelebt hätte.
Deshalb hatte sie all die Mühe auf sich genommen, um für Imogen Näheres über Rudi herauszufinden. Aber Imogen hatte sie mißverstanden und war nicht im mindesten dankbar gewesen. Armes Kind. Sie war zu jung

gewesen, um einen so schmerzlichen Verlust zu erleiden. Rudi war tot und auch sein Vater.

»Wir werden jetzt nach Kriegsende keine Verbindungen mehr mit der Bank in Wien aufnehmen«, hatte Joshua gesagt. »Ich habe soeben gehört, daß Paul von Klein im letzten Winter an Grippe gestorben ist. Ich möchte nicht wieder mit neuen Leuten anfangen. Ich hatte Paul sehr gern. Und du, denke ich, auch, trotz allem.« – »Trotz was?« – »Er war doch Ausländer, nicht wahr? Das hast du immer gesagt. Du hast ja ein Vorurteil gegen Ausländer, Mattie. Du hättest im Mittelalter leben sollen, in einem von einem Wassergraben umgebenen Schloß. Jedenfalls steht Wien, ja ganz Österreich, eine ziemlich böse Finanzkrise bevor. Schlimmer noch als unsere, falls das möglich ist.«

»Wir haben den Krieg gewonnen, Joshua.«

»Aber bei den modernen Kriegen gibt es keine Kriegsbeute, Mattie. Der Sieger hat eine ungeheure Verschuldung zu tragen, die ihm sehr gut das Kreuz brechen kann.«

»Was ist mit den Idealen, für die wir gekämpft haben?«

»Die sind unantastbar, Mattie. Aber sie scheinen heutzutage nicht mehr viel zu bedeuten.«

Also gab es keinen Paul mehr. Und auch die kurze, geheime Liebe nicht mehr, die vergangen war wie ein zarter Schmetterling, über Nacht.

Weshalb erinnerte Deirdre mit ihren raschen Seitenblikken zu Richard hin, mit ihren Ausbrüchen, die in tränenreichen Versöhnungen endeten, sie immer an Paul von Klein? Graf Paul, der an jenem grauen Winternachmittag nach »Sanctuary« gekommen war ...

»Es hat keinen Sinn, mit mir zu schimpfen, Richard. Deirdre und ich sind wie Feuer und Wasser. Wir passen ganz einfach nicht zueinander. Natürlich werde ich weiterhin meine Ansichten über die Erziehung von Patrick äußern, auch wenn seine Mutter niemals zuhört. Laß nur nicht zu, daß er seine Großeltern in Dublin zu oft be-

sucht. Du weißt, den Iren kann man nicht trauen. Wenn ich jemals von Sinn-Fein-Zusammenkünften in ›Sanctuary‹ hören sollte, werde ich Feuer legen.«
»Mutter, die Iren haben jetzt ihre Unabhängigkeit.«
»Was sie zu Ausländern macht, wie du sehr gut weißt.«
»Und Patrick ist erst acht Jahre alt.«
»Und er hat so einen wilden Blick, genau wie seine Mutter. Nein, ich bin höflich zu deiner Frau, aber es ist mir vollkommen unmöglich, sie zu lieben.«
»Bist du denn imstande, überhaupt jemand zu lieben, Mutter?«
»Wie kannst du es wagen, so etwas zu mir zu sagen!«
»Ich weiß, du bist von manchem schrecklich besessen, aber das ist nicht Liebe.«
Sie zupfte an den Bettüchern herum, kämpfte mit diesen alten wiederauferstandenen Gefühlen. Niemand, niemand hätte mehr lieben können als sie. Wenn sie die Gelegenheit gehabt hätte . . .
Meine Gefühle wurden vom Frost beschädigt – als ich sehr jung war –, als ich gegen meinen Willen heiraten mußte. Aber in meinem Inneren wüten sie, Richard . . .
Es war kein Richard da, um ihr zuzuhören, entdeckte sie mißmutig. Er war Gutsherr unten in »Sanctuary«, verrichtete all die bäuerlichen Arbeiten, die er ohne seinen hilflosen rechten Arm tun konnte. Keine Jagd, keine Gartenarbeit, ein bißchen Reiten, hauptsächlich Pferdezucht, Springer, denn das war Deirdres Hobby.
Schon vor langer Zeit, als Joshuas Bank Teil eines Bankenkonsortiums wurde, hatte Richard beschlossen, das »und Sohn« aufzugeben, wie er es nannte. Und weder Patrick noch Johnnie würden je »und Sohn« werden. Joshua wäre zutiefst enttäuscht gewesen.
Matilda warf sich wieder unruhig hin und her, stieß die heißen, zerknüllten Decken weg. Ihr Gedächtnis wurde plötzlich allzu klar, allzu unbequem. Die Dinge, die sie vergessen wollte, erwachten wieder zum Leben, die glücklicheren Dinge . . . Welche glücklicheren Dinge?

»M-Mama, ist dir zu heiß?« Nur Lally nannte sie jetzt noch Mama. »Ich habe der Nurse gesagt, sie soll hinuntergehen und eine Tasse Tee holen. Kann ich dir irgend etwas bringen? All diese L-Leute werden bald nach H-Hause gehen. Wir haben eine M-Menge Geld eingenommen, aber der übliche alte Kram bleibt übrig. Ich bringe ihn ins D-Dachgeschoß fürs nächste Jahr.«
Klar erkannte sie Lallys immer ängstliche Stotterstimme. Hätte sie diese Angst nicht ablegen können, nachdem . . . nachdem was?
»Lally, warum mußt du deine Zeichnungen so grausam machen? Sehe ich wirklich so aus? Wie ein Falke, der im Begriff ist zuzustoßen.«
»Mit deiner Nase, M-Mama – sie ragt heraus. Du brauchst dich nicht zu schämen, M-Mama. Manche Gesichter sehen nur aus wie Blasen.«
»Ich schäme mich niemals, du dummes Mädchen.«
»Mama, du vergißt, daß ich beinahe sechzig bin.«
»Dann bist du alt genug, um dein Kleid ordentlich zuzuknöpfen. Sieh dir das an, krumm und schief wie üblich. Du wirst Julia immer ähnlicher. Ich frage mich . . .«
»Was, M-Mama?« – »Wo sie ist.« – »A-Aber erinnerst du dich denn nicht . . .«
Woran sollte sie sich erinnern, überlegte sie mißmutig.
»Ich wollte, Richards Mädchen wäre nicht so blond.«
»Mab? Ich dachte, sie sei ein bißchen wie ich.«
»Gott behüte.«
»Nur im Aussehen. Sie hat nicht meinen dummen Verstand. Sie ist sch-schrecklich klug.«
»Ungezogen und verschlagen. Sie ist schwierig. Aber was kann man schon anderes erwarten bei der Mutter.«
»M-Mama, trink deinen Tee. Ich halte dir die Tasse. Die L-Leute gehen langsam. Es ist beinahe dunkel. Und M-Mabs Mutter ist tot.«
Die Schatten werden allmählich länger . . .

21

Deirdre weigerte sich schlichtweg, zur Testamentseröffnung zu kommen. Sie hielt das für eine barbarische Unsitte. Außerdem erwartete sie wieder ein Kind, und ihre Schwangerschaft war durch zwei gerade noch abgewendete Fehlgeburten kompliziert. Das kam daher, daß sie entgegen der Anweisung des Arztes nicht aufhörte zu reiten. Sie war geritten, bis sie mit Patrick im siebten Monat schwanger war, und weder ihr noch ihm hatte das geschadet.

Aber nach dem zweiten Zwischenfall erklärte sie sich widerwillig dazu bereit, auf kein Pferd mehr zu steigen. Sie wollte dieses Baby so gerne haben. Sie hatte immer gehofft, einmal eine große Familie zu haben, sechs oder sieben zumindest, aber nach Patrick war sie acht Jahre unfruchtbar geblieben. Sie und Imogen mußten einander trösten, denn Imogen war in der gleichen Situation; sie hatte nur Johnnie, einen schwierigen, leicht erregbaren, introvertierten kleinen Jungen, der lärmend durchs Haus rannte und seinen Vater, der in dem kleinen Hinterzimmer im Erdgeschoß arbeitete, zur Raserei brachte. Imogen hatte nicht wieder empfangen, allerdings war sie noch viel zu jung, um die Hoffnung schon aufzugeben.

Und Deirdre war nun im sechsten Monat schwanger, obgleich ihr schlanker Körper, geschickt in die farbenfrohen, smaragdgrünen und karminroten losen Gewänder gekleidet, kaum etwas von ihrem Zustand verriet.

Dennoch, und obwohl sie sich durchaus wohl genug gefühlt hatte, an Joshuas Beerdigung teilzunehmen, er-

klärte sie strikt, sie fühle sich zu schwach, am folgenden Tag der Testamentseröffnung beizuwohnen.
Natürlich war sie kräftig genug für eine Beerdigung, dachte Matilda. Die Iren fanden ein morbides Vergnügen an der Zurschaustellung des Kummers.
Eine lange Reihe von Eiben säumte die Straße zum Friedhof. Die kleine Kirche mit dem grauen Turm am Ende der Allee schien unendlich weit weg zu sein, als sollte Joshuas letzte Reise nie mehr enden. In Wirklichkeit hatte sein Leben ein rasches Ende gefunden, sein Zusammenbruch in der Bank an seinem geliebten Partnerschreibtisch, vier kurze Tage im Krankenhaus, wo er mit dem Tod rang. Allerdings nicht sehr heftig, wie Matilda argwöhnte. Er war ausgelaugt von der Überarbeitung während des Krieges, hatte der Arzt gesagt.
Matilda war innerlich entrüstet. Ihrer Meinung nach hatte Joshua den Krieg recht gut hinter sich gebracht, keine Waffen getragen, die Arbeit getan, die er über alles liebte. Sie war ebenfalls entrüstet – oder vielleicht eher irritiert? – über den kleinen Veilchenstrauß, der auf seinem Nachtkästchen im Krankenhaus lag. Wer hatte ihn gebracht? Weder Imogen noch Deirdre, obwohl beide ihn nur zu gerne in Blumen eingebettet hätten, wenn er sich daran hätte noch erfreuen können.
Die Schwester sagte, eine Frau, vielleicht Mr. Webbs Sekretärin, habe sie dorthin gelegt.
»Aber wieso hat man ihr erlaubt, einzutreten?« fragte Matilda verärgert. »Mein Mann darf niemanden außer seiner Familie sehen.«
»Ich weiß nicht, Mrs. Webb, ehrlich. Sie muß herein- und wieder hinausgeschlüpft sein.«
Man mußte bei der Bank nachfragen. Matilda hatte gar nicht gewußt, daß Joshua eine so treu ergebene Sekretärin hatte. Aber sie hatte überhaupt nicht viel von dem gewußt, was in der Bank vor sich ging. Sie war schon lange nicht mehr dort gewesen. Die Bank war für sie lediglich als Geldquelle interessant gewesen. Die Gehälter der

Dienstboten und das Haushaltsgeld wurden jede Woche von einem Bankangestellten gebracht, und ihre eigenen Schecks wurden niemals beanstandet.
Ja, Joshua hatte sein Versprechen gehalten und ihr Sicherheit gegeben. Aber es beschäftigte sie, daß noch jemand den Wunsch gehabt hatte, mit diesem Veilchenstrauß Dankbarkeit oder ein anderes Gefühl zum Ausdruck zu bringen. Während sie an seinem Bett stehen konnte, beunruhigt und betrübt, aber ohne Tränen.
War sie nicht dafür bekannt, niemals zu weinen? Weshalb sollte sie jetzt damit beginnen?
Joshua war als reicher Mann gestorben. Dreihunderttausend Pfund in Aktien, das Haus am Kensington Square nicht gerechnet. Er war einen langen Weg gegangen, seit er sie einst als Bankangestellter hartnäckig angestarrt und darauf bestanden hatte, sie zu heiraten. Er hatte erreicht, was sie von ihm erwartete. Sie hatte gewußt, er würde als Geschäftsmann Erfolg haben, wenn auch nicht als Ehemann.
Aber hatte sie sich denn als Ehefrau bewährt?
Dieser Gedanke traf sie hart, während sie zuhörte, wie Mr. Briarly, Joshuas Anwalt und Freund, das Testament mit seiner pedantischen Stimme vorlas.
Eine Lebensrente für sie (»wodurch Sie aufs angenehmste versorgt sind, Mrs. Webb«), Zuwendungen von je hundert Pfund für die Dienstboten, die seit mehr als zehn Jahren bei ihnen waren, Minnie, die Köchin, Albert, den Chauffeur, und für drei der ältesten Bankangestellten. Ebenfalls je hundert Pfund für seine Enkel Patrick Webb und John Morrison, die sofort und nach deren Wünschen verwendet werden sollten. Joshua war ganz vernarrt gewesen in seine Enkel.
Nach diesen erwarteten Zuwendungen war eine vollkommen überraschende gekommen. Fünftausend Pfund für eine gewisse Prudence Nesbit, »deren Freundschaft mir sehr viel bedeutet hat«. Mr. Briarlys Stimme zögerte nur kurz, ehe er fortfuhr: »Nach dem Tod meiner Frau

soll der gesamte Erbnachlaß zu gleichen Teilen zwischen meinen drei Kindern aufgeteilt werden, allerdings verfüge ich, daß das Haus am Kensington Square an meine Tochter Eulalie geht, nachdem meine beiden anderen Kinder bereits im Besitz von Häusern sind.«

Es war ein sehr gerechtes Testament, mit Ausnahme des geheimnisvollen Legats von fünftausend Pfund. Da war nicht nur ein kleines Ladenmädchen, das eine goldene Uhr davontrug, hier ging es um eine beträchtliche Summe.

Aber diesmal hatte Mattie keinerlei Verlangen, die Angelegenheit weiter zu verfolgen. Sie wollte lieber nicht wissen, wer Prudence Nesbit war. Falls Joshua beabsichtigt hatte, sie dadurch zu demütigen, daß er ihr in aller Öffentlichkeit diesen Schlag ins Gesicht versetzte, dann wollte sie sich wenigstens nicht anmerken lassen, daß ihm dies gelungen war. Sie würde die Episode aus ihrem Gedächtnis verbannen. Das zeigte letzten Endes doch nur, daß Joshua niemals ein richtiger Gentleman gewesen war.

Sie waren eine Mesalliance eingegangen, und offensichtlich war Prudence Nesbit das Ergebnis. Wer trug die Schuld?

Aber es war bitter, daß sie ihn so wenig hatte zufriedenstellen können. Sie war nicht absichtlich eine Versagerin gewesen. Wenn Joshua nicht diesen krankhaften Abscheu vor Julia gehabt hätte, wenn er nicht so sehr gegen die Militärlaufbahn seiner Söhne gewesen wäre, wenn er Hillary nicht insgeheim abgelehnt hätte, weil er ein ganzer Duncastle war, wenn er gleichgesinnter gewesen wäre im Gespräch und, sie mußte es zugeben, auch im Bett, dann hätte sie nicht versagt.

Imogen fragte mit unverhohlener Neugier: »Mutter, möchtest du nicht mehr über diese Frau wissen? Soll ich das für dich herausfinden?«

»Nein. Ich möchte nichts aufrühren. Laß es gut sein.«

»Du kannst doch nicht so tun, als existiere sie nicht.«

»Und warum nicht? Was ist daran falsch? Man kann das Leben ohne Ausflüchte nicht ertragen. Ich mache deinem Vater keinen Vorwurf. Er war einsam, und das war vermutlich mein Fehler. Mir tut es nicht einmal um das Geld leid. Um was es mir leid tut, ist Hillarys goldene Uhr.«

»Dieses kleine Gerippe von einem Mädchen! Ach, Mutter!«

»Es war ein Familienstück. Geld ist anonym.«

»Ich würde gerne wissen, wie sie aussieht«, seufzte Imogen.

Matilda warf sich in Positur.

»Dein Vater fand mein Aussehen nicht unattraktiv.«

»Ich weiß. Er bewunderte dich ungeheuer. Ich wette, Prudence Nesbit kann dir nicht das Wasser reichen.«

Aber sie war vermutlich warm und angenehm und einladend unter der Bettdecke, und das war zweifellos das wichtigste für einen Mann. Man nahm diese Tatsache zur Kenntnis und verbannte sie für immer aus dem Gedächtnis.

Es gab jedoch einen kleinen, störenden Rückschlag. Gerade als es Matilda gelungen war zu glauben, daß Prudence Nesbit für sie nicht existierte – erstaunlich, wie wichtig das für sie geworden war –, wurde in einer verschlossenen Schublade des Partnerschreibtisches ein kleines, als persönlich bezeichnetes Päckchen gefunden und an Matilda geschickt. Mr. Briarly hatte sich nicht die Freiheit genommen, es zu öffnen, denn er dachte, Matilda würde das lieber selbst tun.

Sie fand eine Sammlung von Dingen, die überhaupt nicht zu einem so unsentimentalen und phantasielosen Mann wie Joshua paßten. Hatte sie ihn denn gar nicht gekannt?

Ein einfacher goldener Ehering (diese Frau mußte ihm den gegeben haben, wie konnte sie es wagen!), eine Bruyèrepfeife (in Matildas Gegenwart hatte er nie Pfeife geraucht), zwei sehr feine, braune Haarlocken, eine mit einem rosa Bändchen, eine mit einem blauen zusammengebunden (Babyhaare, ungeheuerlich!) und ein Brief in kindlicher Handschrift:

Lieber Mr. Webb,
wie wir zur Großmama gekommen sind, hat sie uns auf die Wiese geführt und uns das Pony gezeigt. Sie hat gesagt, Sie hätten es uns geschenkt. Es ist eine kleine Schönheit. Großpapa wird uns das Reiten beibringen. Wir nennen es Topsy, weil es schwarz ist und eine Stute. Das war Pansys Vorschlag. Ich habe Queenie vorgeschlagen. Großmama sagt, Mädchen sollen als erste wählen dürfen, aber das finde ich nicht. Ich hoffe, Sie sind auf meiner Seite. Männer müssen zusammenhalten.

Ihr ergebener Freund
Ronald.

In einer raschen, wütenden Aufwallung ihrer Gefühle warf Matilda das ganze Zeug ins Feuer, einschließlich des ordinären Eherings.
Jetzt hatte sie alles vergessen. Vollkommen.

»Würdest du es fertigbringen, dich so zu benehmen wie Mutter?« fragte Imogen Deirdre. »Wenn du nach Richards Tod entdecken würdest, daß er eine Geliebte hatte. Mutter hat es fertiggebracht, sich selbst einzureden, daß es Prudence Nesbit überhaupt nicht gibt.«
»Ich würde die Frau suchen und sie Stück für Stück zerreißen«, sagte Deirdre. »Ehrenwort.«
»Ich würde sie bestimmt auch gern sehen«, meinte Imogen. »Und wenn nur deshalb, um herauszufinden, was mein Mann in ihr sieht, was er bei mir nicht findet.«
»Und dann würdest du dich ändern?«
»Vermutlich, wenn ich könnte.«
»Damit erniedrigst du dich doch selbst. Wenn du der Mensch bist, den Desmond heiraten wollte, dann brauchst du doch nicht den Versuch zu machen, dich zu

ändern. Ich könnte das nicht. Ich weiß, ich bin ich, boshaft und jähzornig und verrückt und eine Irin, und Richard liebt mich trotz alledem.«
»Das klingt so sicher.«
»Ich bin sicher. Bist du dir bei Desmond nicht sicher?«
»Ich denke schon. Aber er ist so verschlossen. Er versenkt sich so tief in das Buch, das er schreibt.«
Deirdres Blicke gingen weit in die Ferne. Sie hing ihren eigenen Gedanken nach.
»Aber Richard würde das nicht.«
»Würde was nicht?«
»Eine Prudence haben. Oder eine Penelope oder eine Pamela oder irgendeine andere Frau.«
»Desmond auch nicht.«
»Deshalb können wir gar nicht wissen, wie deine Mutter fühlt. Empfindet sie eigentlich überhaupt etwas? Für meine Begriffe sollte sie oben auf einem Monument stehen und ihre Nase in die Luft strecken.«
»O doch, sie hat auch Gefühle«, sagte Imogen. »Als wir Kinder waren, konnte sie reizend sein. Ich erinnere mich, wie sie mitten in der Nacht in mein Zimmer kam, als ich Fieber hatte. Das wunderschöne Haar fiel über einen grünen Morgenrock.«
»Hat dein Vater sie jemals so gesehen?«
»Rede keinen Unsinn, natürlich.«
»Nun, ich denke noch immer, es muß so sein, als ob man ein Nationaldenkmal ins Bett nimmt«, sagte Deirdre, und ihr katzenartiges Gesicht nahm einen boshaften Ausdruck an.
»Ich gebe zu, Mutter ist eine glühende Patriotin, aber das bist du auch.«
»Allerdings. Nur, ich kämpfe selbst und schicke nicht meine Söhne in den Tod.«
»Sei nicht ungerecht, Deirdre, du weißt, Mutter hätte die Schlachtaxt geschwungen, wenn das möglich gewesen wäre. Sie hat immerhin den O.B.E.-Orden bekommen.«
»Ich weiß.«

»Und sie hat gesagt, die Worte des Königs seien für sie viel wichtiger als der Orden selbst. Er hat gesagt, er kenne die stolzen Taten ihrer Familie, und dieses Land würde mehr so ausgezeichnete Beschützer wie die Duncastles brauchen. Du siehst also, in was für eine Art von Familie du geheiratet hast.«

»Und Joshua hat sich eine Geliebte genommen«, murmelte Deirdre.

»Deirdre, du bist gemein. Ich frage mich, warum Richard dich nicht verhaut.«

Deirdres Augen leuchteten.

»Er würde es, wenn er könnte. Aber er hat nur einen kräftigen Arm, mein wunderschöner, geliebter Mann.«

Deirdres Baby sollte Anfang des Jahres kommen. Sie sagte zu Richard, sie sei in großartiger Stimmung und würde gerne eine Familienweihnachtsfeier in »Sanctuary« haben. Sie bestand darauf, nicht nur Imogen und Desmond und Johnnie einzuladen, sondern auch Matilda und Lally.

»Was sollen wir trinken, während deine Mutter da ist? Ich brauche etwas, was meine Sinne angenehm umnebelt und mir hilft, nicht die Beherrschung zu verlieren.«

»Ich wünschte, ihr kämt besser miteinander aus.«

»Wie könnten wir, nachdem sie mich lediglich Patricks wegen toleriert? Imogen sagt, mit Desmond ist es das gleiche, da macht sie es Johnnies wegen. Glaubst du, sie ist keine Gefahr für unsere kleinen Jungen?«

»Rede doch keinen Unsinn, sie ist einfach vernarrt in sie.«

»Das ist ja gerade das gefährliche, verstehst du das nicht? Sie erzählt ihnen lange Geschichten von Schlachten, und sie zeigt ihnen all diese alten Waffen. Imogen sagt, Johnnie hat nachher immer Alpträume.«

»Wie steht es mit Patrick?«

Deirdre zog Richard näher zu sich, indem sie ihn an den Haaren packte.

»Unser Sohn ist Ire.«
»Halbire.«
»Das genügt. Jedenfalls sagt er, er will lieber ein Pferd als ein Gewehr.«
»Natürlich, bei dieser Mutter.«
»Ich hätte nichts dagegen, wenn er ein bißchen was von dem Finanzgenie deines wunderbaren Vaters abbekommen hätte. Aber die Duncastle-Seite will ich in meinen Kindern nicht vertreten sehen. Diese Gedenktafeln in der Kirche bedrücken mich genug, ganz zu schweigen von den Familienporträts. Lauter Tyrannen.«
»Insgeheim bewunderst du sie. Gesteh's doch.«
»Ich gebe zu, es sind glänzend aussehende Männer. Ich mag gern einen gutaussehenden Mann. Und der Gedanke gefällt mir, daß sie sich wenigstens soviel Zeit außerhalb der Schlachten genommen haben, ihre Saat ein bißchen zu verbreiten, so daß ich dich bekommen habe, mein Liebling. Und ich selbst habe auch Spaß an ein bißchen Kampf, das streite ich ja gar nicht ab. Aber Kämpfen ist kein Teil der Mutterschaft. Deshalb werden Matilda und ich immer uneins bleiben. Sie will kleine Soldaten drillen. Ich will diese Eigenschaften in andere Kanäle lenken. Darin gleiche ich Desmond, obwohl ich deshalb noch lange kein Kriegsdienstverweigerer bin. Jedenfalls bleiben die Ideen deiner Mutter von Ruhm und Tod bei unserem Patrick wirkungslos. Er ist selbst jemand. Bei Johnnie bin ich mir da nicht so ganz sicher.«
»Johnnie kommt mir immer vor wie ein verängstigter kleiner Hase.«
»Aber er ist formbar. An Imogens Stelle würde ich mir Sorgen machen. Ich vermute, Johnnie ist ganz der Sohn seines Vaters und lebt ein geheimes inneres Leben. Wenn Imogen nur diesen schönen Rudi hätte behalten können.«
»Du redest ein bißchen viel, meinst du nicht?«
Deirdre kuschelte sich auf der Couch an Richard. »Tue ich das nicht immer? Ich glaube, ich hätte gern, wenn das

Baby wieder ein Junge wird. Wenn deine Mutter ihn bloß in Ruhe läßt.«

»Du hast einen richtigen Verfolgungswahn, was meine Mutter betrifft, Liebes. Sie ist nur eine alternde Dame, die in der Vergangenheit lebt.«

»Alternde Dame, daß ich nicht lache! Sie ist so stark wie Eisen, und so wird sie bis zu ihrem Todestag bleiben. Falls sie überhaupt jemals stirbt.« Deirdre seufzte. »Versteh mich nicht falsch, ich bewundere sie ungemein. Wir müssen sie dazu überreden, zum Weihnachtsfest zu kommen. Sie wird in diesem dunklen, alten Haus eine prächtige Dekoration abgeben.«

22

Am Tag vor Weihnachten begann es zu schneien. Matilda und Lally wurden am Bahnhof von Eddy, dem ersten Stallknecht, abgeholt, der auch Richards Bentley fahren konnte. Er hatte Schwierigkeiten mit der vereisten Straße. Zweimal kamen sie beinahe ins Schleudern, und Matilda sagte, sie habe die Zeit der Kutschen und Pferde als viel sicherer empfunden. Sie war eingehüllt in einen langen, pelzbesetzten Mantel und trug eine dazu passende Pelzmütze. In Lallys Gehirn erwachte eine vage Erinnerung. Irgend etwas von einer Kanalüberquerung und ein ausländischer Zug und dann ein düsteres Schloß mit endlosen Treppen, und ihr Knöchel schmerzte. Oder war das eine Geschichte, die man ihr einmal erzählt hatte?

Mama kam jetzt selten nach »Sanctuary«, teils weil es jetzt Richards Heim war und teils weil sie sich strikt weigerte, Richards Frau Deirdre gern zu haben. Lally dagegen konnte sich an Deirdre nicht satt sehen. Sie war so anmutig und geheimnisvoll wie eine schlanke junge Katze. Lally hätte es gerne gehabt, wenn sie öfter nach Kensington Square kommen würde, damit sie sie zeichnen konnte. Aber sie kam selten, nur Richard und Patrick, öfter Richard allein.

Aber jetzt sollten sie eine ganze Woche in »Sanctuary« bleiben, und sie würde immer wieder Gelegenheit haben, still in einer Ecke zu sitzen und die wunderschöne junge Herrin von »Sanctuary« zu zeichnen, deren Körper durch das kommende Baby rund wie ein Schneeball war und deren schöne Augen sanft und entrückt blickten, als träume sie die ganze Zeit von ihrem neuen Sohn oder ihrer Tochter.

Leider kam Mama nur widerwillig hierher. Das bedeutete, daß sie vielleicht die ganze Zeit schlechter Laune war. War Mama, fragte sich Lally, wohl jemals wirklich glücklich?

Für Lally selbst bedeutete Glück, unter dem Maulbeerbaum im Garten von Kensington Square zu sitzen, mit ihrem Skizzenblock und ihren Bleistiften, während das freundliche Rotkehlchen zu ihren Füßen herumhüpfte. Oder ein gemächlicher Spaziergang mit Minnie, die jetzt über siebzig und ganz krumm vor Rheuma war. Oder ein Paket mit trockenem Brot zum Round Pond bringen, so daß sie die Enten zeichnen konnte, die nach den vollgesogenen Brotkrusten tauchten. Glück war eine Form des Lebens, die keinerlei Forderungen an ihre scheue und bebende Persönlichkeit stellte. Bei Mamas Soirees Konversation machen zu müssen, war eine Qual. Für Lally bedeutete es Seligkeit, unbemerkt, fast unsichtbar zu sein. Sie wußte nicht, weshalb sie so geboren worden war. Sie verstand nicht, was alte Freunde von Mama meinten, wenn sie sie von der Seite ansahen und »Julia« flüsterten. Sie wußte, in dem alten Haus in Kensington gab es einen Geist, der Julia hieß. Niemand hatte ihr das gesagt, aber sie wußte es eben. Und manchmal hielten die Leute sie für diesen Geist, weil sie lautlos umherhuschte. Sie rächte sich an diesen Leuten dadurch, daß sie ihre Gesichter zeichnete, sie scharf und spitz machte wie schlechtgelaunte Vögel.

Sie wußte, sie war für Mama und Papa eine bittere Enttäuschung gewesen, aber Richard und Imogen waren ihre Freunde. Desmond nicht. In seiner Gegenwart fühlte sie sich unbehaglich, sie wußte nicht, was hinter seinen dunklen, grübelnden Augen vor sich ging. Deirdre machte sie scheu, sie war so schnell und witzig und unberechenbar, aber ihre Ausstrahlung war so groß, daß et-

was davon auch Lally traf und den Wunsch in ihr weckte, so oft wie möglich im gleichen Raum wie Deirdre zu sein. Die liebe Tante Clara vermißte sie noch immer sehr.
Die beiden kleinen Jungen, Patrick und Johnnie, neckten sie, indem sie hinter Vorhängen hervorsprangen, so daß sie aufschrie, oder sie redeten absichtlich Babysprache mit ihr und kicherten dann über ihre Ratlosigkeit. Aber sie freute sich insgeheim auf Deirdres neues Baby, sie hoffte sogar, es würde noch zur Welt kommen, ehe Weihnachten vorüber war. Sie liebte es, winzige, hilflose Wesen zu bemuttern, aus dem Nest gefallene, noch nicht flügge Vögelchen, streunende Katzen. Sie konnte nie verstehen, warum sie weder Patrick noch Johnnie hatte beaufsichtigen dürfen, außer es war sonst noch jemand anwesend. Es schmerzte sie sehr, daß man ihr nicht traute. Sie hoffte, Deirdre würde bei ihrem neuen Baby großzügiger sein.
Aber in der Zwischenzeit war da der Weihnachtsbaum (das erinnerte sie an eine andere Gelegenheit, als diese komischen ausländischen Kinder am Kensington Square waren und Mama die Trommel von Salamanca geschlagen hatte), da war ihr altes Schlafzimmer, das auf den Garten hinausging (wo sie an jenem traumhaften Sommernachmittag vor langer Zeit gesessen und Hillary, Richard und Imogen gezeichnet hatte), und da war ihr neues Kleid, das sie sich selbst hatte aussuchen dürfen. Dunkelroter Samt, wie eine reife Pflaume, der sie mit warmer Freude erfüllte. Sie liebte die Farbe. Sie fing an, bei ihren Zeichnungen farbige Stifte zu verwenden. Sie wollte gerne Deirdre in ihrem langen, losen violetten Kleid zeichnen, in dem sie wie eine junge Kaiserin aussah. Sie würde bestimmt glücklich sein in »Sanctuary«.
Leider gab es am ersten Abend vor dem Dinner ein bißchen Aufregung. Weil Weihnachtsabend war, durften Patrick und Johnnie zum Dinner aufbleiben, aber als der Gong ertönte, war keine Spur von ihnen zu sehen. Und auch von Matilda nicht.

Deirdre wurde ungeduldig. Desmond ging, um nachzusehen, ob die Jungen in ihrem Zimmer waren. Johnnie wollte immer im selben Zimmer schlafen wie Patrick, wenn er nach »Sanctuary« kam. Er bewunderte Patrick, der sechs Monate älter und einen halben Kopf größer war und sich offensichtlich vor nichts fürchtete. Johnnie, das wußte seine Mutter, wurde nervös in diesem großen, dunklen Haus mit den gewundenen Gängen und unerwarteten Treppen. Er vermißte den vertrauten Straßenlärm Londons und fand den Schrei einer Eule oder eines kleinen Tieres in der Nacht höchst beunruhigend. Das hätte er jedoch niemals zugegeben. Statt dessen wurde er laut und erregt und schrie zu Patricks Ärger manchmal im Schlaf auf. Er war ein dünner kleiner Junge mit der langen Duncastle-Nase. Er ähnelte erschreckend seinem toten Onkel Hillary. Imogen redete niemals darüber, vor allem nicht mit Desmond, der für seinen Sohn eine akademische Laufbahn geplant hatte und keinerlei Schwärmereien für militärische Dinge oder tote Helden haben wollte.

Es wäre eine zu große Hoffnung gewesen, daß Matilda die Ähnlichkeit mit Hillary nicht bemerken würde. Sie machte aus der Tatsache kein Geheimnis, daß Johnnie ihr Lieblingsenkel war. Patrick war zu schwer faßbar. »Irisch«, sagte Matilda vorwurfsvoll. »Er hört nie zu.« Aber Johnnie hörte allzu aufmerksam zu und vergaß nie etwas.

Desmond kam nach kurzer Zeit zurück und meldete, daß das Zimmer der Jungen leer sei, genau wie das von Matilda. Er hatte vorsichtig an die Tür geklopft, war dann eingetreten und hatte gesehen, daß das Licht noch brannte. Matildas Abendumhang lag auf dem Bett, aber sie selbst war nicht da. Wurden die Zimmer im zweiten Stockwerk benützt? Er wollte nicht weiter nachforschen.

»Nervös, alter Knabe?« fragte Richard leichthin. »Das größte Zimmer im zweiten Stock ist das, wo unsere Urgroßtante Tatjana angeblich gefangengehalten wurde. Stimmt doch, Imogen, oder? Sie war schwachsinnig. Sagte man. Eine Menge Familien hatten im vergangenen Jahrhundert schwachsinnige, altjüngferliche Tanten.« Richard beschloß, sich über dieses Thema noch weiter auszulassen. Irgend etwas mußte unternommen werden, damit diese Party weiterlief.

»Dann war da noch unsere mysteriöse Tante Julia, die wir nicht kannten, obwohl ich glaube, daß Lally den Vorzug genoß, von ihr betreut zu werden.«

»Ich!« rief Lally unwillkürlich aus und vergaß, daß sie eigentlich ruhig und unsichtbar hatte bleiben wollen, damit niemand auf dic Idee kam, sie in ein Gespräch zu verwickeln. Außerdem dachte sie noch immer an diese seltsame Geschichte, die passierte, als sie allein in ihrem Zimmer war. Sie hatte aus dem Fenster geschaut auf den Schnee, der immer höher auf den Wiesen lag und die Bäume niederdrückte, als sich ein Schatten auf der Wiese bewegte, in der Nähe der zerbrochenen Statue des kleinen Jungen mit Weinranken im Haar. Zuerst hatte sie gedacht, es sei ein sehr großes Eichhörnchen. Ganz instinktiv hatte sie nach ihrem Zeichenblock gegriffen und eine ihrer raschen Zeichnungen gemacht. Der unter dem Schnee begrabene Garten, die gebeugten Bäume, und inmitten der weiten Wiesenfläche das zusammengeduckte Tier. Aber die langen Ohren waren nicht die Ohren eines Eichhörnchens. Außerdem war das Tier weiß wie der Schnee. Ließ ein Tier sich vom Schnee bedecken?

»Benimm dich, Richard«, schalt Deirdre. »Für Gespenstergeschichten ist es noch Zeit bis Mitternacht. Geh lieber und such deine Mutter und die Jungen, sonst wird die Köchin streiken.«

Die drei Schuldigen, falls man es wagen durfte, auch Matilda in diese Bezeichnung mit einzubeziehen, wurden schließlich in der Waffenkammer gefunden. Man hätte sich eigentlich denken können, daß sie da waren und was sie dort machten.

»Wir kämpfen die Schlacht von Salamanca«, erklärte Mattie. Sie, in einem ihrer großartigen Dinnerkleider und mit Diamanten geschmückt, hatte ein Schwert aus der Scheide gezogen und hielt es wie einen Taktstock empor. So erteilte sie den kleinen Jungen Anweisungen. »Patrick ist auf der Seite der Franzosen, unter Marschall Marmot, und Johnnie nimmt seine Befehle direkt vom großen Duke selbst entgegen und trägt die Regimentsfahne.«

Johnnie bemühte sich gewiß, die staubige und zerschlissene Regimentsfahne zu tragen, aber sie war zu schwer für ihn, und der Staub brachte ihn zum Niesen. Patrick hingegen legte einen beachtlichen Kampfgeist an den Tag, wenn er auch ein bißchen mit der Geschichte durcheinandergeriet.

»Ergebt euch, ihr schmutzigen britischen Teufel! Es leben die Iren!«

»Nein, Patrick, nein, du bist ein Franzose«, widersprach Matilda ungeduldig. »Du weichst vor den Briten zurück. Du mußt dich zurückziehen.«

»Ich werde mich nicht vor den mörderischen Briten zurückziehen. So!« erklärte Patrick. »Es lebe die Sinn Fein!«

Matilda seufzte erbittert, dann sah sie, daß die Tür sich öffnete und sie beobachtet wurde.

»Ich bin nicht verrückt«, sagte sie ruhig. »Nur ein bißchen erhitzt. Ich dachte, ich unterhalte die Jungen und gebe ihnen eine Lektion in Geschichte. Dein Johnnie ist ein richtiger kleiner Soldat, Imogen, aber Patrick . . .«

»Patrick braucht keine britische Geschichte zu lernen«, sagte Deirdre kalt. »Sein Vater und ich werden beurteilen, was für seine Erziehung wichtig ist.«

»Und Johnnie wird ohne Zweifel eines Tages zum Theater gehen«, sagte Imogen rasch, um Desmonds Ärger im Keim zu ersticken. Er war imstande, seine Sachen zu pakken und das Haus zu verlassen, wenn er sich zu sehr aufregte. Der Gedanke, daß sein Sohn ein Soldat sein sollte, war einfach lächerlich und beleidigend. »Mutter, du bist abscheulich, daß du die Jungen so aufregst.«

»Oje«, sagte Matilda, nicht im mindesten schuldbewußt. »Seid ihr denn alle dagegen? Aber dies ist ein so wundervolles Haus für militärische Spiele. Es ist so viel mehr Platz als am Kensington Square. Trotzdem fehlte uns die Salamanca-Trommel, als die Briten vorrückten. Nicht wahr, Johnnie?«

»Ich würde auf ihr trommeln, bis ich totgeschossen werde«, rief Johnnie.

»Wenn ich dich jemals dabei erwische, daß du diese unheilvolle Trommel schlägst«, sagte Desmond sehr ruhig, »werde ich dir eine Tracht Prügel verabreichen, die du nie vergißt.«

»Desmond, es ist doch nur ein Spiel«, protestierte Imogen. »Aber Mutter, versprich mir eines: Laß die Jungen ihre Geschichte aus Büchern lernen. Und wir lassen Deirdre mit dem Dinner warten.«

»Oh, verzeih mir, Deirdre«, sagte Matilda von oben herab. »Ich habe momentan ganz vergessen, daß ich nicht in meinem eigenen Haus bin.«

»Und daß Patrick und Johnnie nicht deine eigenen Söhne sind«, erwiderte Deirdre.

»Ja. Ich glaube, ich hatte es vergessen. Johnnie gleicht gelegentlich Hillary so sehr. Aber Patrick – du mußt daran denken, Deirdre, daß er als englischer Schuljunge heranwachsen wird. Er muß ja wirklich nicht eigens dazu ermutigt werden, irische Rebellenparolen zu schreien. Und was mich selbst betrifft, ja, dies ist jetzt dein Haus, meine Liebe. Doch seine Erinnerungen gehören mir. Ich kann nicht so tun, als wären sie nicht da, aber ich bin jederzeit nur zu gerne bereit, sie mit gleichgesinnten Menschen zu teilen.«

»Mach dir nichts draus«, flüsterte Richard Deirdre zu, als endlich alle ins Eßzimmer zurückgingen. »Ich glaube, sie wird schon ein bißchen wunderlich. Wenn man ihren

Kopf öffnete, würde einem wahrscheinlich ein ganzes Regiment salutierender Soldaten entgegentaumeln.«
Auf Deirdres Wangen blühten rote Flecken vor Ärger.
»Ich glaube, sie ist Britanniens Gegenstück zu Irlands Cathleen n'Houlihan. Ein blutrünstiges Weib, das seine Söhne aus Liebe zu ihrem Land in die Schlacht schickt.«
»Ein scharfer Drink dürfte für alle jetzt wohl angebracht sein«, schlug Richard besänftigend vor. »Wir sollten sogar Patricks und Johnnies Limonade ein bißchen spritzen.«
Deirdre begann endlich zu lächeln.
»Ein Tropfen Guinness würde den beiden, und mir auch, mächtig guttun. Ich habe mich gerade gefragt, welcher Wahnsinn mich dazu getrieben hat, in diese verrückte englische Familie zu heiraten. Ich dachte immer, wir Iren seien führend in Hausgespenstern, aber ich habe meine Meinung geändert.« Ein Ton drang an ihr Ohr. »Oh, hört! Die Weihnachtslieder-Sänger. Wir müssen das Dinner noch einmal verschieben. Sie sollen hereinkommen. Sie werden voller Schnee und ganz durchfroren sein. Aber wie reizend!« Deirdre war wieder lebhaft und strahlte. »Das wird alle beruhigen. Man kann nicht zu den Klängen von ›Stille Nacht, Heilige Nacht‹ streiten.«
Die kleine Gruppe der Weihnachtslieder-Sänger, in Umhänge gehüllt, Schals um den Hals und voller Schnee, betrat die vom Kaminfeuer erwärmte große Halle. Sie waren fröhlich und laut. Als sie zu singen begannen, stimmten alle ein, selbst Matilda, die inmitten der Gruppe stand wie eine Königin mit ihren glitzernden Diamanten.
Richard beeilte sich, Getränke einzuschenken. Whisky oder Rum für diejenigen, die die Kälte vertreiben wollten, Ingwerbier für die Kinder. Es wurde eine fröhliche Party, und plötzlich machte sich niemand mehr Sorgen um das verbrutzelte Essen der Köchin oder um andere Kleinigkeiten.
Als die Besucher sich schließlich zum Gehen anschick-

ten, hatte es zu schneien aufgehört. Richard öffnete die Tür in eine frostklirrende Nacht, in der sich kein Blatt regte, keine Schneeflocke herniederschwebte. Jemand zupfte ihn am Arm und zog ihn ins Haus zurück. Er dachte, es sei Patrick. Er riß seinen Arm los, um den scheidenden Sängern zuzuwinken. Zum Kuckuck, wußte Patrick denn nicht, daß er nur einen brauchbaren Arm hatte?

Aber es war nicht Patrick. Es war Lally, und sie zeigte auf etwas draußen in dem weißen Garten.

»Da ist es w-wieder«, stotterte sie. »Sch-schau, Richard. Dieses Tier.«

»Ich sehe gar nichts. Du siehst die alte Statue des kleinen Jungen an. Sie zerfällt allmählich. Sieht ein bißchen aus wie ein Tier, nehme ich an. Deirdre, siehst du ein fremdes Tier auf unserem Rasen? Lally bildet sich das ein.«

Deirdre stand neben ihm.

»Nichts. Was hast du ihr denn zu trinken gegeben, Richard? Armes Kind, sie fröstelt ja. Komm rein.«

Matilda durchquerte soeben die Halle.

»Was ist los, Lally?«

»N-nichts, M-Mama. Ich habe nur geglaubt, ich s-sehe das T-Tier wieder.«

»Wieder? Welches Tier?«

»Ich h-habe es schon f-früher gesehen. Ich h-habe es gezeichnet. Es w-war wirklich da. Es war weiß, wie Schnee. Ich z-zeige es euch.«

Sie mußten alle in den Salon gehen, wo Lally ihr Skizzenbuch gelassen hatte. Sie zitterte aus einer Art Erregung oder Angst heraus.

»Sch-schaut!« sagte sie und hielt ihrer Mutter, Deirdre und Imogen ihre Zeichnung hin. Und dann zeigte sie sie Richard, der eine Minute später den Raum betrat und sich noch den Schnee von den Schuhspitzen klopfte.

Die Zeichnung zeigte ein aufrecht sitzendes Tier mit langen Ohren. Zu groß für ein Kaninchen, eher wie ein Hase. Wenn jedoch im Garten von »Sanctuary« irgend-

welche Hasen hausten, wären es ganz bestimmt keine weißen.
Ein Polarhase . . .
»Sie hatte wieder eine von ihren Halluzinationen«, sagte Matilda scharf. »Ich habe schon befürchtet, daß diese Reise zuviel für sie sein würde. Sie lebt ein so stilles Leben. Auf Anweisung des Arztes, wie ihr alle wißt. Sie ist so leicht aus dem Gleichgewicht zu bringen.«
Als sie merkte, daß sie im Mittelpunkt des Gespräches stand, zog Lally sich in sich selbst zurück. Sie kauerte sich neben dem Kamin nieder, mit ausdruckslosem Gesicht, mit weit geöffneten, leeren Augen.
»Das ist eine gute Zeichnung«, sagte Desmond. »Imogen, ich wußte gar nicht, daß deine Schwester so gut zeichnet.«
»Im Garten sind keinerlei Fußabdrücke von Tieren«, sagte Richard. »Ich habe gerade nachgesehen. Nicht einmal Vogelspuren, denn es hat ja eben erst aufgehört zu schneien. Der Rasen ist wie ein unbeschriebenes weißes Blatt Papier. Lally muß geträumt haben.«
»Dann war also dieses – Geschöpf in ihrem Kopf?« sagte Deirdre. Ihre Augen waren dunkel und riesengroß. »Wie komisch. Unheimlich.«
Sie fröstelte leicht.
»Hätte nicht sonst jemand es gesehen, wenn es tatsächlich da gewesen wäre?« fragte Richard. »Ich könnte mir vorstellen, daß es vielleicht ein Fuchs war.«
»Oder ein Igel«, schlug Patrick vor. »Im Sommer war ein Igel da.«
»Jetzt reicht's aber«, sagte Deirdre. Sie hatte ihre Fassung wieder. »Da kann ich ja auch ein paar Vorschläge machen. Wie wär's mit einem kleinen Polarbären oder einer weißen Gans oder einem Albino-Eichhörnchen?«
»Oder ein Kobold«, rief Johnnie mit seiner überdrehten Stimme.
Daraufhin brachen beide Jungen in haltloses Kichern aus, das nur dadurch eingedämmt werden konnte, daß man

sich schnellstens wieder ins Eßzimmer und zu dem wartenden Dinner begab.
Nach dem Dinner bat Desmond Lally, ihm mehr von ihren Zeichnungen in ihrem Skizzenbuch zu zeigen. Er betrachtete sie mit wachsendem Interesse und sagte schließlich: »Die sind wirklich gut. Man sollte sie jemandem zeigen. Ich glaube, ich nehme sie mit zu Bill Cruickshank.«
»Du meinst, die könnten zu verkaufen sein? Lallys Gekritzel!« Imogen war fassungslos.
»Vielleicht nicht einzeln zu verkaufen, aber ich könnte mir denken, daß die Möglichkeit besteht, sie zu einer recht guten Buchillustratorin zu machen.«
»Aber Desmond, du weißt, wie verdreht Lally ist. Sie würde niemals die Verantwortung eines richtigen Berufes auf sich nehmen können.«
»Gebt ihr die Chance. Gebt ihr ein bißchen Selbstvertrauen, und sie wird aufblühen.«
»Liebling, du bist schrecklich aufmerksam und lieb, aber . . .«
»Die arme Lally ist das schwarze Schaf in eurer Familie?«
»Das meinte ich nicht. Nur, wie konnte sie sich diesen Hasen einbilden?«
»Weil sie als Kind eine alte Geschichte gehört hat, und die hat sich in ihrem Kopf festgesetzt«, sagte Richard nachdenklich. »Vielleicht hat sie etwas gesehen, vielleicht auch nicht. In diesem Haus ist nichts unmöglich. Zum Glück geht's diesmal nicht um Urgroßvaters Porträt. Aber glaubst du wirklich, sie hat Talent, Desmond?«
»Ja, wirklich.«
»Mutter, hörst du das? Desmond meint, man könnte mit Lallys Zeichnungen etwas anfangen.«
»Sie scheint ein vollkommenes Naturtalent zu sein«, sagte Desmond. »Was man in der Kunstwelt als naiv bezeichnet.«

»Naiv ist das richtige Wort«, sagte Matilda. Sie hatte während des ganzen Dinners geschwiegen und schien noch immer über irgend etwas nachzugrübeln; ihr Gesicht wirkte spitz und abweisend. »Und es wäre mir lieber, du würdest Lallys Gekritzel nicht beachten. Ich weiß, was du denkst, Desmond. Daß ich eine eingebildete Spießerin bin, die nichts von moderner Kunst versteht. Oder sollte ich sagen, von Neumodischem, denn ich weigere mich zu glauben, daß Lallys Arbeit Kunst ist. Meine Einwände haben jedoch nichts mit der Qualität der Arbeit zu tun. Sie haben einzig und allein mit der seelischen Verfassung meiner Tochter zu tun. Sie würde nicht einmal die geringste Publicity vertragen. Und bedenke, was eine unfreundliche Kritik ihr antun könnte. Oder hast du daran noch nicht gedacht? Fotografen, Interviewer, sie alle wollen das meiste aus ihrem Opfer herausholen. Nein, ich verbiete das absolut. Lally muß unentdeckt und ungestört bleiben. Laß sie, wie sie ist, so glücklich, wie es für sie möglich ist.«

Als Deirdre später im Bett lag, zusammengeringelt unter dem Federbett und an den warmen Körper ihres Mannes geschmiegt, sagte sie: »Ich wünschte, das Baby käme recht bald zur Welt. Sogar schon morgen.«
»Wirst du es langsam leid, mein Liebling? Du hast noch immer vier Wochen vor dir.«
»Ich weiß.«
»Das war heute abend alles zuviel für dich. Ich hätte es nicht zulassen sollen.«
»Aber es war wunderbar. Teilweise.«
»Ach ja, so ist das Leben. Stückwerk.«
Deirdre tätschelte Richards gelähmten Arm und massierte ihn ein wenig.
»Vielleicht hätte ich dich nicht so geliebt, wenn du heil gewesen wärst. Jetzt habe ich eine ganz besondere Zärtlichkeit. Das weißt du doch, nicht wahr?«
Er legte den gesunden Arm um sie.

»Ja, ich weiß.«
»Wenn also unser Baby – nein, es macht nichts.«
»Wenn unser Baby – was?«
»Ich sagte, es macht nichts. Es ist nichts. Diese Gans, oder was das war, was Lally gesehen hat, ist mir gerade durch den Kopf gegangen.«
»Es war ein Kobold, Liebste. Und er kam, um uns Glück zu bringen.«
»Ja?«
»Nun, tun sie das denn nicht?«
»Ich habe so etwas gehört. Ich selbst bin nicht abergläubisch.«
»Und das soll ich dir glauben! Eine Irin durch und durch und nicht abergläubisch!«
Sie straffte sich ein wenig.
»Nicht der englische Aberglaube.«
Richard schwieg einen Moment.
»Ach ja. Das kann ich dir nicht verdenken. Wir haben nicht diesen keltischen Stich.« Er zog ihren Kopf an seine Brust. »Schlaf jetzt, kleiner Liebling.« Und ganz unbeabsichtigt hörte er sich selbst hinzufügen: »Gott behüte dich.«
Vierundzwanzig Stunden später bekam Deirdre die ersten Wehen. Richard saß neben ihr, bis er mit Gewalt vom Arzt und von der Schwester, die, so rasch es die vereisten Straßen erlaubten, gekommen waren, aus dem Zimmer gewiesen wurde. Aber es bestand kein Grund zur Eile, denn es schien, als würden die Wehen länger andauern. Da die Geburt vier Wochen zu früh einsetzte, hätte Dr. Woods seine Patientin lieber ins Krankenhaus gebracht, aber es wäre Irrsinn gewesen, sie bei den herrschenden Straßenverhältnissen zu verlegen.
Als Richard aus dem Schlafzimmer kam, ging er hinunter in die Bibliothek und schenkte sich mit eigenartig steifer Hand einen Drink ein. Mein Gott, wenn dieser Arm auch zum Teufel ginge, dachte er vollkommen grundlos. Aber er hatte beinahe zwölf Stunden lang Deirdres Hand ge-

halten, und jetzt waren seine Muskeln völlig verkrampft.

Noch nie hatte er sie so in Angst und Pein gesehen. Bei Patricks Geburt war sie aufgeregt und in Hochstimmung gewesen, hatte ihre Schmerzen kaum zur Kenntnis genommen und sich nur danach gesehnt, endlich das Baby in Empfang zu nehmen.

Aber diesmal war sie halb im Delirium, klammerte sich an ihn, schluchzte und redete wirres Zeug von Hexenzauber.

Zum Teufel mit dieser blöden Lally und ihren Einbildungen. Sie schien den ganzen Haushalt in eine unverzeihliche Spannung versetzt zu haben.

Richard wollte in der Bibliothek allein bleiben, bis der Arzt ihn rufen ließ, aber wie nicht anders zu erwarten, fand ihn seine Mutter.

»Wie geht es ihr, Richard?«

»Recht ordentlich, wie der Arzt sagt.«

»Wird das Baby gesund sein?«

»Es ist eine Frühgeburt.«

»Ich weiß. Das war eine dumme Frage.«

»Deirdre bedauert, daß sie dein Weihnachtsfest zerstört hat. Sie wollte, daß ich sie bei dir entschuldige.«

»Es ist nicht ihre Schuld. Armes Kind.« Richard bemerkte mit mildem Erstaunen, daß seine Mutter aus einem ehrlichen Gefühl heraus so sprach. Sie hatte bis jetzt noch nie etwas anderes als schlecht verhüllte Abneigung gegenüber Deirdre bekundet.

»Ich gebe Lallys Hysterie die Schuld«, fuhr sie fort. »Diese blödsinnige Gespenstergeschichte aufzuwärmen. Ich hoffe, Deirdre fürchtet sich nicht.«

»Meine Frau fürchtet sich vor nichts«, log Richard.

»Es freut mich, das zu hören. Unsere Familie ist eine der besten Englands. Sie ist nicht verdorben, weißt du.«

Außer durch Arroganz und Eitelkeit und Heroismus und Vaterlandsliebe – und eine Spur von Schwachsinn. Aber was konnte man schon anderes erwarten, wenn durch

Jahrhunderte hindurch von Generation zu Generation die besten Söhne geopfert wurden?
»Woran denkst du, Richard?« fragte seine Mutter. »Du machst ein entsetzlich finsteres Gesicht.«
»Ich denke daran, daß man Patrick und Johnnie – und diesem neuen Baby auch – die Freiheit zugestehen muß, bis ins hohe Alter zu leben.«
»Ganz sicherlich, mein Lieber. Außer es gibt einen neuen Krieg. Wir müssen immer bereit sein. Außerdem, was ist am hohen Alter so erstrebenswert? Ich kann dir sagen, ich selbst sehne mich nicht danach, sehr alt zu werden.«
Das Baby kam kurz vor Mitternacht zur Welt. Es war ein Mädchen, winzig und verschrumpelt. Deirdre drückte das kleine Bündel an ihre Brust. Richard konnte nur den oberen Teil des Kopfes sehen, der nackt war bis auf einen Flaum silberweißer Haare.
O Gott, es stimmte, es war eine von den Blonden! Eine Tante Julia, eine Lally . . .
»Darf ich ihr Gesicht nicht sehen?« fragte er.
»Es ist nur so groß wie ein Knopf.« Deirdre zog die Decke zurück und enthüllte das weiche, formlose Gesicht. »Sie muß noch ein bißchen wachsen. Wir müssen unendlich vorsichtig mit ihr sein.«
War das klug? War nicht Mutters letztes Kind, ein Mädchen wie dieses, glücklicherweise bei der Geburt gestorben?
»Wie sollen wir sie nennen?« fragte er und versuchte, völlig normal zu wirken.
»Sie ist zu klein für einen langen Namen.« Deirdres Gesicht sah müde und durchsichtig aus. Sie schien von diesem winzigen Etwas in ihren Armen überrascht und vollkommen hingerissen zu sein. »Ich werde sie Mab nennen.«
»Nur Mab?«
»Ich finde, es paßt zu ihr. Richard – mein geliebter Mann – ich glaube, ich – Mab und ich – wir schlafen beide jetzt ein.«

Als sich Deirdres Augen schlossen und ihre dichten dunklen Wimpern regungslos auf ihren Wangen lagen, hatte er das seltsam unbehagliche Gefühl, daß ein Teil von ihr ihn verlassen hatte und niemals wieder zurückkehren würde. Er gehörte statt dessen zu diesem winzigen Koboldkind.

23

Desmond hatte sein erstes Buch, eine Abhandlung über soziale Verhaltensweisen, zwei Jahre nach seiner Heirat mit Imogen veröffentlicht. Das hatte ihm literarisches Ansehen und sehr wenig Geld eingebracht. Seitdem hatte er drei weitere Romane herausgebracht und verdiente sich zusätzlich zu den Einkünften aus diesen Büchern etwas Geld durch Besprechungen der Bücher anderer Leute und durch Nachhilfestunden. Da Tante Clara ihnen ihr Haus hinterlassen hatte, konnten sie mit Desmonds Verdienst ein bescheidenes Leben führen. Weder Imogen noch er legten Wert auf eine extravagante Lebensweise. Nur Matilda war entsetzt über Imogens schäbiges Aussehen und bestand darauf, ihr hin und wieder ein neues Kleid zu schenken.

Matilda, die im Schenken nie sehr taktvoll gewesen war, sagte geradeheraus, daß sie sich nicht ihrer Tochter schämen wolle. Außerdem sei es ohnehin nur eine Vorwegnahme der Erbschaft, die sie schließlich nach dem Testament ihres Vaters machen und wonach sie eine verhältnismäßig reiche Frau sein würde. Man wußte nicht, wie Desmond darauf reagieren würde, eine reiche Frau zu haben, aber diese Geschenke lehnte er zutiefst ab. Er war im Nehmen vielleicht noch weniger taktvoll als Matilda im Geben. Am liebsten hätte er Imogen verboten, diese Kleider zu tragen, die er als höchst unpassend für ihren Lebensstil bezeichnete.

Mußte es wirklich so traurig sein, wenn man gut war und ein soziales Gewissen hatte? Imogen stellte sich diese

Frage zuweilen insgeheim und mit Schuldgefühlen ihrem Mann gegenüber. Sie war ihr ganzes Leben lang an Qualität gewöhnt gewesen, und sie wollte eben auf literarischen Partys in Taftkleidern herumschwirren, wenn es ihr Freude machte. Und wenn sie auch die meisten anderen Frauen in den Schatten stellte, so daß die schäbig und halb verhungert aussahen, was sie möglicherweise sogar waren. Künstler, das hatte Imogen bereits herausbekommen, waren selten erfolgreich in finanziellen Dingen. Das machte einige von ihnen, wenn auch nicht alle, ein wenig sauertöpfisch und unzufrieden. Desmond war weder das eine noch das andere. Er hatte eine zu gute Veranlagung. Er machte sich wirklich nichts aus Geld oder Besitztum und erwartete von seiner Frau und von seinem Sohn, daß sie seine Ansichten teilten.
Die Kleider, die Matilda Imogen schenkte, waren ein verhältnismäßig geringes Problem. Die Frage von Johnnies Erziehung war weit wichtiger und Anlaß zu ewigen Streitereien. Matilda wollte ihn in Hillarys und Richards alte Vorbereitungsschule schicken. Er war ihr Lieblingsenkelkind, so aufnahmefähig und empfindsam, mit seinen großen Augen und dem blassen, angespannten Gesicht. Patrick dagegen, sommersprossig, rothaarig, zügellos und unaufmerksam, war Matildas Meinung nach ein richtiger kleiner irischer Gesetzloser. In ihm war enttäuschenderweise nicht die Spur eines Duncastle. Mab war ein komisches kleines Wesen, nicht geistig zurückgeblieben, wie sie alle insgeheim befürchtet hatten, sondern frühreif und intelligent und ewig unruhig. Sie schien niemals stillzuhalten oder zu wachsen oder zu schlafen. Sie war von der Größe eines Löwenzahns, ihr Haar sah aus wie die Blüte eines Löwenzahns, und sie ging allen auf die Nerven.
Aber Johnnie, dachte Matilda hingerissen . . . Er war fast eine Wiedergeburt ihres verlorenen Sohnes Hillary. Er hatte das gleiche leidenschaftliche Interesse für Geschichte und militärische Ereignisse. Er kannte die Uni-

formen jedes berühmten Regimentes und konnte ihre Heldentaten aufzählen. Er teilte Matildas Bewunderung für den Duke of Wellington und, in einem geringeren Ausmaß, für das militärische Genie, den Duke of Marlborough. Er kannte die Vorzüge der im Krieg benützten Gewehre, der vergangenen wie der gegenwärtigen. Nichts machte ihm mehr Freude, als Schlachten mit den Regimentern von Bleisoldaten zu rekonstruieren, die Matilda im Todeszimmer aufbewahrte. Einst waren es Hillarys und Richards Spielsachen gewesen. Jetzt gehörten sie Johnnie und Patrick, obwohl Patrick sich nur für die Kavallerie interessierte und auch das nur mit halbem Herzen. Er mochte viel lieber echte Pferde und Spiele im Freien.

Wenn Johnnie zu Hause war, übte er in dem winzigen gepflasterten Hof hinter Tante Claras Haus Exerzieren. Er marschierte auf und ab mit einem Besenstiel über der Schulter (da er nicht einmal ein Spielzeuggewehr haben durfte) und rief einer unsichtbaren Kompanie Befehle zu. Allerdings überzeugte er sich immer, ob sein Vater außer Haus war, wenn er diese Spiele spielte. Zwischen ihm und seiner Mutter herrschte eine unausgesprochene Abmachung. Sie gab ihm ein Signal, wenn sein Vater unerwartet nach Hause kam. Doch eines Nachmittags klappte es mit dieser Verständigung nicht. Desmond kam früher als erwartet nach Hause, während Imogen einkaufen war. Er entdeckte Johnnie im Hinterhof, wo er den Versuch unternahm, die zwar liebenswerte, aber ungelehrige Katze Hector zu kommandieren.

»Ge-weeehr hoch!« schrie er. »Sie! Kadett Morrison! Gerade! Sie schleichen wie – wie eine Katze!«

»Johnnie!« rief Desmond in seiner ruhigen Art, die Ärger versprach.

Johnnies dünne Gestalt versteifte sich. Vorsichtig stellte er den Besenstiel weg, und Hector nützte die Gelegenheit und verschwand hinter Imogens Petunien- und Efeustökken.

»Ja, Vater?«
»Was spielst du da für ein Spiel?«
»Nur – ich habe Hector Gehorsam beigebracht, Vater.«
»Lüg mich nicht an, Johnnie. Du hast versucht, einer Katze ›Gewehr über‹ beizubringen.«
Johnnies Kinn reckte sich in die Höhe. Seine Nase, diese herausfordernde Duncastle-Nase, schien noch länger zu werden. Er sah älter und hochmütig aus, eine kleine Wiedergabe seiner Großmutter.
»Hier ist sonst niemand zum Spielen. Bei Großmama . . .«
»Ja, dazu habe ich später auch noch etwas zu sagen. In der Zwischenzeit kannst du nicht vergessen haben, daß ich dir verboten hatte, militärische Spiele zu spielen. Weder hier noch bei deiner Großmutter.«
»Aber – ja, Vater.«
»Du weißt, ich muß dich bestrafen.«
»Ja, Vater.«
»Geh hinauf in dein Zimmer und bleib dort bis zum Abendessen. Und rede dir nicht ein, du seist in die Kaserne eingesperrt worden. Du bist nichts weiter als ein ungezogener Junge, der eine sehr milde Strafe empfängt. Obwohl das noch nicht alles ist.«
Johnnie sah seinen Vater in raschem Begreifen an.
»Ja, ich sehe, du hast erraten, was ich sagen wollte. Du wirst nicht wie üblich am Sonntag zu deiner Großmutter gehen. In der Tat, ich muß mit deiner Mutter darüber sprechen, ob du überhaupt je wieder dorthin gehen wirst.«
»Aber Vater! Du kannst mich nicht daran hindern! Sie ist doch meine Großmama.« Johnnie war dunkelrot vor Erregung geworden. »Ich meine, sie hat ein Recht auf mich.«
»Hat sie das? Ich frage mich, weshalb?«
»Weil ich ein Dun – . . ., weil ich ihr Enkel bin«, verbesserte sich Johnnie hastig.
»Du wolltest sagen, du bist ein Duncastle. Das bist du

nicht. Du bist ein Morrison. Du bist mein Sohn, und du wirst lernen, die wertvollen Dinge des Lebens zu schätzen, und etwas Richtiges leisten.«
»Ist das nichts Richtiges, Soldat für sein Land zu werden?« wagte Johnnie zu fragen. Er hatte sich immer vor seinem Vater gefürchtet. Aber wenn er ein Soldat werden wollte, mußte er sich darin üben, mutig zu sein. »Ich meine, Großmama sagt, wenn wir den Krieg nicht gewonnen hätten, wären wir jetzt die Sklaven der Deutschen und wir hätten keinen König und keine Königin, sondern so jemand Gräßliches wie den Kaiser, oder Bismarck wäre Premierminister.«
»Das bringt sie dir also bei?« Desmonds Gesicht war ganz verkniffen vor Zorn. »Hat sie dir auch erzählt, wie viele Männer im letzten Krieg gestorben sind? Es war ein sehr kostspieliger Weg, unseren König und unsere Königin zu behalten. Und ich finde, du bist trotzig und frech. Geh sofort hinauf und bleib dort, bis ich dir die Erlaubnis gebe, wieder herunterzukommen.«
Herausfordernd schob Johnnie die Unterlippe vor. Er hielt den Kopf hoch und pfiff absichtlich gleichgültig vor sich hin, als er nach oben ging. Niemals würde er seinen Vater sehen lassen, wie erregt er war.
Aber der Gedanke, nicht mehr zum Haus am Kensington Square gehen zu dürfen, erschreckte ihn so, daß er sofort einen gewagten Plan schmiedete. Er würde jetzt sofort, in dieser Minute, zur Großmama laufen, ehe Vater Zeit hatte, die Besuche zu verbieten. Die Dringlichkeit dieser Entscheidung ließ ihn vor Aufregung und Angst zittern. Trotzdem versuchte er, umsichtig zu planen, wie es ein kluger Soldat tun würde. Er holte seine Schultasche hervor und packte seinen Pyjama, ein sauberes Hemd und eine Flasche mit Wasser ein (eine leere Limonadenflasche, die er im Badezimmer füllte). Andere Verpflegung brauchte er nicht, denn mit dem Bus erreichte er Großmamas Haus in weniger als einer Stunde. Und selbst wenn er zu Fuß gehen mußte, konnte er in zwei Stunden

dort sein. Und Großmama würde ihn in Onkel Hillarys Zimmer schlafen lassen. Wenn Vater ankam, würde er sich verbarrikadieren und der Belagerung standhalten.

Zwei Stunden später sagte Imogen im Erdgeschoß: »Desmond, er ist so still. Ich sollte wirklich besser hinaufgehen und nachsehen, ob alles in Ordnung ist.«

»Natürlich ist alles in Ordnung. Er trotzt bloß. Du bist doch mit mir einer Meinung, daß er bestraft werden mußte?«

»Vermutlich, allerdings –«

»Allerdings – was?«

»So schlimm finde ich das ja nicht, wenn er nur in unserem Hinterhof herummarschiert.«

»Liebling, wenn du nicht begreifst, wie gefährlich es ist, Militarismus in junge Gehirne einzupflanzen, dann werden wir niemals eine friedliche Welt haben.«

»Das werden wir sowieso nicht«, sagte Imogen. »Nicht einmal du kannst so unrealistisch sein und das glauben.«

»Du meinst, man kann die menschliche Natur nicht ändern, und ein Mann hat von Natur aus Aggressionen?«

»Genau.«

Desmond bewegte sich unruhig. »Wenigstens können wir weniger davon haben. Ich habe nicht diese ganze Degradierung und Erniedrigung während des Krieges durchgemacht, damit mein eigener Sohn jetzt ein Militarist wird.«

»Liebling, Johnnie ist doch noch ein Kind. Wenn er nicht britische Kriege spielen würde, würde er Cowboy und Indianer spielen.« Aber Imogens Stimme war sanfter geworden. »Hast du dir denn so viel aus der Verachtung und allem gemacht? Das hast du mir nicht gesagt. Du hast mich in dem Glauben gelassen, das sei dir gleichgültig.«

»Dann muß ich ein besserer Schauspieler gewesen sein, als ich dachte.«

Und sie ziemlich begriffsstutzig? Sie sah seine dunklen

Augen an, sah die Empfindsamkeit darin und erkannte, wie ähnlich er Johnnie war. Nur suchte Johnnie vor seiner Verwundbarkeit Schutz in Träumen von Heldentum in der Schlacht, während Desmonds Kämpfe tief in seinem Inneren ausgetragen wurden. Was waren die beiden doch für Eigenbrötler, wie sehr zehrte ihr Schutzbedürfnis an Imogens Nerven. Trotzdem hatte Desmond in einem Punkt recht. Ein Großteil Schuld traf Mutter, die Johnnie bei seinen Phantasiekriegen noch unterstützte und Desmonds Wunden aufriß.
Mutter war es, die man einschließen sollte. Imogen mußte über die Unmöglichkeit dieser Vorstellung lächeln, und Desmond beugte sich zu ihr hinüber und drückte ihre Hand. Sie waren wirklich glücklich, dachte sie. Aber niemand konnte ihr weismachen, daß es einfach sei, mit einem genialen Geist zusammenzuleben.
Sie stand auf und ging zum Fuß der Treppe.
»Johnnie, du kannst jetzt herunterkommen.«
Fünf Minuten später sagte sie ungeduldig: »Was treibt dieser Junge bloß? Hat er mich nicht gehört?«
»Natürlich hat er dich gehört. Wenn er bockt, muß er eben ohne Abendessen auskommen.«
»Johnnie!« rief Imogen wieder. »Desmond, er ist schrecklich still. Ich muß nachsehen, was er macht.«
Desmond, ihr Mann, konnte ihre Hilfe auf die verschiedenste Weise suchen. Johnnie, ihr Kind, konnte nur verloren in sein Kissen schluchzen. Jedenfalls fand sie, Desmond war ein bißchen zu streng mit ihm.
Das Schlafzimmer mit dem schmalen Bett, dem von Büchern und Bleistiften bedeckten Tisch, dem Strohkorb voller Spielsachen in der Ecke, die fein säuberlich geordnet und selten berührt waren, barg keinerlei Leben. Nicht einmal Hector, Johnnies geliebte Katze, war da, die häufig nach oben schlüpfte, um in seinem Bett zu schlafen. Aber auf dem Nachttisch stand an die Lampe gelehnt ein Zettel.

»Liebe Mutter,
Vater verbitet mir, Sachen zu machen, die ich am liebsten mache. Darum muß ich weglaufen. Es tut mir leit, wenn Du Dich aufregst. Fergiß nicht, Hector zu füttern, bis ich zurückkomme. Wenn ich überhaupt zurückkomme.
Dein Dich liebender Sohn Johnnie.«

Zwischen Lachen und Weinen rannte Imogen die Treppe hinunter.
»Desmond, lies das. Es ist schrecklich komisch, wirklich. Aber – auch schmerzlich. Warst du denn so streng zu ihm?«
Desmond runzelte die Stirn beim Lesen. »Kann er denn nicht lernen, ordentlich zu schreiben? Wahrscheinlich zählt er das nicht zu den wichtigsten Dingen des Lebens. Nun, wir können erraten, wo er ist, oder?«
»Bei Mutter. Natürlich. Ich werde lieber sofort hinfahren.«
»Ich werde hinfahren.«
»Nein, ich glaube, das ist etwas, was ich tun sollte.«
»Du wirst ihn verhätscheln.«
Imogen zwinkerte sich die Tränen aus den Augen. Der Schmerz hatte über die Belustigung gesiegt.
»Natürlich werde ich ihn verhätscheln. Er ist erst acht. Übrigens, wenn ich es nicht tue, wird seine Großmutter es tun.«
»Wäre es nicht ein guter Gedanke, zuerst einmal zu telefonieren?«
»Natürlich. Ich kann gar nicht mehr logisch denken. Wenn dein Kind das Gefühl hat, es muß von zu Hause weglaufen – Desmond, wer trägt dann die Schuld?«
»Alle Kinder wollen irgendwann einmal von zu Hause weglaufen.« Aber eine Spur von Unsicherheit und Unbehagen schwang in Desmonds Stimme mit. »Ich wollte das auch. Und ich hatte keine reiche Großmutter, die mich verwöhnte.«
Imogen wußte, daß Desmond in ziemlicher Armut im

East End von London gelebt hatte. Sein Vater war Bauarbeiter gewesen und während des Krieges an einem Herzanfall gestorben.

»Aber du bist nicht so weit gegangen und wirklich weggelaufen?«

»Nein.«

»Genau das meine ich. Vom Wollen zur Tat ist ein ungeheurer Schritt, und für ein so kleines Kind wie Johnnie ... Desmond, wir scheinen irgend etwas falsch zu machen.«

»Der Junge wird verdorben!« platzte Desmond heraus. »Das sage ich dir ja dauernd.«

»Nein, es geht tiefer. Ich gebe es nur äußerst ungern zu, aber meine Mutter scheint die Sehnsucht kleiner Jungen zu verstehen.«

»Sie schafft erst die Sehnsucht, eine Traumwelt –«

»Desmond, Liebster, sind nicht auch deine eigenen Bücher eine Traumwelt?«

»Nein! Ich rede von Wahrheiten, die meine Leser hoffentlich ernst nehmen.« Jetzt hatte sie ihn schon wieder verletzt. Sie bemerkte dieses rasche Aufflackern von Qual in seinen Augen und wußte, daß er sich wieder einmal im Kampf gegen die Dummheit der Menschen sah. Er haßte den Krieg, und doch neigte er dazu, den Großteil der Menschheit als seine Feinde zu betrachten. Sie hätten sechs Kinder haben sollen oder überhaupt keines, dachte Imogen verzweifelt. Armer, kleiner Johnnie, der allein die ganze Last des sozialen Gewissens seines Vaters tragen mußte.

»Auch Mutter hat ihre Wahrheiten«, protestierte sie sanft.

»Über die Tüchtigkeit im Umgang mit Gewehren?«

»Über Charakterbildung. Liebling, warum streiten wir uns jetzt herum? Ich muß Mutter anrufen und mich auf den Weg machen. Und versprich mir, mit Johnnie nicht zu schimpfen, wenn ich ihn nach Hause bringe. Jedenfalls nicht heute abend.«

Überhaupt nie, hätte sie am liebsten hinzugefügt. Aber natürlich mußten Kinder Disziplin lernen.
»Während ich weg bin, könntest du die Wünsche deines Sohnes ausführen und die Katze füttern.«
»Verdammte Katze«, sagte Desmond, aber Gott sei Dank war der schlimmste Ärger aus seiner Stimme gewichen. Wenn Johnnie zu Hause war und wohlbehalten im Bett lag, dann wollte Desmond auch sie im Bett haben, das wußte sie. Das war nach einem Streit immer so. Er sagte als Entschuldigung nie viel, aber seine Umarmung und sein drängender Körper waren beredter als Worte. Er vertraute darauf, daß sie ihn verstand. Sie selbst betrachtete er als einen einfachen, unkomplizierten Menschen, der kein Verständnis brauchte. Diese gescheiten Leute, idealistisch, introvertiert, egoistisch, bedenkenlos grausam . . . Vater, das wußte sie, war über ihre Heirat nie so vollkommen glücklich gewesen. Nicht aus den gleichen Gründen wie Mama, weil Desmond ein Pazifist, sondern weil er zu intellektuell war. Das war eine unbekannte Größe in Vaters Welt. Doch im Vergleich zu der Ehe ihrer Eltern war die ihre mit Desmond ein voller Erfolg. Abgesehen von dem Problem Johnnie.
Ehe sie dazu kam, am Kensington Square anzurufen, läutete das Telefon. Sie griff nach dem Hörer und erwartete die Stimme ihrer Mutter.
»Bist du es, Imogen?« Es war Lally. »M-Mama sagte, ich soll d-dich anrufen und dir s-sagen –«
»Wegen Johnnie?« fragte Imogen hastig.
»Ja. Er ist hier, und es g-geht ihm recht gut.«
»Das habe ich mir gedacht. Ich wollte ihn gerade holen. Ich nehme mir ein Taxi und bin in einer halben Stunde bei euch.«
»N-nein.«
»Was nein?«
»M-Mama sagt, nein. Du sollst n-nicht kommen.«
»Lally, rede kein dummes Zeug. Wo ist Mama? Laß mich mit ihr sprechen.«

»N-nein, s-sie will nicht.«
Lally stotterte schlimmer als sonst, ein sicheres Zeichen für ihre Aufregung. Sie haßte es sowieso, zu telefonieren, und tat es nur selten.
»Sie will nicht mit mir sprechen!« rief Imogen aus. »Aber warum denn?«
»Sie sagt – einen Augenblick –«, in der Entfernung wurde geflüstert, »sie s-sagt, Johnnie ist z-zu aufgeregt, um heute a-abend nach Hause z-zu kommen.«
»Also Lally, jetzt reicht es aber! Ich bin Johnnies Mutter. Ich treffe hier die Entscheidungen. Ich werde jetzt sofort kommen.«
Erneut Stimmengemurmel in der Ferne, dann wieder Lallys Stimme, jetzt noch erregter, hysterisch:
»Wenn du k-kommst, Mog, k-kannst du nicht rein. W-wir haben eine Belagerung. Das war Johnnies Idee. A-alle Türen sind verschlossen.«
»Was redest du da? Ist Mutter verrückt geworden? Eine Belagerung! Jetzt geht sie mit dem Theaterspielen aber wirklich zu weit. Desmond und ich –«
»Es hat k-keinen Sinn. Die D-Dienstboten dürfen die T-Tür nicht aufmachen, wenn du läutest, und die N-Nachbarn werden – was hast du gesagt, Mama? – empört sein –«
»Mir ist das egal, was die Nachbarn sind.«
»– und glauben, daß ihr, du und D-Desmond, Johnnie schlecht behandelt.«
Wut stieg in Imogen hoch, sie wurde ganz rot im Gesicht.
»Ach, halt doch endlich den Mund, Lally, du plapperst doch nur nach, was Mutter sagt. Warum will sie denn nicht selbst mit mir sprechen?«
»W-weil sie im Schaukelstuhl sitzt und Johnnie auf ihrem Schoß sch-schläft. Er war so müde und erhitzt, als er hier ankam, und er h-hat sich gerade erst beruhigt.«
Imogen starrte das Telefon fassungslos an. Sie wollte Desmond rufen, aber sie wußte, dadurch würde alles nur

noch schlimmer. Ein Belagerungszustand am Kensington Square. Diese Vorstellung war so absurd, daß er vor Wut explodieren würde. Ich habe in ein Irrenhaus hineingeheiratet, würde er sagen, und damit hatte er vermutlich nicht so unrecht.

Aber Imogen sah deutlich vor sich, wie Johnnie auf dem Schoß seiner Großmutter schlief, und Tränen der Eifersucht und Trauer liefen ihr an der Nase entlang.

»Am M-Morgen machen wir die T-Tür dann wieder auf«, hörte sie Lally sagen.

Imogen legte den Hörer auf und ging langsam ins Wohnzimmer zurück.

»Was war denn los?« fragte Desmond.

»Hast du es nicht gehört?«

»Ich war in der Küche und habe diese Katze gefüttert, wie man mir aufgetragen hat. Und hast du jemals versucht, die eine Hälfte eines Telefongesprächs zu verstehen? Ich habe nur den nicht überraschenden Eindruck gewonnen, daß sich deine Mutter wieder einmal querlegt, wie üblich.«

»Sie behält Johnnie über Nacht. Sie sagte, er war sehr müde und aufgeregt und braucht Ruhe.«

»Also weiß sie es wieder einmal besser als seine Eltern?«

»Desmond, jetzt nicht, bitte. Und vielleicht hat sie diesmal wirklich recht.«

»Du weinst ja!«

»Ja.«

»Johnnies wegen? Oder meinetwegen?«

Die dunklen, leidenden Augen waren zuviel für sie.

»Wegen euch beiden. Meine zwei schwierigen Männer.«

»Komm her, Liebes. Komm her.«

Matilda schaukelte in dem dämmrigen Zimmer sanft hin und her. Gleich würde sie das Kind zu Bett bringen. Aber noch nicht sofort. Das Gefühl, diesen schmalen, zarten

Kinderkörper an sich geschmiegt zu spüren, war ein zu großes Erlebnis. Die Trommel war über den Fußboden weggerollt, nachdem sie Johnnies müden Armen entglitten war. Aber es hatte ihn beruhigt, auf ihr zu trommeln, so wie es sie selbst in Augenblicken höchster Anspannung beruhigt hatte. Er hatte wie wild darauf losgetrommelt, sein Gesicht hatte vor Begeisterung geleuchtet.
»Ich bin tapfer, nicht wahr, Großmama?«
»Sehr tapfer, mein kleiner Trommlerjunge.« Sie war so stolz auf ihn, daß er den Mut gehabt hatte, zu widersprechen und wegzulaufen.
»Muß ich überhaupt wieder nach Hause, Großmama?«
Nein! hätte sie am liebsten geschrien. Niemals! Ich behalte dich hier, und du gehörst mir.
Sie hatte das feuchte, dunkle Haar gestreichelt und beruhigend gesagt: »Ich werde mit deiner Mutter sprechen. Aber heute abend brauchst du nicht mehr nach Hause. Du hast einen langen Marsch hinter dir, und du brauchst Schlaf.«
Als er schließlich eingeschlafen war, sah er Hillary unheimlich ähnlich, das gleiche schmale, nervöse Gesicht, die gleiche lange Nase.
Ich bin nicht boshaft, dachte sie und nahm damit die Anschuldigungen Desmonds, dieses unfreundlichen, gerissenen Mannes, vorweg. Ich glaube nur, kleinen Jungen muß man gewisse wichtige Dinge beibringen wie Mut und Tatkraft und Ideale.
Ihr Mund wurde schmal, als sie wieder das blaß schimmernde Gesicht ihres Enkelsohnes betrachtete.
Und ich, gestand sie sich schmerzlich bewegt ein, ich brauche so dringend jemand zum Liebhaben . . .

Das Ergebnis von Johnnies Eskapade war, daß seine Eltern schließlich einwilligten, ihn ins Internat zu schikken, wo er eine Menge Kameraden haben und seinen ungesunden Leidenschaften entwachsen würde.
Er ging nur zu gern, zumal Großmama versprochen

hatte, ihn häufig zu besuchen und auch dafür zu sorgen, daß er einen großen Teil der Ferien und der langen Wochenenden am Kensington Square verbringen durfte. Er hatte keine Ahnung, wie sie es anstellen wollte, die Erlaubnis aus seinen Eltern herauszupressen, aber wenn sie sagte, sie würde es tun, dann tat sie es auch. Großmama gab keine leeren Versprechungen.
Patrick ging schon seit einem Jahr zur Schule und hatte sich bereits durch einen Aufsatz ausgezeichnet, wenn man dieses Wort gebrauchen wollte. Er hieß »Meine Vorfahren« und lautete:

»Ich stamme von den Königen von Irland ab, und meine Vorfahren haben seit Jahrhunderten gegen Cromwell und die britischen Eroberer gekämpft. Meine Mutter nahm am Osteraufstand in Dublin teil. Dort hat sie meinen Vater kennengelernt. Mein Onkel Sean diente bei den Irish Guards und wurde in Thiepval an der Somme getötet. Das war sehr dumm von ihm, denn wenn er sich geweigert hätte, beim Weltkrieg mitzumachen, hätte er bei den Black and Tans kämpfen können. Alle meine irischen Vorfahren hatten gerne Pferde. Meine englische Großmutter geht einem furchtbar auf die Nerven mit den berühmten Soldaten in ihrer Familie, aber so gut können die auch nicht gewesen sein, weil sie alle gefallen sind.«

Richard brüllte vor Lachen.
»Welches Sumpfholz habe ich dem Stamm der Duncastles aufgepfropft! Mutter lassen wir dieses Erzeugnis lieber nicht sehen. Allerdings beginne ich mich zu fragen, ob dein Einfluß, mein teures Weib, nicht ebenso gefährlich ist wie der meiner Mutter. Laß Mab mit all diesem Rebellengerede in Ruhe, ja?«
Deirdres Gesicht wurde weich wie immer, wenn die Rede auf Mab kam.
»Dieses Kind ist niemals lange genug still, um irgend etwas anzuhören. Außerdem erfindet Mab sowieso ihre ei-

genen Lieder und Geschichten. Was sollen wir mit ihr anfangen, Richard?«
»Sie wachsen lassen.«
»Eines Tages wird sie einem jungen Mann ganz schöne Schwierigkeiten machen.«
»Wie ihre Mutter.«
»Oh, ich weiß, ich bin ziemlich heftig. Aber das verfliegt wieder.«
»Es verfliegt«, sagte Richard zärtlich und rieb seinen Daumen an ihrem Kinn. »Wieso hatte ich nur so viel Glück, von dir ins Haus gezogen zu werden an diesem blutigen Nachmittag, mit dem unpassenden Namen Osteraufstand? Klingt wie Auferstehung Christi.«
»Patrick und Mab kommen daher.«
»Und wir, Liebste. Und wir.«
Eine Woche nach dieser Unterhaltung wurde Deirdre von einem Stutenfüllen abgeworfen, das sie selbst hatte zureiten wollen. Es sah nicht nach einem bösen Sturz aus, doch als der Reitknecht hinzurannte und ihr aufhelfen wollte, fiel ihr Kopf auf dem langen Hals seitwärts, wie eine verwelkte Blüte. Sie öffnete ihre Augen nie wieder.
Sie hätte niemals in »Sanctuary« begraben werden wollen, sagte Richard, als Imogen ihn endlich dazu überredete, aus der Bibliothek herauszukommen, wo er sich zwei Tage lang eingeschlossen hatte. Der Friedhof war voll toter Duncastles. Nein, er wollte, daß sie neben seinem Vater auf dem Londoner Friedhof lag. Joshua und er waren die einzigen Engländer, die sie geliebt hatte.
Also bewegte sich wieder eine Prozession die lange, mit dunklen Zypressen bestandene Allee hinab. Die Jungen waren aus der Schule gebracht worden, und auch Mab war da. Weil ihre Mutter es so gewollt hätte, sagte Richard knapp. Mab, eine seltsame kleine, feenhafte Gestalt mit ihrem schimmernden weißblonden Haar und den hellwachen, blauen Augen, war alles andere als unglücklich. Sie hatte auf einem Kindergrab einen Marmorengel mit ausgebreiteten Flügeln entdeckt. Sie kniete sich neben

ihn nieder und sprach mit ihrer sanften Babystimme zu ihm. Sie war erst vier Jahre alt. Sie hofften alle, daß sie ihre Mutter nicht zu sehr vermißte. Die beiden waren immer Hand in Hand gegangen, hatten immer miteinander gelacht. Und niemand ahnte auch nur, wie verzweifelt sie ihre Mutter vermißte, denn sie war ein so selbstbewußtes kleines Persönchen und behielt schon im Alter von vier Jahren ihre Gedanken für sich.

Man merkte nur, daß ihre Launen heftiger wurden. Aber wie ein Blitzlicht verschwanden sie so schnell, wie sie gekommen waren, und sie war wieder lebhaft und liebenswürdig. Mit der Zeit schien sie ihre Zuneigung auf ihren Vater zu übertragen und wollte so viel wie möglich in seiner Nähe sein.

Und das war gut so, denn sonst wäre Richard, der über Nacht um Jahre gealtert war, vielleicht niemals mehr seinem Kummer entronnen. Doch auch so blieb er still und in sich gekehrt, ein alternder Mann mit einem gelähmten Arm und mit diesem kleinen, weißhaarigen Kobold an den Fersen.

»Sanctuary« war nie ein Ort für dauerhaftes Glück gewesen.

24

Nur unter einer Bedingung hätte Matilda ihren achtundsechzigsten Geburtstag genossen, und zwar wenn Johnnie beim Dinner anwesend gewesen wäre. Aber Johnnie, jetzt Captain John Morrison, war mit seinem Regiment in Indien.

Ihr anderer Enkelsohn war ebenfalls abwesend, in Irland, bei der Pferdeschau in Dublin. Patrick hatte ihr jedoch niemals so nahegestanden, sein leerer Stuhl bekümmerte sie daher nicht sehr.

Ihre eigenen Kinder begingen pflichtbewußt diesen Tag, der kein Grund mehr zum Feiern war, dachte Matilda. Sie drehte sich ihr Haar zu dem üblichen weichen Knoten und bemerkte, wie wenig von dem einstigen satten Bronzeton übriggeblieben war. Sie wurde wie ein alterndes Monument, verblaßt unter der Patina von Wind und Wetter. Eine grauhaarige Dame mit einem sehnigen Hals (der unter den Rüschen ihres hochgeschlossenen Chifonkleides versteckt wurde), einem schlaffen Busen und dünnen, knochigen Händen, die unangenehm klauenartig wurden.

Sie trat vom Spiegel zurück und versicherte sich, daß die Figur, die sie eben forschend betrachtet hatte, noch nichts von ihrer lässigen Eleganz und ihrer eindrucksvollen aufrechten Haltung eingebüßt hatte. Die jungen Mädchen heutzutage wußten nicht, wie sie sich halten sollten. Man brauchte nur Lally anzusehen mit ihren runden Schultern vom dauernden Bücken über ihren Skizzenblocks. Und Imogen, etwas dicklich und untersetzt wie ihr Vater. Und jetzt Mab, die zusammensackte wie eine verwelkte Blume, wenn sie sich langweilte. Sie würde einen Buckel bekommen, noch ehe sie zwanzig war, schalt ihre Großmutter. Aber sechzehn war ein schwieriges Alter, voller Stimmungen und Widersprüche, und Mab war ohnehin nicht leicht zu verstehen. Sie hatte einen wilden, unberechenbaren Zug. Rein irisch, hatte Matilda schon vor langer Zeit entschieden, und sie wünschte, Richard würde das Kind nicht so sehr verwöhnen. Ihre kurzen Aufenthalte am Kensington Square reichten nicht aus, ihren Eigensinn zu brechen. Und diesmal war sie wirklich zu weit gegangen. Sie hatte eine Freundschaft mit einem jungen Mann von nebenan begonnen.

Die Osbornes waren erst vor kurzem zugezogen. Ihr ältester Sohn Julius war angeblich aus Cambridge weggeschickt worden, doch das waren nur Gerüchte. Als langjährige Bewohnerin am Kensington Square machte Matilda keine Anstalten, sich mit Neuankömmlingen anzufreunden. Übrigens, die richtigen Leute wohnten ohnedies nicht mehr hier. Die hohen, schmalen Häuser gingen in den Besitz von Filmstars oder erfolgreichen Jockeys über. Die Aristokratie – wie zum Beispiel die drei Töchter des Grafen, die einst in diesem Haus gewohnt hatten, pensionierte Admiräle und Richter – fand sich in dieser Zeit schwer zurecht. England hatte sich nicht völlig wieder von der Depression erholt. Die Macht ging von der Oberschicht auf eine andere Art von Menschen über, anscheinend hauptsächlich auf walisische Bergarbeitersöhne. Die Kohle mußte etwas an sich haben, was Entschlossenheit und Profitstreben im Charakter eines Mannes zutage förderte. Das war auf seine Weise gewiß bewundernswert, aber beklagenswert engstirnig und bar aller Kultur und allen guten Geschmacks. Matilda fand es zutiefst beunruhigend. Vielleicht war es richtig, daß Sozialisten Bergarbeitersöhne waren, denn sie besaßen eine große Fertigkeit darin, die menschliche Gesellschaft zu unterhöhlen.

Wenn es einen weiteren Krieg geben würde, auf welchen Patriotismus konnte man hoffen?
Aber das waren nicht die richtigen Gedanken für eine Party. Und ebensowenig war es Mabs Flirt mit diesem flotten jungen Mann von nebenan. Sie mußte mit Richard darüber sprechen. Es wäre vielleicht besser, wenn Mab sofort nach »Sanctuary« zurückkehrte. Normalerweise verbrachte sie zweimal jährlich je drei Wochen in London, um ihre Garderobe zu erneuern und etwas Kultur in ihren wirren Kopf hineinzupressen.
Das Thema Krieg wurde wieder angesprochen, als sie am Eßtisch beisammensaßen, Richard Matilda gegenüber, Imogen und Desmond an einer Seite, Mab und Lally auf der anderen.
Es waren Gerüchte im Umlauf, daß sich der König heimlich mit diesem schrecklich gefährlichen Mann Adolf Hitler und dessen Nazianhängern traf. Was hatte der König von England mit den Deutschen vertraulich zu tuscheln?
»Das muß diese Mrs. Simpson sein«, sagte Matilda mißbilligend. »Sie hat einen schlechten Einfluß auf ihn. Weshalb kann er nicht seine Pflicht seinem Land gegenüber erfüllen und eine passende Ehe eingehen? Er sagt, er wird abdanken, wenn er diese dumme Frau nicht bekommen kann, daß er seine Pflichten ohne sie an seiner Seite zu beschwerlich findet. Ich habe noch nie etwas so Blödsinniges gehört. Man stelle sich vor, der Duke of Wellington hätte beschlossen, die beschwerliche Bürde der Schlacht von Waterloo nicht auf sich zu nehmen? Wo wären wir jetzt?«
»Noch immer am Leben, Mutter.« Erst seit einigen Jahren nannte Desmond sie Mutter. Aber noch immer widerwillig. »Die Briten verstehen sich aufs Überleben.«
»Natürlich tun sie das«, sagte Matilda. »Selbst du, auf deine Weise.«
»Aber ich überlebe nicht deshalb, weil ich etwa eine

Kriegernatur bin.« Obwohl Desmond es nicht so weit gebracht hatte, seine Schwiegermutter zu lieben, konnte er ihr doch einen gewissen Respekt nicht versagen. Sie hatten miteinander jeden Zoll von Johnnies Karriere ausgefochten, aber als Desmond erkannte, daß er geschlagen war – zwei gegen einen, denn Johnnie wäre erneut von zu Hause weggelaufen, hätte man ihm nicht erlaubt, nach Sandhurst zu gehen –, hatte er nachgegeben und nur gesagt, daß sein Sohn unglücklicherweise die unheilbare Duncastle-Krankheit geerbt habe. Mit seinem wachsenden Erfolg als Schriftsteller und Lektor war er in gewisser Beziehung sanfter und nachsichtiger geworden.

»Ich bin ein solcher Landmensch, ich höre überhaupt nie etwas«, sagte Richard. »Oder ich verdächtige die Leute keiner schlechten Absichten, vielleicht ist es das.«

»Jeder Ausländer ist verdächtig«, sagte Matilda und ritt wieder einmal ihr altes Steckenpferd. »Sieh dir die Geschichte an . . .«

»Mutter, kein Trommelschlagen an deinem Geburtstag«, bat Imogen. »Mab, was hast du die ganze Zeit in London gemacht?«

Mab strich sich das silbrige, beinahe weiße Haar aus den Augen.

»Oh, eingekauft. Langweilige Kunstausstellungen besucht.«

»Willst du nach Hause kommen, Maus?« fragte Richard.

»Nun – noch nicht, Daddy. Ich habe noch etwas vor.«

»Du hast etwas vor?« hakte Matilda sofort ein.

»Ja, Granny. Ein Geheimnis. Oh, ein sehr historisches. Du würdest nichts dagegen haben.«

Mabs blaßblaue Augen leuchteten so seltsam. Sie war recht unansehnlich, untersetzt, unterentwickelt, kindlich, dauernd unordentlich, doch plötzlich schoß diese Erkenntnis, dieses Wissen, oder was immer es sein mochte, in ihr Gesicht, und sie war alles andere als ein Kind und alles andere als unansehnlich. Manchmal

dachte Matilda, ein bißchen von Lallys Dummheit würde Mab recht gut anstehen.
»Und wann werde ich erfahren, was das für ein Geheimnis ist?«
»Wenn die Zeit kommt. Granny, darf ich mich jetzt entschuldigen?«
»Vor dem Kaffee?«
»Ich bin zu jung für Kaffee.«
Matilda seufzte, als sie weg war. »Richard, dieses Kind ist wie seine Mutter. Es braucht eine ordentliche Tracht Prügel. Und ich weiß, du wirst sie ihr nie geben.«
»Nein, Mutter. Ich habe nur einen gesunden Arm.« Ein Zucken ging über Richards Gesicht. Er erinnerte sich, daß er das schon einmal gesagt hatte, vor langer Zeit.
»Dann hoffe ich nur, daß du das nicht einmal bereust. Sie wird schnell erwachsen, und ich will, daß sie bis zu ihrem ersten Ball noch intakt ist.«
»Intakt? Was meinst du, Mutter?«
»Du weißt sehr gut, was ich meine. Sie flirtet mit einem sehr fragwürdigen jungen Mann von nebenan. Nicht wahr, Lally?«
Lally wurde knallrot. »Ich weiß nicht.«
»Du weißt. Du hast die beiden selbst im Garten gesehen.«
»Was haben sie im Garten gemacht, Lally?«
Lally ließ den Kopf hängen.
»Ich w-wollte nichts sagen. Im Gras gelegen. Geschäkert.«
»O Gott«, sagte Richard. »Nun, sie wird erwachsen, Mutter. Ich muß mit ihr reden.«
»Das würde mich sehr freuen. Ich werde zu alt für diese Verantwortung.«
»Du und alt, Mutter«, sagte Imogen. »Das glaube ich nie.«
»Bald bin ich siebzig. Sehr wenig Duncastles sind so alt geworden.«
»Weil sie auf fremden Schlachtfeldern verblutet sind.

Weißt du nicht mehr, daß Papa das gesagt hat? Nun sind uns nur noch Johnnie und Patrick geblieben. Sie müssen in ihren Kindern weiterleben.«

»Wenn sie dazu Zeit haben«, sagte Desmond.

»Zeit?« fragte Matilda. »Was meinst du? Es sind junge Männer.«

»Geliebt vom Gott der Schlachten, weißt du nicht mehr, Mutter? So sind junge Männer. Und dein eigenes Duncastle-Blut erhebt sich beim Gedanken an einen weiteren Krieg.« Desmonds Gesicht war dunkel und böse.

»Desmond, du machst dich über mich lustig!« sagte Matilda scharf.

Aber ihre Gedanken wanderten nach innen. Es mußte das Alter sein, das sie so furchtsam, so zaghaft machte. Wie konnte England, noch immer bankrott vom letzten Krieg, geschüttelt von Streiks, geleitet (welch ein unpassendes Wort) von einer Reihe schwacher Premierminister, die von Pazifismus sprachen und taube Ohren hatten für das Dröhnen der marschierenden Stiefel dieser schrecklichen Bande von Hitlerjugend – wie konnte dieses England einem neuen Inferno trotzen? Woher sollten der Wille und der Mut und der Patriotismus kommen? Diese Dinge waren heutzutage nicht mehr Mode, sie wurden nur von Größenwahnsinnigen wie Adolf Hitler gefordert.

England, noch immer kränkelnd, das sich nur langsam von der blutigen Operation des Weltkrieges erholte, war wie ihre eigene Familie. Das beste Blut war vergossen worden. Nur Johnnie und Patrick und dieser kleine Glühwurm Mab waren noch übrig, um die Linie der Duncastles weiterzuführen. Und was noch schlimmer war, ihre Familie war durchsetzt von Leuten wie Desmond Morrison, der zwar einen brillanten Verstand besaß, aber niedere und kleinliche Anschauungen vertrat, ohne Weitsicht, ohne Größe.

Und dieses irische Mädchen Deirdre, diese charmante, feindselige kleine Hexe, die Richard betört und nach ih-

rem Tod nur noch als Schatten zurückgelassen hatte, als hätte sie ihn mit sich hinabgenommen in das dunkle Grab unter den Zypressen . . .
»Mutter, wo warst du? Du hörst ja gar nicht zu«, sagte Imogen.
Sie schüttelte sich und entschuldigte sich.
»Es tut mir leid. Meine Gedanken sind abgeschweift. Was hast du gesagt?«
»Desmond meinte, ob dieses Haus jetzt nicht zu groß für dich ist. Nur du und Lally, und nachdem man jetzt so schwer Dienstpersonal bekommt.«
Leben kam wieder in sie. Hochmütig sagte sie:
»Kannst du dir mich in einem kleinen Haus vorstellen? Weshalb müßt ihr Sozialisten die Leute immer nach unten ziehen, statt sie emporzuheben? Ich bin daran gewöhnt, nach dem Höheren zu streben.«
»Aber du bist mit Privilegien geboren worden. Du hattest einen ungerechten Start«, sagte Desmond mit seiner etwas anmaßenden Stimme, die er immer dann gebrauchte, wenn er Vorlesungen hielt. Dieser junge Mann war offensichtlich geladen vor Zorn.
Sie hob ihr Kinn in der vertrauten arroganten Art.
»Es freut mich, Desmond, daß du endlich zugibst, daß eine Militärfamilie eine privilegierte Familie ist. Sollen wir den Kaffee im Salon trinken? Und einen kleinen Kognak, Richard? Ich habe einen sehr guten Napoleon. Wenn Desmond das nicht als zu privilegiert betrachtet.«

In ihrem Zimmer traf Mab hastige Vorbereitungen. Sie bürstete sich das Haar, erneuerte den Lippenstift, verspritzte Parfüm auf ihrem flachen kleinen Busen. Dann nahm sie ein Leintuch und ein Kissen aus ihrem Bett und schlich auf Zehenspitzen in das angrenzende Zimmer, ein leeres Schlafzimmer mit getäfelten Wänden, einem Kamin und einem unbenützten Bett. Es war das Zimmer ihrer schwachsinnigen Großtante Julia gewesen, hatte

Lally ihr erzählt. »Da ist Tante Julias G-Geist«, hatte Lally gesagt. »Wenn du an G-Geister glaubst.«
»Aber natürlich glaube ich daran, und ich finde sie nett«, hatte Mab sorglos erwidert.
Eines stand fest, die arme verschwundene Großtante Julia hatte niemals das getan, was sie in dieser Nacht tun würde. *Das* gehörte in die Welt der Lebenden, und sie war sehr lebendig. So lebendig und aufgekratzt, daß sie beinahe aus der Haut gefahren wäre, als es auf der anderen Seite der Täfelung klopfte. Sie sah auf ihre Armbanduhr. Genau rechtzeitig. Herrlich verläßlicher Julius.
Sie flog zu der Wand neben dem Kamin, tastete mit den Fingern über die Täfelung und drückte ein wenig. Ja, da war die Stelle. Die Täfelung bewegte sich, öffnete sich nach innen. Nach Julius' Anweisung hatte sie das gestern ausprobiert und festgestellt, daß es klappte. Die Geheimtür ließ sich nur von einer Seite in Bewegung setzen, hatte er gesagt, wie auch drüben in seinem Haus. War er einmal drinnen in dem Geheimgang, mußte der Besucher oder der Flüchtling oder der entsprungene Gefangene, oder was immer er war, darauf warten, daß man sein Signal draußen hörte und ihn herausließ.
Der Gang mußte angelegt worden sein, als die Häuser gebaut wurden, in unruhigen Zeiten, als verfolgte Priester oder politische Flüchtlinge oder sogar Schurken, die der Verurteilung und dem Henker entrinnen wollten, auf diesem Weg entkamen. Vielleicht sogar ein Mitglied der Regierung auf der Flucht vor seinen Gläubigern oder vor dem Ehemann seiner Geliebten.
Julius hatte den Eingang zu diesem Geheimgang durch Zufall in seinem Schlafzimmer entdeckt und sofort an die Möglichkeit gedacht, ihn als Verbindungsweg zu Mab zu nützen. Jetzt konnten sie allein sein, nicht wahr? Er brauchte ihr nicht mehr in öffentlichen Parks und Gärten den Hof zu machen.
Mab war nicht schwer zu überzeugen gewesen. Sie hatte sich bis über beide Ohren in diesen unendlich weltge-

wandten jungen Mann verliebt. Er war einundzwanzig und wegen eines bis jetzt noch ungeklärten Vergehens von Cambridge verwiesen worden. Sie fand ihn wahnsinnig aufregend.

Dieses Zimmer hier wurde niemals benützt, sie konnten also eine ungestörte Zeit miteinander verbringen. Die ganze Nacht, hoffte sie. Sie mußte eine Menge Dinge lernen. Sie sehnte sich danach, weltklug und erfahren zu werden. Schließlich war sie jetzt alt genug.

Granny würde einen Nervenzusammenbruch bekommen, wenn sie das wüßte, und das allein machte schon einen Teil der Erregung aus.

Julius betrat das Zimmer. Er war ein bißchen verstaubt. Er hatte sich den Kopf an der Decke angeschlagen. Der Gang war für kleinere Männer gemacht worden. Natürlich waren die Männer damals kleiner, sagte Mab und betrachtete bewundernd Julius' Figur. Sie reichte ihm nur bis zur Brust. Hatte er seine Zimmertür abgeschlossen und die Täfelung offengelassen, so daß er zurück konnte?

»Natürlich, du Umstandskrämerin. Puh, in dem Gang ist ein Modergeruch! Er ist recht geräumig, weißt du. Jemand könnte sich tagelang darin verstecken. Deshalb stinkt es wahrscheinlich auch so.«

»Hier stinkt es nicht«, sagte Mab und zog ihn zu ihrem Bett. Das Herz schlug ihr bis in den zarten Hals. »Schnell zieh dich aus.«

»Wozu die Eile? Besteht die Gefahr, daß jemand heraufkommt?«

»Nein. Sie sind viel zu sehr damit beschäftigt, über den nächsten Krieg zu reden. Das dauert noch anderthalb Stunden. Außerdem kommt sowieso niemand in mein Zimmer. Die denken, ich schlafe schon.«

»Das kleine Baby Mab?«

Seine Finger waren in ihrer Bluse, tasteten sich kundig vor. Ihre Haut kribbelte vor Erregung. Sie wünschte, sie wäre nackt und könnte die köstliche Nähe seines nackten

Körpers spüren. Und wenn sonst nichts geschah, es wäre schon wunderbar, nur ihre nackten Körper zu fühlen. Fürs erste wenigstens.

»Viel ist da ja nicht, hm?« sagte er, und seine Finger umfaßten ihre Brüste.

»Genug.« Ihre Augen glühten. »Ich entwickle mich eben langsam.«

»Langsam? Das nennst du langsam?«

Ihr Atem ging stoßweise. Seine Liebkosungen wurden allzu fordernd. Sie wollte die Dinge etwas verzögern, sonst würde sie noch an Herzversagen sterben.

»Warum bist du von Cambridge weggeschickt worden?«

»Der übliche Grund.«

Er hatte sich das Hemd aufgerissen, ihr Gesicht lag an seiner nackten Brust, die warm und seidig war vom Flaum dunkler Haare.

»Ich weiß nicht, was – der übliche Grund ist.«

»Ein Mädchen die ganze Nacht über in meinem Zimmer. Die dumme Kuh, ich habe ihr um vier Uhr gesagt, sie soll verschwinden. Und dann noch einmal um fünf Uhr.«

»Sie wollte nicht? Ich kann ihr keinen Vorwurf machen.«

Er begann sie zu küssen, auf die Stirn und die Wangen, ihre Lippen berührte er lange nicht, als wolle er sie quälen.

»Du bist süß, kleine langsam entwickelte Mab. Zuerst dachte ich, du seist zu jung. Aber das bist du nicht, hm? Du bist eine kleine Teufelin, nicht wahr?«

»Meinst du?« Wie schmeichelhaft, daß er sie für eine Teufelin hielt. Er war so herrlich, so stark und einundzwanzig Jahre alt. Ein erwachsener Mann. Jetzt wanderte seine Hand hinunter zwischen ihre Beine. Sie biß sich auf die Lippen, damit sie nicht aufschrie. O Hilfe, Granny, ich bin entjungfert. Sie begann hysterisch zu kichern.

»Still! He, du hast ja noch immer dein Höschen an. Ziehen wir das erst mal aus.«

»Nicht – zu schnell, Julius.«
»Angst?«
Sie hielt den Atem an. »Ich fürchte nur – ich werde sterben.«
»Das wirst du nicht. Ich verspreche es dir.«

Sie würde es wirklich nicht, denn gerade als sie das Höschen von ihren Füßen schleudern wollte, rief jemand: »Mab! Bist du im Bett? Wenn nicht, möchte Granny, daß du für fünf Minuten nach unten kommst.«
Tante Imogen. Sie saßen angespannt da und lauschten. Verdammt, die Tür war nicht abgeschlossen. Sie hatte Julius nichts davon gesagt, aber sie hatte den Schlüssel einfach nicht finden können. Sie war außerdem so sicher gewesen, daß niemand heraufkommen würde. Jedenfalls nicht in dieses Zimmer.
»Mab, wo bist du?« Jetzt sah Tante Imogen im Badezimmer nach. In der nächsten halben Minute würde sie an der Tür sein. Es war einfach keine Zeit zum Anziehen. Julius war aus dem Bett gesprungen und stand jetzt halb nackt und zitternd da. Zitternd! Fror er? Oder war er nur feige?
Also mußte sie etwas unternehmen.
»Schnell! Pack deine Sachen. In den Geheimgang. Hast du deine Taschenlampe dabei?« Sie hastete hinter ihm her, vergaß, ihr Höschen aufzuheben, versuchte nur, sich die Bluse zuzuknöpfen.
Im nächsten Augenblick waren sie im Gang, der Boden fühlte sich kühl und staubig unter ihren nackten Füßen an, die Finsternis umschloß sie, als Julius die Täfelung zuzog. Sie klammerte sich an ihn und lachte schrill.
»Sei still!« sagte er nervös. »Mach doch nicht solchen Lärm.«
»Ich habe nur gedacht, daß du mich in dein Zimmer hineinlassen und mir helfen mußt, daß ich mich aus eurem Haus hinausschleichen kann. Das geht, wenn alle im Bett sind. Hab keine Angst.«

»Ich habe keine Angst.« Aber er hatte doch Angst. Oder er war völlig aus der Fassung gebracht. Und sehr ungehalten.

»Es ist ein Abenteuer«, flüsterte sie.

»Ich wußte es ja, du bist ein Kind.«

»Bin ich nicht. Ich bin ruhiger als du. Psst. Sie ist nebenan.«

»Mab, versteckst du dich? Was hast du denn hier drinnen gemacht? Das Bett ist ja bezogen. Guter Gott –«

Mab, die sich noch immer an Julius klammerte, schüttelte sich vor Lachen. »Sie hat mein Höschen gefunden. O Hilfe! Laß uns hier verschwinden. Oh!« Ihre Stimme klang plötzlich ganz schrill. »Ich bin auf etwas getreten. Huh! Hat sich wie eine knochige Ratte angefühlt. Wo ist deine Taschenlampe? Mach sie doch an, um Himmels willen!«

Der helle Lichtkegel fiel auf den Boden, an der Wand entlang.

Und dann schrie Mab. Sie konnte nicht aufhören. Es war ihr gleichgültig, wer sie hörte, ob jemand kam und sie entdeckte. Es war so grausig. Ein kleines Häufchen Knochen. Ein Skelett. Ein menschliches Skelett, das konnte man einwandfrei erkennen. Da lag der arme kleine Schädel.

O lieber Gott! Bloß raus hier aus diesem düsteren Gang, aus dieser Todesfalle! Denn jemand war hier vor langer Zeit gefangen gewesen und gestorben. Ach, es war so schrecklich, sie konnte nicht atmen, die Luft war giftig und tödlich.

»Hilfe!« schrie sie. »Hilfe!«

Julius schubste sie durch die Öffnung in sein Zimmer. Dann schüttelte er sie mitleidlos.

»Du blöde Närrin! Warum mußtest du ein solches Theater machen? Jetzt sind wir beide dran.«

»Aber da drinnen ist ein Toter«, schluchzte Mab. »Ich will nach Hause. Bring mich hinunter. Es ist mir gleichgültig, wer uns sieht. Vielleicht hat da ein Mord stattgefunden. Wir müssen die Polizei holen.«

»Jetzt hast du völlig den Kopf verloren. Wir brauchen uns nicht noch eigens Schwierigkeiten aufzuladen. Wer immer da liegt, er liegt schon fürchterlich lange da. Wir können für den jetzt auch nichts mehr tun. Warum lassen wir es nicht einfach sein?«

Schicht um Schicht fielen die Illusionen von ihr ab. Wenn sie sich gewünscht hatte, erwachsen zu sein, so war ihr dieser Wunsch auf brutale Weise erfüllt worden.

»Das könnte jemand sein, den du geliebt hast, Julius. Oder jemand, den ein anderer Mensch geliebt hat und auf den er noch immer wartet. Aber das ist dir gleichgültig, nicht wahr? Du willst nur vor den Schwierigkeiten weglaufen.« Mab hielt ihren silbrigen Kopf hoch empor. Jetzt glich sie ihrer Großmutter verblüffend. »Ich könnte nie jemand lieben, der sich so benimmt. So jemand kann ich nur verachten. Komm nicht mit mir hinunter. Ich gehe lieber allein.« Boshaft verzog sie ihr Gesicht. »Ich überlasse dich deinen Alpträumen, weil du neben einem Skelett schlafen mußt. Immer sollst du diese Alpträume haben, weil du zu feig bist, zu bekennen.«

Als sie an ihrer Haustür läutete, wurde sie von der überraschten Nellie eingelassen. »Ich habe Sie gar nicht ausgehen sehen, Miß Mab. Alle sind nach oben gerannt. Sie hörten jemand schreien. Ich hab noch nie etwas gehört, aber ich hab ja immer gesagt, dieses Haus ist ein Spukhaus.«

»Stimmt, Nellie. Aber ich habe das arme kleine Gespenst gefunden. Und ich glaube, ich weiß auch, wer es ist.«

Nellie war halb entsetzt, halb von wohligem Gruseln durchrieselt.

»Ich weiß nicht, wovon Sie sprechen, Miß Mab, aber wer ist es?«

»Meine Großtante Julia.« Mabs Mund arbeitete. »Gott sei ihrer Seele gnädig.« Sie hatte diese Worte noch niemals ausgesprochen. Sie waren ihr unbeabsichtigt und ganz selbstverständlich über die Lippen gekommen. Als habe ihre irische Mutter gesprochen.

Als allen klar wurde, wie ungeheuerlich Mabs Entdekkung war, sagte niemand etwas über ihr unordentliches Äußeres oder über das liegengelassene Höschen, das Tante Imogen zweifellos irgendwann einmal zutage fördern würde.

Man hatte zuviel damit zu tun, nach der Polizei zu schikken, Großmama zu beruhigen, die so kalkweiß geworden war, als würde sie gleich einen Zusammenbruch erleiden, und die Geheimtür zu untersuchen, die eigentlich schon früher jemand mit ein bißchen Verstand hätte entdecken müssen. Dann wäre Großtante Julias Verbleiben nicht so lange ein ungeklärtes Geheimnis geblieben.

Denn es bestand kein Zweifel, daß die kleinen Knochen die einer Frau waren. Das Todesdatum sei schwer festzustellen, sagte der Polizeiarzt. Er würde annehmen, es liege etwa ein halbes Jahrhundert zurück. Das arme Opfer, das sich offensichtlich in den Geheimgang hatte verstecken wollen (den sie entdeckt, aber niemals erwähnt zu haben schien, aber sie war wohl ein bißchen schwachsinnig, nicht wahr?), schien sich mit dem Fuß in einem verfaulten Dielenbrett verfangen zu haben und gestürzt zu sein. Dann mußte sie das Bewußtsein verloren haben. Vielleicht war sie sogar schon im Augenblick des Sturzes gestorben. Eines war jedoch sicher: Sie hatte niemals um Hilfe gerufen, denn irgend jemand hätte sie sonst hören müssen.

»Wenn es sich um Ihre vermißte Schwester handelt, Mrs. Webb«, sagte der Arzt beruhigend, »so kann ich Ihnen versichern, daß sie nicht gelitten hat. Jedenfalls nicht viel. Wenn überhaupt.«

»Sie kann nicht verhungert sein?« fragte Matilda schaudernd.

»Nein, wie gesagt, sie hätte doch um Hilfe gerufen, oder? Wenn sie bei Bewußtsein gewesen wäre. Jedenfalls«, er hatte überhaupt kein Feingefühl, dieser ungehobelte Mann, »ist jetzt Ihr Hausgespenst – oh, Entschuldigung, das Rätsel endlich gelöst.«

Alles wurde ordentlich erledigt. Das Häufchen Knochen legte man in ein mit Satin gefüttertes Kästchen und begrub dieses in aller Stille auf dem Friedhof von Mortlake, wo ein unbekannter Geistlicher, dem man zuvor eine diskrete Summe überwiesen hatte, die Beerdigungszeremonie abhielt. Zuerst hatte Matilda das schmale Kästchen nach »Sanctuary« bringen wollen, aber Richard wehrte sich heftig dagegen und überredete sie schließlich, es zu unterlassen.

»Mutter, es ist vor zu langer Zeit geschehen. Und sie weiß gar nichts davon. Laß einfach einen kleinen Stein auf ihr Grab setzen. Julia Duncastle, im Alter von – wie alt war sie eigentlich?«

»Neunzehn«, sagte Matilda mit gedämpfter Stimme. »Es ist nur – ich bin so traurig, daß ich ihm derart unrecht getan habe.«

»Wem hast du unrecht getan, Mutter?« Richard war erschrocken und glaubte, der Schock habe den scharfen Verstand seiner Mutter erschüttert.

»Deinem Vater. Einst – allerdings nur ganz flüchtig – dachte ich, er hätte Julia vielleicht beiseite geräumt. Nachdem sie Lally hatte fallen lassen. Er hat sie nie gemocht.« Sie drückte ihr Taschentuch gegen ihr Gesicht. »Er haßte alle Duncastles außer mir. Armer Joshua.«

»Nun, nimm's nicht so schwer, Mutter«, sagte Richard unbehaglich. »Er hat dich geliebt.«

»Ein wenig. Vor langer Zeit.«

Mab wurde nach »Sanctuary« zurückgebracht. Sie war sehr fügsam, still und äußerst lieb zu ihrem Vater. Kein Wort wurde jemals über das verloren, was Tante Imogen entdeckt hatte. Man nahm an, Mab habe dem jungen Mann von nebenan einen recht üblen Streich gespielt, denn zweifellos war sie die Anführerin gewesen. Sie würde nun auf dem Land bleiben, bis sie siebzehn war, und dann vielleicht erneut nach London kommen, falls Großmama sie als Gast aufnehmen sollte. Aber vielleicht zog sie es vor, in aller Stille zu Hause aufzuwachsen. Patrick würde da sein und seine Freunde. An Gesellschaft sollte es ihr nicht mangeln, wenngleich diese nicht so welterfahren sein würde, wie London sie ihr bieten konnte. Tante Imogen hielt das für das Beste. Mab würde immer unter dem Verlust ihrer Mutter leiden, das arme Kind.

Doch die Zeit nahm sich dieses Problems an. Als Mab alt genug war, konnte es für sie keine Saison in London geben, denn der kühne und dumme und einfältige Premierminister hatte eingesehen, wie falsch er Hitler eingeschätzt hatte. Der Krieg war erklärt.

Johnnie war auf dem Rückweg von Indien. Patrick lernte, wie man Kampfflugzeuge flog. Die Kinder wurden mit Kindergasmasken versehen und aufs Land geschickt, und alle Leute, die in London blieben, hängten Verdunklungen vor ihre Fenster. Wie in Trauer. In diesem Krieg würde es keine Zeppelinangriffe geben, aber möglicherweise Bomben.

Die Trommeln, gebieterisch und tödlich, dröhnten wieder.

25

Matilda hatte Johnnie und Patrick gebeten, ihr das Vergnügen zu machen und sie in die Oper zu begleiten. Johnnie, der das Unheil und den Triumph des Rückzugs der britischen Armee aus Frankreich und von Dünkirchen mit einer Beförderung und einer Auszeichnung überstanden hatte – er war jetzt Major John Morrison D.S.O. – und Patrick mit seinem soeben erhaltenen Fliegerabzeichen waren große, gutaussehende junge Männer. Matilda selbst machte trotz ihrer siebzig Jahre in ihrem schwarzen Spitzenkleid und mit ihren Diamanten eine sehr gute Figur. Vor allem Johnnie war stolz darauf, ihr Begleiter zu sein. Patrick sagte scherzhaft: »Dich kann man immer noch vorführen, Granny«, als wäre sie ein alternder Vollblüter. Für ihn galt das als großes Kompliment. Er bewunderte ihre gute Haltung, selbst wenn es ihm nie gelungen war, seine Großmutter zu lieben. Er hatte es immer ziemlich blöd gefunden, daß er mit Johnnie dauernd alte Schlachten kämpfen sollte. Aber jetzt, im Angesicht unmittelbarer Gefahr für England, mußte er ihren Verstand loben. Sie und Winston Churchill, der anfing, aufrüttelnde Reden zu halten, könnten England retten.

Auch Johnnie hatte sich ganz gut herausgemacht. Als kleiner Junge war er so leicht erregbar und überempfindlich gewesen und todernst bei jedem Spiel. Aber jetzt, da das Spiel Wirklichkeit geworden war, war er kühl und gelassen und offensichtlich furchtlos. Drei Tage und Nächte an diesen todbringenden Ufern von Dünkirchen seine Männer beisammen und in Ordnung zu halten, das war schon etwas. Wer hätte je gedacht, daß sich dieser dürre, scheue kleine Junge zu einem so gutaussehenden, habichtsnasigen, tüchtigen Mann entwickeln würde. Allerdings war er noch immer sehr scheu, was Mädchen betraf, das wußte Patrick.

Patrick dagegen hatte Schwierigkeiten mit einem Überangebot von Mädchen. Er konnte sie nicht alle glücklich machen und hatte Johnnie die Wahl zwischen zwei oder drei der begehrenswertesten überlassen. Schließlich konnte, ja würde das Leben höchstwahrscheinlich kurz sein, und deshalb sollte man getrost alle moralischen Bedenken beiseite schieben. Aber Johnnie, der vielleicht noch immer unter dem Schock des schmerzlichen und blutigen Rückzugs aus Frankreich litt, wahrscheinlich aber noch mehr darunter, daß die britische Armee geschlagen werden konnte – Johnnie hatte mehr Zeit am Kensington Square verbracht als sonst irgendwo. Offenbar zog er die Gesellschaft seiner Großmutter derjenigen strahlender Mädchen vor.

Matilda selbst war an jenem Abend überglücklich. Ihr Gesicht war steif vor Stolz, die Falten unsichtbar, ihre Augen voll von ihrem alten grünen Feuer. Sie nahm nicht an, daß den Jungen die Oper »La Bohème« ebenso gut gefiel wie ihr, obwohl es Hillarys Lieblingsoper gewesen war. Aber darum ging es nicht. Es ging darum, im Royal Opera House unter den noch immer gut gekleideten Zuschauern zu sitzen und die Flagge hochzuhalten. Es war eine unausgesprochene Art, Hitler zu trotzen, der sicherlich aus der einen oder anderen Quelle erfahren würde, daß die Briten ihren üblichen Beschäftigungen nachgingen und den Gerüchten einer Invasion mit Gleichmut begegneten.

Nach der Vorstellung stellte sie die Jungen vor die Wahl, im »Savoy« zu dinieren oder ruhig zu Hause am Kensington Square, wo sie Champagner kalt gestellt hatte. Patrick wollte schon »Savoy« sagen, als er überlegte, daß

er vielleicht noch Zeit hatte, ins »Four Hundred« zu eilen, wenn das Abendessen bei Granny schnell über die Bühne ging. Johnnie zögerte nicht.
»Gehen wir nach Hause, Granny.«
Matilda war äußerst zufrieden, nicht nur mit Johnnies Wahl, sondern weil er es »nach Hause« genannt hatte.
Die Kerzenflammen warfen Schatten und Halbschatten auf die Gesichter der beiden jungen Männer und ließen sie vorzeitig gealtert erscheinen. Der Schmerz dieses letzten gemeinsamen Abends begann die Freude zu überdecken. Matilda war jetzt müde, sie hatte den Eindruck, ihre beiden Gäste seien Hillary und Richard, jung und begeistert und unzerstörbar. Für den Ruhm bestimmt, doch nicht für den Tod.
»Wo ist Tante Lally?« fragte Patrick.
»Oh, sie ist schon lange zu Bett gegangen. Sie ist eine Frühaufsteherin. Armes Ding, sie besteht darauf, Muffs und Handschuhe für die Jungen in den Schützengräben zu stricken. Sie glaubt, es ist genauso wie im letzten Krieg. Aber das ist es nicht, oder?«
»Nein, Granny. Im letzten Krieg hätte ich keine Spit geflogen«, sagte Patrick fröhlich. »Herrliche Maschinen. Die Deutschen können ihnen nichts anhaben.«
»Wir könnten im Winter vielleicht Wollsachen gebrauchen«, sagte Johnnie. »Vielleicht sind wir irgendwo in den Bergen eingeschlossen, wer weiß? Nimm Tante Lally nicht den Mut, Granny. Übrigens, was macht ihr denn in euren Komitees? Ich bin sicher, du spielst wieder die Queen Bea wie üblich.«
»In der Hauptsache Genesungsheime einrichten. Ich habe darin eine Menge Erfahrung. Aber diesmal werden wir ›Sanctuary‹ nicht beanspruchen, Patrick. Das wäre deinem Vater gegenüber ungerecht, der noch immer ein Betroffener des letzten Krieges ist. Oder gegenüber Mab, die ihr Heim braucht.«
»Wenn auf meine Ställe eine Bombe fällt, nehme ich es persönlich mit der ganzen Luftwaffe auf«, sagte Patrick.

»Und mach dir bloß keine Sorgen um Mab, Granny. Die hat eine herrliche Zeit. Sie mag winzig sein, aber sie weiß schon, wie sie auf sich aufpassen muß.«

»Ich ziehe es vor, nicht daran zu denken, was Mab tut«, sagte Matilda. »Sie ist . . .«

»Sag's nicht, Granny. Sie ist durch und durch Irin.«

Matilda seufzte. »Wißt ihr, es ist ungeheuerlich und recht tragisch, daß die Fortdauer einer Familie wie der meinen nun von zwei jungen Männern abhängt. Laßt uns der Tatsache ins Auge sehen, meine Lieblinge . . .«

»Du willst, daß wir überstürzt heiraten und schwangere Frauen zurücklassen«, sagte Patrick. »Das ist nicht drin, Granny. Das wäre den Mädchen gegenüber gemein. Nicht wahr, Johnnie?« – Johnnie schüttelte den Kopf. »Nein, Granny. Ich könnte niemals so rasch heiraten. Nicht einmal um des geheiligten Zweckes willen, den Fortbestand der Duncastle-Linie zu sichern.«

Seine Stimme klang ein bißchen humorvoll. Er bemühte sich, diese alte Frau nicht zu verletzen, die er so innig liebte. Sie war immer sein Schutz und sein Zufluchtsort gewesen. Aber er mußte sich allmählich mit Dingen wie Mädchen und Heirat befassen, sonst machte er am Ende den gleichen Fehler wie seine Mutter. Denn gewiß war es ein Fehler gewesen, diesen kalten Verstandesmensch, seinen Vater, zu heiraten, der so gegen den Krieg war und trotzdem die Menschen nicht lieben konnte. Seine Gefühle erschöpften sich in großartigem wortreichem Propagandarummel.

»Außerdem haben wir nach Kriegsende noch eine Menge Zeit dazu«, fügte er hinzu.

»Oder schreibst du uns etwa schon ab, Granny?« fragte Patrick.

»Nein!« leugnete Matilda heftig. »Verzeiht mir, ich hätte niemals von diesen Dingen sprechen sollen.« Ihre Augen waren groß vor innerer Qual.

»Du siehst lediglich den Tatsachen ins Auge, Granny«, versicherte ihr Patrick. »Sehr vernünftig von dir. Aber die

Sache ist ohnehin hoffnungslos, weißt du, denn die Duncastles sind bereits ausgestorben. Außer dir. England war ihr Tod, wie meine Mutter gesagt hätte.«
»Patrick, du machst dich schon wieder über mich lustig. Reden wir von etwas anderem, von etwas Heiterem.«
Nach dem Dinner schwanden Patricks Aussichten, sich zu entfernen, denn Matilda zog sich zurück, um den Herren Zeit zu lassen, ihren Port zu genießen, wie sie es ausdrückte. Sie sprach wirklich eine tote Sprache. Aber der Port war ausgezeichnet. Patrick richtete sich auf einen Familienabend ein.
»Eines muß man Granny lassen – sie hält sich einen beachtlich guten Keller. Hat sie ihr Wissen um Weine von Großvater?«
»Nein, von ihrem Vater. Der Keller von ›Sanctuary‹ war berühmt. Du solltest das eigentlich wissen, denn du kamst in den Genuß dessen, was übrigblieb. Ich hoffe, dein Vater hat einen neuen Vorrat angelegt. Ich weiß, Granny hat ihn oft deswegen zur Rede gestellt.«
»Vermutlich hat er das. Wir scheinen ziemlich gut bestückt zu sein. Ich weiß noch, kurz vor Kriegsausbruch raffte Dad ein paar gute französische und deutsche Weine zusammen. Ich muß mich mehr dafür interessieren, denn vermutlich wird das alles eines Tages mir gehören. Das heißt . . .« – »Das heißt, falls du überlebst«, sagte Johnnie nachsichtig. – »Kein Grund, großes Theater deswegen zu machen, alter Knabe. Ich kannte die Überlebensrate, als ich mich für die Air Force entschied. Das schlimme war, Dad hat zuviel über die verfaulten Schützengräben gesprochen. Deshalb hab ich die saubere Luft vorgezogen. Glücklicherweise hab ich Spaß am Fliegen.«
»In diesem Krieg gibt es diese Art von Schützengräben nicht. Es ist ein Krieg der Beweglichkeit. Eine Menge Panzer, das ist die Sache.«
»Wo wirst du als nächstes eingesetzt?«
»Ich bin nicht sicher. Ich denke, es könnte Nordafrika sein. Aber sag Granny nichts davon, sie stattet mich

sonst mit Tropenhelmen und irgendwelchen Dingern aus, die den Sand aus meinem Tee fernhalten.«

»Würdest du gerne heiraten, Johnnie?«

»Natürlich. Wenn ich Zeit dazu habe, die Sache richtig zu machen. Und ich will Kinder für mich selber haben, nicht nur, um die Familie aufzustocken. Wie einen verdammten Weinkeller.«

»Ich auch. Aber ich weigere mich, so fatalistisch zu sein und ein Kind zu zeugen, weil ich glaube, daß ich fallen werde. Das hieße wirklich das Schicksal herausfordern. Flieger gelten als abergläubischer Haufen. Noch mehr Port?« Patrick füllte sein eigenes Glas erneut und hielt es gegen das Licht. »Wunderbare Farbe. Reich, warm, befriedigend. Die Farbe des Lebens. Oder des Blutes. Was wirst du am meisten vermissen, Johnnie?«

»Wenn ich nicht mehr zurückkomme?« fragte Johnnie ruhig. »Ich weiß nicht recht. Einen englischen Sommermorgen, denke ich. Früh, wenn du glaubst, du bist der einzige Wache auf der ganzen Welt, und wenn der Dämmerchor der Vögel beginnt. Lustige kleine Kerlchen, diese Vögel. Die scheinen nichts von Bomben oder Schändung zu wissen.«

»Ich werde meine Pferde vermissen. Oder auch Mädchen. Aber ein gutes Pferd ist etwas absolut Einmaliges. Und ›Sanctuary‹. Dieses alte Haus macht mich mehr britisch als irisch, nur darf Granny das nicht wissen. Sie würde das für einen größeren britischen Sieg halten als Waterloo.«

»Ich habe niemals irgendeine Beziehung zu einem Haus gefunden. Außer vielleicht zu diesem hier. Mein Heim wurde von einem Despoten regiert. Jedenfalls war es nie ein Ort, an den man sich gern erinnert. Deshalb gefiel mir das Kasernenleben immer so gut. Du weißt ja, die Leute hielten mich für schwach und furchtsam, aber das stimmte nicht. Ich wußte, ich war geboren, um Soldat zu werden. Als wäre ich die Reinkarnation all dieser Duncastles, der Hillarys, der Gordons, der Richards, ganz zu schweigen von dem Generalmajor und dem Colonel des

Regiments.« – »Du bist betrunken.« – »Das brauchst du nicht eigens zu betonen.«
»Ich mochte dich nie, als wir Kinder waren.«
»Ich weiß.«
»Aber jetzt mag ich dich.« Patrick deutete einen Salut an. »Major Morrison D.S.O.«
»Ein weiterer Gedenkstein für das Todeszimmer. Du solltest lieber das D.F.C. ansteuern.«
»Das werde ich auch. Ich will mich doch von dir nicht ausbooten lassen.«
»Oder Granny enttäuschen.«
»Sie ist eine alte Blutsaugerin. Johnnie, hast du Angst gehabt an der Front?«
»Lähmende Angst.«
»Aber du willst zurück?«
Johnnies Augen wurden dunkel, und sein Blick schien sich nach innen zu richten.
»Es ist wie eine dauernde Anstrengung, denke ich. Man gewöhnt sich irgendwie daran. Du wirst es merken, wenn du in einen Kampf gerätst.«
»Ich bin allein dort oben am Himmel. Niemand wird sehen, wenn ich grün werde.«
»Du wirst nicht grün werden. Du wirst rot oder vielleicht auch weiß vor Wut. Du wirst denken, wie können es diese arroganten Bastarde wagen, mein Land anzugreifen.«
»Mein Gott!« sagte Patrick. »Du bist, verdammt noch mal, ein richtiger Duncastle.«
»Du auch«, sagte Johnnie. Er hob sein Glas. »Auf uns!«
Für Matilda war dies der stolzeste Abend ihres Lebens gewesen. Gerne wäre sie noch vor dem Anbruch des Morgens gestorben, denn sie hatte eine Vorahnung kommenden Elends.

Und es kam an einem Julinachmittag, als das Telefon läutete. Richard wollte sie sprechen. Seine Stimme klang beinahe unverständlich.

Patrick war über dem Kanal abgeschossen worden. Einen Schweif aus schwarzem Rauch hinter sich herziehend, in langen, zögernden Spiralen abwärtstrudelnd, war seine Spitfire schließlich in das glitzernde sommerliche Meer gestürzt. Er war erst seit vier Wochen im Einsatz geflogen. »Die durchschnittliche Lebensdauer eines Spit-Piloten«, sagte Richard mit seiner toten Stimme. Die Männer, die während des letzten Krieges an der Somme oder in Passchendaele gekämpft hatten, überlebten manchmal nur ein paar Tage oder einen einzigen Morgen.

»Ich hoffe, es geht dir gut, Mutter.«

»Weshalb sollte es mir nicht gutgehen?« Ihre Stimme klang beleidigt und entrüstet.

»Ich weiß, was Deirdre gesagt hätte.«

Sie wollte ärgerlich erwidern, daß es sie nicht im mindesten interessierte, was dieses irische Mädchen gesagt hätte. Aber sie konnte seine traurige leiernde Stimme nicht unterbrechen. »Sie hätte gesagt, der verdammte Dummkopf, warum mußte er für England sterben? Bald wird niemand mehr von uns übrig sein, Mutter.«

»Richard, es wäre besser, du kämst nach London.«

»Nein, es ist schon in Ordnung. Ich habe noch eine Menge von Großvaters Trinkbarem. Und Mab. Ich hab noch immer Mab.«

Für eine oder zwei Nächte, dachte Matilda. Dann würde sie wieder weg sein, auf ihrem Glühwurmflug. Mab fand den Krieg ungemein aufregend. Er war so voll herrlicher Männer. Sollte sie, dieser kleine Nachtfalter, wirklich alles sein, was von der Familie übrigblieb?

Denn Matilda, die in ihrem einsamen Salon stand, wußte mit Sicherheit, welches die nächste Nachricht sein würde. Ihre beiden wunderschönen jungen Männer. Ihr letztes Opfer für ihr geliebtes Land.

Pilot Officer Patrick Webb hatte nicht lange genug gelebt, um einen Orden zu verdienen. Und auch ein Grab hatte er nicht. Major John Morrison D.S.O., durch eine

explodierende Granate in der nordafrikanischen Wüste getötet, wurde mit allen militärischen Ehren in Tripolis beerdigt.
Nachdem Matilda diese Nachricht erfahren hatte, verbrachte sie die ganze Nacht im Todeszimmer und hielt Johnnies Orden in der Hand, so neu und glänzend. Zum erstenmal in ihrem Leben war sie zu müde und zu traurig, um die Trommel von Salamanca zu schlagen. Auch zu alt, denn dazu brauchte es jemand mit Jugend, Optimismus und Geist.
Nichts davon hatte sie mehr. Und außerdem waren Johnnies Hände die letzten gewesen, die die Schlegel gehalten hatten. Jetzt sollten sie und die Trommel für immer unangetastet bleiben.
Imogen versuchte vergebens, sie aus ihrem erstarrten Kummer zu lösen.
»Was ist mit all deinen Komitees, Mutter, mit deinen Basars und alldem? Lally sagt, du willst nicht mehr hingehen.«
»Im Augenblick nicht.«
»Meinst du dann nicht, du und Lally, ihr solltet nach ›Sanctuary‹ gehen? Desmond sagt, das Bombardement wird noch schlimmer. Er befürchtet, St. Paul's könnte als Zielscheibe dienen, und dann wären unser Haus und Papas Bank gefährdet.«
»Desmond rennt also schon wieder davon?«
»Nein, Mutter, er rennt *nicht* davon. Aber er meint, du und Lally . . .«
»Sag ihm, er hat mein Leben nicht zu regeln.«
»Mutter, Johnnie war *mein* Sohn«, brach es aus Imogen heraus. Sie weinte.
Erst da berührte Matilda flüchtig ihre Hand.
»Du mußt sehr stolz auf ihn sein«, sagte sie teilnahmslos, als spreche sie von irgend jemand. Nicht von ihrem ureigenen, geliebten Johnnie, den sie mit niemandem teilte.

Matilda

Lally kam auf ihren großen Watschelfüßen in Matildas Zimmer geschlurft. Sie hatte es nie gelernt, anmutig zu gehen, und jetzt beugte sie sich über Matilda, ihr hochrotes, aufgeregtes Gesicht hing nur ein paar Zentimeter über dem ihren.
»Mama! Was meinst du, M-Mama?«
Matilda wich abwehrend in die Kissen zurück.
»Komm mir nicht so nahe. Ich kann nicht atmen.«
»Aber M-Mama, der Herr hat sich meine Zeichnungen angesehen. Ewig lang. Er sagt, er könnte sie ausstellen. Er sagt, ich könnte eine zweite Grandma M-Moses werden.« Lallys Lippen standen leicht offen, fragend. Ihre Augen hatten bereits die Wäßrigkeit des Alters. Arme Lally. Der Schandfleck in der Familie. Mab war ähnlich, auf andere Weise. Sie war zu impulsiv, zu rastlos und vollkommen unzuverlässig. Sie hatte bereits zwei unmögliche Ehen hinter sich, keine davon mit Kindern gesegnet. »Keine Kinder, Granny«, hatte sie fröhlich verkündet. »Ich will nicht irgendwelche weißen Kaninchen, klar?«
Weiße Kaninchen. Was meinte sie bloß damit?
»Wer ist Großmutter Moses, M-Mama? Jemand B-Berühmtes, hat der Mann gesagt.«
Lally berühmt? Lächerlich. Sie hatte diesen Gedanken längst begraben. Ihre Tochter von aller Welt angestarrt? Nein! Machte Desmond da unten diese weit hergeholten Vorschläge und regte damit Lally unnötig auf? Oh, diese Trommeln! Sie konnte nicht klar denken.

»Wer Grandma Moses ist, hast du gefragt? Eine alte Frau, die kindische Bilder malt.« So. Sie hatte einen geistreichen Satz zustande gebracht. Ihr Gedächtnis war plötzlich wieder recht zuverlässig.
»Nicht kindisch, M-Mama. Gekonnt. Begabt. Das hat der Mann gesagt. Ich k-könnte eine M-Menge Geld damit machen, sagt er. Und Desmond sagt . . .«
»Hör nicht auf Desmond. Er haßt mich.«
»Das kommt nur daher, weil du ihm Johnnie gestohlen hast.«
»Was für ein Unsinn! Du kannst niemand stehlen, der nicht dazu bereit ist, sich stehlen zu lassen.« Ihr Geist erholte sich ja tatsächlich wieder. Glänzend. »Und jetzt will er dich stehlen.«
Lally brach in ihr hohes, quietschendes Lachen aus.
»Oh, M-Mama, du scheinst dich besser zu fühlen. Du hast einen W-Witz gemacht. Schwester, ich glaube, meine Mutter könnte jetzt ihren Tee trinken. Es scheint ihr besser zu gehen.«
»Na, dann wollen wir mal die Gelegenheit nützen«, sagte die Nurse lebhaft. »Und zusehen, daß wir ein bißchen Nahrung in sie reinkriegen. Hoppla, Mrs. Webb. Sie hat noch immer ein feines Gesicht, nicht wahr? Sehen Sie sich nur diese Nase an.«
Lally kicherte leise.
»Die Duncastle-Nase.«
»Was?«
»Es ist einfach die Familiennase«, sagte Lally, und ihre Worte lösten wieder das Vibrieren der Trommeln in Matildas Kopf aus. Sie schloß die Augen in dem überwältigenden Verlangen zu verschwinden und fiel sofort in einen leichten Schlaf.
Als sie erwachte, hing ein anderes Gesicht über ihr, ein zerknittertes, hübsches Gesicht mittleren Alters. Gütiger Himmel, wann war Imogen in die mittleren Jahre gekommen? Die schlummernde Bosheit regte sich in ihr.

»Ich möchte, daß Deirdre meine Diamanten bekommt«, sagte sie klar und deutlich. »Dein Hals ist zu kurz.«
»Deirdre ist tot, Mutter. Meinst du Mab?«
»Mab! Würdest du Mab Diamanten anvertrauen?« Was war es, was Mab getan hatte? Sie konnte sich nicht erinnern, außer daß es etwas Unangenehmes gewesen war.
»Ist der Krieg vorüber?« fragte sie.
»Ja, Mutter. Seit sechs Jahren.«
Seit sechs Jahren! Das bedeutete, ja, es mußte wahr sein, daß sie jetzt achtzig war. Höchste Zeit, dieses Leben zu verlassen.
»Ich höre nur eine Trommel«, sagte sie verwirrt.
»Vielleicht ist es der Basar unten. Wir ließen eine Zeitlang eine Band spielen, aber es wurde ziemlich laut. Es geht recht gut. Alle fragen nach dir.«
»Wer kümmert sich schon um mich?«
»Lally und ich. Du bist ungerecht uns gegenüber, Mutter. Hat Lally dir erzählt, daß sich ein Händler für ihre Zeichnungen interessiert? Du weißt ja, wie sie immer welche zum Verkauf ausstellt, aber für gewöhnlich erregen sie keinerlei Interesse. Armer Schatz.«
»Wieviel hat er gezahlt?«
»Er wollte sie nicht kaufen, sondern ausstellen. Er meint, Lally hat echtes Talent. Erinnerst du dich nicht, daß Desmond das schon vor langer Zeit erkannt hat?«
Matilda öffnete die Augen weit und sprach deutlich. »Dein Mann ist ein Alleswisser. Und wieso wagt er es, am Leben zu bleiben, wenn alle anderen tot sind?«
Imogen beugte sich tiefer hinab. Sie wollte eine ihrer vertraulichen Mitteilungen machen, die die Nurse nicht zu hören brauchte.
»Mutter, du mußt bedenken, du hast nicht mehr allzulange zu leben. Warum bist du noch immer so gehässig?«
»Gehässig! Ich! Nun, ich sage nur die Wahrheit. Ich liebe dich innig, Imogen. Ich habe dich vor diesem Deutschen . . .«

»Österreicher, Mutter. Er hieß Rudi.«
»Egal, wie er hieß. Ich wollte, daß du einen galanten Engländer heiratest.«
»Das habe ich getan, Mutter.«
Mit großer Anstrengung brachte Matilda eine ihrer verächtlichen Bemerkungen heraus.
»Du redest doch nicht etwa von diesem Pazifisten, diesem Volksredner, der nicht den Mut hat, ein Gewehr in die Hand zu nehmen?«
»Johnnies Vater«, sagte Imogen.
Mit einemmal kamen die Tränen, wie warmer Balsam, und füllten ihre müden Augen.
»Ach, Johnnie. Der Beste von allen.«
»Ich weiß, Mutter.«
Matilda seufzte. »Aber alle sind jetzt fort. Wir sind allein geblieben.«
»Nein, das sind wir nicht.« Imogen beugte sich noch einmal tiefer, als sei ihre Mutter taub. Aber das war sie nicht, denn in ihrem Kopf dröhnten die Trommeln. »Mutter, bist du bereit, Besuch zu empfangen? Zwei Besucher, um genau zu sein. Schwester! Geht es, daß meine Mutter Besuch bekommt? Es ist ziemlich wichtig.«
Die Nurse kam, um ihre Patientin mit kundigen Augen zu begutachten.
»Wenn es wichtig ist, sollten Sie sie lieber jetzt gleich hereinholen. Es könnte ihr letzter lichter Zustand sein.«
Es würde nicht ihr letzter sein. Diese Schwester wußte überhaupt nichts. Wenn die Trommeln aufhörten, konnte sie auch wieder klar denken. Nur jetzt war sie etwas verwirrt, weil Imogen eine völlig fremde Frau und einen ungefähr sieben- oder achtjährigen Jungen an ihr Bett brachte.
Dann fuhr sie hoch. Das war ja wieder dieser Junge! Der dauernd zur Tür hereingeschaut hatte. Sie erkannte sein sommersprossiges Gesicht, seinen untersetzten Körper, seine haselnußbraunen Augen, sehr strahlend, sehr di-

rekt. Er erinnerte sie an jemand, sie kam nur nicht drauf, an wen.
»Mutter, das ist Mrs. Pansy Hall.«
Sie versuchte, den Kopf zu neigen. Schwacher Zorn stieg in ihr hoch. Wie konnte Imogen erwarten, daß sie auf ihrem Totenbett die große Dame spielte?
»Sind Sie zu unserem Basar gekommen, Mrs. Hall?« Diese Höflichkeitsfloskel gelang ihr prächtig.
»Nun, nicht direkt, Mrs. Webb.« Die Frau war mittleren Alters, mit einem sauberen, frischen Aussehen, das auf Landleben schließen ließ. Nett, aber völlig uninteressant. »Ich wollte eigentlich hauptsächlich das Haus sehen. Ich hoffe, Sie werden mir verzeihen, aber ich wollte, daß Josh es sieht. Wissen Sie – man sagt, er gleicht – ich möchte Sie nicht aufregen, Mrs. Webb, aber Ihre Tochter dachte, es würde Sie aufheitern, Josh zu sehen.«
»Josh?« erkundigte sich Matilda.
»Joshua. Mein Sohn.«
Der Schock war wie eine kalte Dusche und regte ihren wirren Geist an. Jetzt erinnerte sie sich. Pansy und Ronald. Ein Pony. Lieber Mr. Webb . . . Sie hatte wirklich gedacht, sie hätte das vergessen. Sie hatte sich selbst befohlen, das halbe Wissen zu ignorieren.
»Wo ist Ronald?« hörte sie sich fragen.
»Er fiel bei El Alamein.«
»Ach! Das muß etwa um die gleiche Zeit gewesen sein wie bei meinem Enkelsohn. Auch in Nordafrika. Wie seltsam. Äußerst seltsam.«
»Ich stand allein, denn auch Mum war gestorben.«
»Ihre Mutter war natürlich Prudence.«
»Ja. Ich dachte, Sie wissen das, Mrs. Webb.«
»Ich kann mir nicht vorstellen, weshalb Sie das dachten. Aber was weiter?«
»Ich habe geheiratet, und Bill und ich bekamen einen Sohn, und ich wollte, daß er Joshua heißt. Ronald und ich –«, sie errötete zu einem sehr hübschen Peonienrosa, »liebten unseren Vater sehr.«

»Und dies ist sein Enkel?«
»Ja. Joshua.«
»Das kann ich sehen. Er hat das gleiche eigensinnige Kinn. Er wird seinen eigenen Weg gehen. Mein Mann hätte das auch getan –«, sie lachte glucksend, »mit jeder anderen Frau außer mir. Komm her, Junge.«
Das Kind trat bereitwillig vor. Es schien keine Angst zu haben, am Bett einer sehr alten, sterbenden Frau zu stehen. Die unverwechselbaren gelblichen Augen starrten sie an und übten eine Anziehungskraft aus, an die sie sich plötzlich nur allzugut erinnerte.
»Und was wirst du mit deinem Leben anfangen, Joshua? Soldat werden und für dein Land kämpfen?«
»Nein, Ma'am. Ich werde Bauer wie mein Dad.«
»Bauer?«
»Ja, Ma'am. Dad sagt, das ist das Beste. Englands Farmer waren schon seit den Zeiten der guten Queen Bess das Rückgrat des Landes, und wenn mehr Leute Sachen anbauen würden, anstatt sie zu zerstören –«
»Josh, spiel dich nicht so auf«, tadelte seine Mutter.
»Nein. Lassen Sie ihn«, sagte Matilda. »Vielleicht brauche ich auf meinem Totenbett eine Predigt. Joshua, was wirst du auf deiner Farm anbauen?«
»In der Hauptsache Weizen, Hafer und Gerste, Ma'am.«
Weizen und Hafer und Gerste. Die einfachen Namen klangen wie ein Gedicht. Also standen sie wieder am Anfang, nicht wahr, bei den treuen Bauern, die England stark machten? Wie geheimnisvoll – und trotzdem, wie selbstverständlich. Denn niemand konnte Matilda Duncastle je davon überzeugen, nicht einmal auf ihrem Totenbett, daß England vollkommen geschlagen werden konnte. Es spielte keine Rolle, wenn der Rückweg lang war, vorausgesetzt, er führte in die richtige Richtung. Ihre Familie war vernichtet worden, und durch eine Ironie des Schicksals hatte Joshuas zäher Stamm überlebt. Joshua hätte seinen Spaß an diesem Witz gehabt. Er hätte auch seinen Spaß an diesem stämmigen kleinen Spröß-

ling gehabt, der seiner selbst so sicher war, eine kindliche Wiedergabe des zuversichtlichen Bankangestellten, der einen so grundlegenden Einfluß auf das Leben und das Schicksal ihrer stolzen Familie ausgeübt hatte.

Ein seltsamer, trockener Laut entrang sich ihren Lippen.

»Es ist schon gut, Josh. Die Dame lacht nur.«

»Mutter?« fragte Imogen ängstlich.

Matilda wollte, ganz ohne Bosheit, wirklich aus vollkommener Überzeugung, sagen, daß Joshua gewonnen hatte. Wenn auch nur vorübergehend. In England mußte einfach wieder eine neue Duncastle-Familie entstehen. Das schwere Gewicht der Geschichte machte dies unausweichlich.

Aber sie glaubte, ihre letzten Worte bereits gesprochen zu haben. Denn verwundert merkte sie, daß die Trommeln in ihrem Kopf aufgehört hatten zu dröhnen. Und sie durfte keinen Muskel bewegen und keinen Lidschlag tun, nicht einmal atmen, um den zerbrechlichen Frieden nicht zu zerstören.